# LES ÉLUS AU SEIN SOUFIS BAYE FALL DU SÉNÉGAL

**BAYE DEMBA SOW**

# LES ÉLUS AU SEIN DU CERCLE DES SOUFIS BAYE FALL DU SÉNÉGAL

Baye Demba Sow

Cheikh Ibrahima Fall avait dit une fois à ses disciples : « N'est-il pas vrai que lorsque le bébé est dans le ventre de sa mère c'est là son monde ? » Ils acquiescèrent. Il continua : « Une fois qu'il vient au monde n'est-t-il pas dans un monde beaucoup plus vaste que celui du ventre de sa mère ? » Les disciples acquiescèrent à nouveau. Cheikh Ibrahima Fall dit alors : « Nous comparer à un saint quelconque, Cheikh Ahmadou Bamba et moi-même, serait comme comparer le ventre d'une femme enceinte à ce monde ».

<u>Cheikh Ibrahima Fall</u>

## Table of Contents

INTRODUCTION ..................................................................... 7

CHEIKH AHMADOU BAMBA (1852-1927) ............................ 17

CHEIKH AHMADOU BAMBA ET LE POUVOIR COLONIAL ......... 19

CHEIKH IBRAHIMA FALL (1855-1930) ................................. 40

MAJAAL ............................................................................. 95

MURID SADIKH ................................................................. 110

CHEIKH IBRAHIMA FALL: LA PORTE DU SÉNÉGAL VERS LE DEVELOPPEMENT ............................................................. 164

BAYE FALL ET ZHIKR: LA ILAHA IL ALLAH FAAL .................... 174

SERIGNE CHEIKH NDIGAL FALL: LA RÉINCARNATION DE CHEIKH IBRAHIMA FALL .................................................... 186

POÈMES DÉDIÉS A CHEIKH IBRAHIMA FALL ........................ 215

    CHEIKH MOUSSA KA (1891-1966) .................................. 215

    CHEIKH ABDOUL KARIM SAMBA DIARRA MBAYE (1868-1917) .............................................................................. 236

    CHEIKH MOUHAMMAD MOUSTAFA BEN MOUHAMMAD FADEL MAA-AL AYNAYN (1830-1919) ............................. 241

    SERIGNE MOUSTAFA SÉNE YABA-YABA .......................... 246

    SERIGNE TOUBA LO ....................................................... 255

L'ADIEU DE CHEIKH IBRAHIMA FALL ................................... 271

BIBLIOGRAPHIE ................................................................. 273

# INTRODUCTION

Ce présent ouvrage sur les Baye Fall du Sénégal écrit par un Baye Fall est l'expression d'une spiritualité provenant de l'intérieur bien défini par Cheikh Mountakha Mbacké[1]: « Pour connaitre Cheikh Ahmadou Bamba, il faut impérativement s'engager dans la voie de Dieu. S'engager dans la voie de Dieu consiste tout d'abord à tourner le dos à ce monde d'illusion et ne rien vouloir de lui. Il faut qu'on sache qu'on a été envoyé sur terre pour adorer Dieu et rien d'autre. Pour adorer Dieu, il faut obéir aux prescriptions divines et s'abstenir des proscriptions divines en faisant de notre mieux pour l'amour de Dieu. On doit ensuite savoir ce que Dieu veut pour nous et ce qu'Il ne veut pas pour nous. Il y a bien des choses que je pourrais dire et que je maitrise, mais chaque fois que l'on prend la parole, elle doit être bénéfique pour ceux qui l'écoutent. Parmi ceux qui écoutent, il y a les initiés et les non-initiés. Quand les non-initiés entendront mes propos ils diront quant à eux que ces paroles sont celles d'une personne insensée et quant aux initiés, ils diront que ces paroles sont celles d'un hérétique. Cependant quoi que l'on dise, celui qui tourne le dos à ce monde d'illusion est celui qui connait le mieux Cheikh Ahmadou Bamba ».

Pendant des décennies, les Baye Fall ont fait l'objet de diverses études par des anthropologues dotés d'un esprit cartésien propre à l'occident, leur conférant d'emblée des préjugés sur les " indigènes " ou " primitifs " qu'ils étudiaient. Des Sénégalais, bien qu'ils soient de bonne foi, ont aussi essayé de faire connaitre Cheikh Ibrahima Fall en publiant des œuvres littéraires à son sujet. Cependant la plupart de ces auteurs ont fait des archives coloniales françaises le socle de leurs recherches et en conséquence, de telles œuvres sont généralement étoffées d'un nombre incroyable de citations et de récits empruntés à ces mêmes colonisateurs français qui n'avaient aucune notion de ce que représentait Cheikh Ibrahima Fall dans la voie du soufisme (*tasawuf*) qu'il avait empruntée sous

---

[1] Cheikh Mountakha Mbacké: fils du troisième fils de Cheikh Ahmadou Bamba, Cheikh Muhammad Bachir Mbacké qui à travers son livre <u>Les Bienfaits de l'Éternel</u> a laissé un legs considérable à la communauté mouride, qui relate les événements dont il a été témoin en vivant aux cotés de Cheikh Ahmadou Bamba. Il est l'actuel khalife de Cheikh Ahmadou Bamba depuis 2018 succédant à Serigne Sidy Moukhtar Mbacké.

la guidée de son illustre maitre Cheikh Ahmadou Bamba. Cheikh Ibrahima Fall le mentionne lui-même dans son livre intitulé : <u>Une Exhortation au Mouride Pour Se Mettre Au Service Des Saints</u>[2] (*Jazbul Murid Ilal Khidmati Ashaykh):* « Le Cheikh Ibrahima Ben Mouhammad Ben Ahmad Ben Habib Allah[3] (Que Dieu le guide pour qu'il fasse des actions honorables) est le serviteur qui suit la voie réhabilitée par son illustre maître Cheikh Ahmadou Bamba qui est son guide, sa porte, son juge éclairé, le juste, celui qui guide les mourides par sa sagesse. Le Cheikh Ibrahima Fall qui s'est cramponné à la corde de son Cheikh *Al Bakki*[4], qui à son tour s'est cramponné à la tradition du Prophète *Al Makki*[5], l'érudit, l'océan de sagesse, la lumière éclatante qui est unique en son temps et en son époque. Quiconque le suit dans la voie droite sera sauvé. Quiconque se détourne de lui sera perdu. » Il ne serait donc pas exagéré de dire que la plupart des livres consacrés à Cheikh Ibrahima Fall et aux Baye Fall de ce point de vue ne donnent pas une légitimité sur ce qu'ils représentent réellement dans le domaine de la spiritualité en général et du soufisme en particulier. Cet ouvrage n'est pas conçu pour se livrer à des débats futiles pour déterminer qui a tort ou qui a raison à propos de Cheikh Ibrahima Fall et des Baye Fall du Sénégal, mais plutôt s'inscrit dans le partage de la véritable connaissance telle qu'elle nous a été enseignée par Cheikh Ahmadou Bamba dans <u>Les Itinéraires du Paradis</u> : « Il ne vous serait d'aucun avantage une connaissance seulement apprise pour être constamment admiré et vénéré. Ou celle apprise pour désavouer ou rivaliser. La connaissance n'est pas celle qui incite aux controverses ou à l'étalage sans fin de son savoir avec présomption. Ce n'est pas non plus celle qui incite aux querelles ou aux débats futiles. La connaissance n'est pas non plus le nombre incroyable de récits et de citations. Non ! C'est une lumière qui jaillit d'un cœur pur. N'acquiert la connaissance que pour l'amour de Dieu le Majestueux, et ainsi seras-tu béni pour toujours. En effet, celui qui n'a aucune crainte révérencielle envers le Seigneur des mondes est loin d'être instruit aurait-il maitrisé toutes les branches du savoir ». Comment

---

[2] <u>Une Exhortation Au Mouride Pour Se Mettre Au Service Des Saints</u> : Livre traduit de l'arabe en français par l'auteur de ce livre et publié en 2019 disponible sur Amazon

[3] Cheikh Ibrahima Fall Ben Mouhammad Ben Ahmad Ben Habib Allah: Le nom complet de Cheikh Ibrahima Fall

[4] Al Bakki : Fait allusion au nom de Cheikh Ahmadou Bamba, Mbacké

[5] Al Makki : Fait allusion au Prophète Mouhammad (Paix et salut sur lui)

pourrait-on parler de Cheikh Ibrahima Fall et des Baye Fall sans se référer au Saint Coran et de surcroît l'en exclure comme il le dit si bien : « Les paroles de Dieu ne sont pas faciles à déchiffrer. Quelqu'un peut s'asseoir à vos côtés et parler dans une langue qui vous est étrangère. Si cette langue ne vous était pas traduite vous ne la comprendriez pas et pourtant celui qui la parle a été créé par Dieu tout comme vous. Comment pouvez-vous alors prétendre pouvoir interpréter les paroles de Dieu et de surcroît vous permettre de m'en exclure ? » Dans cet ouvrage nous donnerons à Cheikh Ibrahima Fall la place qu'il occupe dans le Saint Coran :

*Al Quran aya bu nékk,*
*Seriñ Tuba bind na luka taxa jôg*
*Ma jëf luka taxa jôg*

Chaque vers du Coran
A été défini par Cheikh Ahmadou Bamba dans ses écrits
Et quant à moi, j'ai incarné chaque vers du Coran
A travers mes actions.

### Cheikh Ibrahima Fall

Cheikh Ibrahima Fall fut le premier à être appelé mouride. Le mouride était alors considéré comme « fou » à cause de son ascèse corporel alors méconnue des gens. A ce jour, les Baye Fall disciples de Cheikh Ibrahima Fall sont incompris par une grande majorité de la société. Reconnaissables à leur chevelure entremêlée, leurs vêtements multicolores et quelques fois la photo de leurs guide spirituel qu'ils portent sur des colliers en cuir autour du cou qu'on appelle *ndomb*, les Baye Fall font partie intégrante du paysage social et culturel du Sénégal. Aussi étrange que cela puisse paraître, si de nos jours la plupart des gens reconnaissent la sainteté de Cheikh Ibrahima Fall, ils ont cependant un certain mépris pour les Baye Fall comme s'ils ne représentaient pas son héritage. Cheikh Ahmadou Bamba dans <u>Les Itinéraires du Paradis</u> dira : « Certains montrent les soufis du doigt en leur criant dessus et disant : « Voici les extrémistes perdus de notre société ». De manière surprenante les Sénégalais et même quelques mourides, sont ceux qui critiquent avec véhémence les Baye Fall. L'histoire semble se répéter. L'attitude des mourides d'aujourd'hui fut celle des mourides d'alors vis-à-vis de Cheikh Ibrahima Fall tel que raconté par Cheikh Moussa Ka :

*Mboléem murid yi dika soow mu mélni dof bu mëtta yéew*

Tous les mourides faisaient circuler des rumeurs (à propos de Cheikh Ibrahima Fall) disant de lui que c'était un fou à lier

Cheikh Moussa Ka

A ceux-là, Cheikh Ibrahima Fall répondit tout simplement : « Je préfère être fou aux yeux de la société et sain d'esprit aux yeux de Dieu (*Dof fa nit ñi, nité fa Yalla*) ». Cheikh Ahmadou Bamba d'ajouter dans Les Itinéraires du Paradis : « Je confesse que plusieurs personnes de notre génération ignorent la voie mystique et perdent ainsi de grands avantages. Ils ignorent que le soufisme vous emmène tout droit dans la demeure scellée de Dieu. Quelle grande perte ! Ils ignorent que ce sera la meilleure des provisions le Jour de désillusion quand les Hommes seront frappés par la peur. Ils ignorent que c'est la meilleure voie que l'on puisse prendre dans ce monde. Ils ignorent qu'elle octroie la droiture et préserve du mal. Certains expriment une haine démesurée au soufisme parce que leurs cœurs sont malades. Certains le perçoivent comme de l'extrémisme, de l'exagération dans la foi et dans les actes de piété. Les gens qui critiquent le soufi le font à cause de leur propre paresse, de leur amour des vanités de ce monde et de leur manque de courage. D'autres critiquent le soufisme sévèrement et manifestement en tournant leurs dos aux livres qui le mentionnent car ils ignorent la sagesse et la bonne guidée des serviteurs de Dieu. S'ils ignorent les véritables avantages contenus dans le soufisme, sache que le soleil ne peut être voilé parce que l'aveugle ne le voit pas. L'obscurité du non-voyant ne pourrait cacher la lumière de la pleine lune au quatorzième jour (du calendrier lunaire). La voie ne pourrait-être ignorée parce qu'une fourmi refuse de l'emprunter. Hélas ! Comment quelqu'un pourrait critiquer une voie dont les enseignements enrichissent, et apportent le bonheur à l'aspirant qui la suit ? Comment quelqu'un de sage mépriserait-il une voie dont l'origine est le détachement des biens mondains et la finalité la réalisation du bonheur ? Comment quelqu'un pourrait-il mépriser une voie qui contient des enseignements utiles pour les personnes justes ? Une voie qui confère des qualités connues des prophètes, des vertueux et des saints ? »

Les Baye Fall à ce jour soulèvent un bon nombre de polémiques liées à leur port extérieur et à un mode de vie qui sont aux antipodes d'une société sénégalaise qui ne connait que belles apparences. Des discours tendant à réformer le Baye Fall et à l'attirer vers une forme de normalité et d'uniformisation qui lui enlèverait son essence spirituelle se fait de plus en plus entendre par certains qui se considèrent comme des voix autorisées sur le sujet. Ils semblent être les seuls à savoir ce que doit-être un Baye Fall et à quoi il doit ressembler au point de fustiger ceux qui ne correspondent pas à l'idée qu'ils se font des Baye Fall. Les agressions verbales que subissent les Baye Fall font partie de l'héritage que leur a laissé Cheikh Ibrahima Fall qui disait : « J'ai tout entendu sauf Cheikh Ibrahima Fall est tombée enceinte ». Si l'on se réfère aux écrits de Cheikh Mouhammad Bachir Mbacké dans <u>Les Bienfaits de l'Éternel</u> : « Que d'agressions subit-il (Cheikh Ibrahima Fall) ! Combien de fois fut-il l'objet de dénonciations à cause du nombre important de ses disciples, notamment ses derviches qui vivaient dans une société qui ne connaissaient que belles apparences, douceur et compromis ? » Cependant comme le dit si bien Cheikh Ahmadou Bamba dans <u>Les Itinéraires du Paradis</u> : « Un serviteur de Dieu qui est pur ne pourrait tomber en disgrâce par les simples rumeurs des gens impurs qui disent : « Il est impur ». L'éminence des sages ne pourrait être rabaissée par la jalousie du savant ou l'ignorance de l'inculte ». A ceux-ci le Coran rappelle :

Ceux qui font subir des épreuves aux croyants et aux croyantes
Puis ne se repentent pas auront le châtiment de l'enfer
Et le supplice du feu

Sourate 85 **Les Constellations** : 10

François Clarinval dans son essai sur <u>l'Égalité Et Diversité, Éloge De La Différence Et Message Prophétique</u> paru dans le site Participation et Spiritualité Musulmanes (P.S.M) s'adressant à ceux qui tendent d'uniformiser toute forme de croyance ou de culture ce qui suit : « Certains voudraient que la diversité des sociétés humaines, des cultures, des croyances soit éradiquée... D'autant que la diversité sous d'autres formes suivant d'autres dynamiques, malgré toutes les tentatives d'uniformisation demeure et demeurera. Elle est un fait humain et nul projet aussi fou soit-il ne pourra jamais en finir avec elle à moins d'en finir avec l'humain... Tout projet qui vise à réduire les différences culturelles ne peut qu'aboutir à une réduction de l'humain puisqu'il supposerait la fin de l'entre-connaissance, donc la fin de cette connaissance de soi que donne la rencontre avec l'autre ». Et Serigne Cheikh Ndigal Fall de dire : « Avec le temps les choses changent, avec le temps les choses évoluent *(Lu yagg soppiku, lu yagg dolliku)* ». Il serait nécessaire de souligner que l'objectif des Français était d'assimiler les Africains aux valeurs européennes et à cet effet le Vatican[6] joua un rôle déterminant en assistant les pouvoirs coloniaux pour accomplir leur mission de ' civiliser le continent Africain'. Le clergé dans plusieurs instances coopéra avec les Français pour éliminer Cheikh Ahmadou Bamba. Cheikh Anta Diop[7] était très inquiet que l'Afrique ne perde son âme. En effet, étant conscient que deux grandes religions monothéistes se disputaient le continent Africain, le Christianisme d'une part et l'Islam d'autre part, il s'inquiétait que si le Christianisme gagnait, l'Afrique adopterait les valeurs européennes et que si l'Islam gagnait, l'Afrique adopterait les traditions et valeurs arabes. Cheikh Ahmadou Bamba et Cheikh Ibrahima Fall trouvèrent la solution au dilemme de Cheikh Anta Diop en offrant au Sénégal un Islam qui ne priverait pas les gens de leur dignité et de leur intégrité seulement à cause de la couleur de leur peau. Un Islam qui n'effacerait pas des coutumes et des traditions culturelles de milliers d'années en un jour. Un Islam où nul n'abandonnerait sa culture africaine pour adopter une culture arabe afin d'être musulman. Cela devrait tout simplement être l'Islam avec à son essence l'acceptation d'un seul Dieu et de Son Messager Mouhammad (Paix et salut sur lui). Un Islam avec sa dimension multiculturelle dans les différents endroits où il se manifesterait comme un vêtement qui irait à tout un chacun selon sa taille et sa forme. Cheikh Ahmadou Bamba dira dans <u>Les Itinéraires du Paradis</u> : « Ne soyez pas déconcertés par ma faible renommée pour ne pas reconnaître ce travail pieux (se référant au livre <u>Les Itinéraires du Paradis</u>) ! Et ne soyez pas non plus dissuadés de le lire à cause de mon appartenance à la race noire. Tel que mentionné dans le Livre, le plus honoré des êtres humains

---

[6] Voir le livre intitulé <u>The Trilateral Conspiracy between the French, the British and the Vatican</u> écrit par Cheikh Mustafa Mbacké.
[7] Cheikh Anta Diop (1923-1986) : Historien, Égyptologue, physicien et écrivain.

devant Dieu est celui qui sans aucun doute possible le craint le plus. Ainsi la peau noire n'implique pas que l'on soit dérangé ou stupide. Ne pensez pas que les faveurs de Dieu soient exclusivement réservées aux premiers et non aux derniers. Vous serez alors égarés. En effet, il arrive qu'un homme vivant à une époque récente ait des faveurs de Dieu qui n'aient pas été attribuées à ses prédécesseurs. Les fines gouttes d'eau peuvent bien précéder la pluie torrentielle. Cependant la supériorité en abondance est à la pluie torrentielle et non aux fines gouttes d'eau qui l'ont précédée. Rappelez-vous de la maxime prophétique qui dit : « Ma communauté est comme la pluie. Nul ne sait laquelle est la meilleure, la première ou la dernière ? » François Clarinval toujours dans son essai sur l'égalité et diversité, éloge de la différence et message prophétique paru dans le site Participation et Spiritualité Musulmanes (P.S.M) résume à merveille les propos de Cheikh Ahmadou Bamba : « La diversité est un fait humain, un des fondements constitutifs de l'humanité. Pas d'humanité sans cette diversité. La diversité culturelle est une chance donnée aux Hommes. Elle permet à chacun et au groupe humain auquel il appartient de se découvrir par la découverte des autres. On ne se connaît qu'à travers le regard de l'autre. Le Prophète (Paix et salut sur lui) ne dit-il pas : « Le croyant est un miroir pour son frère ». Lors de son discours d'adieu, le Prophète (Paix et salut sur lui) réaffirme : « Ô gens ! Votre Dieu est Un et votre ancêtre est un. L'Arabe n'a aucun mérite sur le non Arabe, ni le blanc sur le noir sauf par la piété… » Et Dieu de nous rappeler :

Ô Hommes ! Nous vous avons créés d'un mâle et d'une femelle
Et Nous avons fait de vous des nations et des tribus pour que vous
vous entre-connaissiez

Sourate 49 **Les Appartements** : 13

Quoi qu'on dise le Baye Fall est le disciple humble qui suit les recommandations de son guide spirituel, qui s'abstient des proscriptions divines et qui ne voit rien d'autre en dehors de son guide, de la même manière que Cheikh Ibrahima Fall s'était conduit envers Cheikh Ahmadou Bamba. C'est à cet effet que Serigne Cheikh Fall Bayoub Goor[8] disait : « Nul ne sert un meilleur saint

---

[8] Cheikh Fall Bayoub Goor (1918-1984): De son propre nom Cheikh Fall. Il est aussi connu sous le sobriquet de Bayoub Goor en wolof qui signifie: Le Père des

que celui que les Baye Fall servent. Nul ne fait ce qu'il y a de plus noble que ce que les Baye Fall font. Nul n'est plus digne que les Baye Fall ». Serigne Mountakha Mbacké quant à lui assurant le Califat de Cheikh Ahmadou Bamba dira haut et fort à qui veut l'entendre : « Je préfère à ma propre personne tout Baye Fall véridique ». Éviter de juger les disciples de Cheikh Ibrahima Fall serait la meilleure chose à faire car nul n'a la capacité d'entraver l'évolution de la voie et comme l'adage wolof le dit si bien : « Mieux vaut ajouter son bout de bois dans un feu allumé par Dieu plutôt que de vouloir l'éteindre ». Cheikh Ahmadou Bamba avait une fois dit à Serigne Mbacké Diouf : « Cheikh Ibrahima Fall est un homme de Dieu ». Serigne Mbacké Diouf répondit : « Oui en effet ». Cheikh Ahmadou Bamba continua : « Quand Cheikh Ibrahima Fall vint à moi il ne m'impressionna guère, mais je pense que je ne l'ai pas égaré non plus. Quand il vint à moi et s'abandonna à moi, abandonnant sa famille et son Créateur pour l'amour de ma personne, je l'ai gratifié de ce qu'il aurait préféré pour lui-même et sa famille et cependant je ne l'ai jamais séparé de Dieu. Ne sais-tu pas que si j'avais appelé Cheikh Ibrahima Fall pour lui dire que Dieu qui est la raison pour laquelle tu me suis, dorénavant je ne l'adorerai plus il ne s'en ira jamais et il continuera à me servir. De la même manière je l'ai gratifié de disciples qui ne le quitteront jamais et qui continueront à l'obéir même s'il leur avait dit qu'il ne me servirait plus ».

Nous nous référerons aux écrits de Cheikh Ahmadou Bamba et à la riche littérature mouride d'expression wolof connue sous le nom de *wolofal,* et de certains livres qui sont des classiques du soufisme. Mais surtout, nous nous référerons au livre de Cheikh Ibrahima Fall intitulé <u>Une Exhortation au Mouride Pour Se Mettre Au Service Des Saints</u> qui éclairera le lecteur sur bien des aspects des principes Baye Fall.

En tant que Baye Fall et auteur de cet ouvrage je voudrais partager une lumière pure dans une époque où le soufisme et particulièrement la voie Baye Fall pourrait être une solution à la crise des valeurs que

---

Hommes de Dieu (*Abo Rijaal* en Arabe). Fils de Cheikh Moustafa Fall, lui-même fils et premier khalife de Cheikh Ibrahima Fall. Cheikh Fall Bayoub Goor est le premier petit-fils de Cheikh Ibrahima Fall et fut aussi le premier khalife de Cheikh Moustafa Fall.

subit ce monde. Ce travail n'aurait pas pu être réalisé sans la guidée éclairée de manière ésotérique et exotérique de mon maitre spirituel Serigne[9] Cheikh Ndigal Fall[10] qui a étanché ma soif dans la longue quête du « savoir ». Ma gratitude va aussi à l'endroit de mes parents qui nous ont inculqué les valeurs fondamentales de la dignité, de la droiture et de l'humilité ainsi que l'acquisition de la connaissance qui nous servirait de vivres pour cheminer sur la route de la vie. Je ne serais jamais assez reconnaissant à ma famille, mes épouses et enfants qui ont cheminé avec moi dans la voie exigeante du Baye Fall. Qu'il pleuve ou qu'il vente, ils m'ont soutenu de manière inconditionnelle pour que tous ensembles nous puissions atteindre la Vérité Radieuse *(Haqiqatul Mutaharah)* par la grâce de Dieu. Je n'oublie pas non plus ceux que j'ai rencontré en chemin qui me donnèrent une partie d'eux-mêmes rendant mon habit de soufi multicolore plus riche et diversifié. Merci à tous ceux et celles qui m'ont aidé à faire de ce livre un essai pour une meilleure compréhension de Cheikh Ibrahima Fall et des Baye Fall du Sénégal.

Baye Demba Sow

---

[9] Serigne : Mot wolof employé à titre honorifique ou respectable pour une homme.
[10] Serigne Cheikh Ndigal Fall : Un chapitre lui a été consacré plus loin dans le livre

## CHEIKH AHMADOU BAMBA (1852-1927)

La lumière de ta sainteté est incontestable
Lumière qu'on ne saurait retrouver que chez les saints les plus purs
Si tu veux voir une lumière authentique
Dirige-toi vers celui qui a délivré l'Afrique de l'obscurantisme

C'est le guide Cheikh Ahmadou Bamba
Qui a voué sa vie entière à la glorification
Et aux éloges de Dieu et de son Prophète

C'est le Cheikh qui détient la Vérité Radieuse
La Loi Pure et la droiture, entrainant avec lui
Tout l'univers vers la vérité et la foi

Ta lumière est semblable à celle de la pleine lune
A la quatorzième nuit
Tu es l'océan de la beauté et de la grâce divine
Tu es le serviteur de l'Élu doté des secrets cachés,
Secrets qui ne pourraient être contenus dans cet univers

Ton image éclatante nous est apparue
Dans la ville sainte de Médine
Et tout le monde a été ravivé par ton aura bénite.
A travers ma voix j'exprime leur gratitude
Honorant ainsi ton incroyable personnalité

Nous implorons ton assistance qui nous bénira
Et rendrons nos ennemis jaloux.
Tu es le sauveur qui nous délivrera des difficultés
Et apportera la paix à ceux qui te suivent de près ou de loin

Porte tes yeux sur nous pour nous laver de nos péchés.
Péchés manifestes ou cachés.
Sois indulgent envers le peuple de Médine
Tel que recommandé par le Prophète, l'Élu

Que la meilleure prière soit sur le Prophète
Et que la rétribution de Dieu soit sur toi
Aussi longtemps qu'existent la terre et les cieux

<u>Cheikh Omar Kurdiyu</u>[11]

---

[11] Cheikh Omar Kurdiyu : Imam de la mosquée de Médine qui accompagné d'une délégation avait rendu visite à Cheikh Ahmadou Bamba à Diourbel en 1922 afin de solliciter ses prières pour une stabilité politique et sociale à Médine.

# CHEIKH AHMADOU BAMBA ET LE POUVOIR COLONIAL

Le Sénégal est situé à la pointe la plus avancée de l'Afrique de l'ouest. Il a été disputé pendant très longtemps par les Hollandais, les Portugais, les Britanniques et finalement par les Français. Au 19ième siècle l'appât impérialiste conduisit l'Europe à une politique de conquête qui mena à la colonisation. Cette politique expansionniste va faire face à une résistance farouche de la part de l'aristocratie locale, qui en 1891 va devoir abdiquer. Dès lors l'étape suivante de la France a été d'assimiler les populations aux valeurs occidentales. Ayant démantelé l'autorité locale, les Français s'acharnèrent sans répit sur les chefs religieux par le bannissement, la déportation allant jusqu'à l'exécution s'ils ne renonçaient pas à leurs croyances en réfutant l'autorité divine et en acceptant l'autorité coloniale comme l'autorité suprême. La plupart des chefs religieux qui craignaient le pouvoir colonial avaient choisi de coopérer. Cheikh Ahmadou Bamba fut le seul à s'insurger contre ce pouvoir colonial en proclamant l'unicité de Dieu et en professant que le Prophète Mouhammad (Paix et salut sur Lui) est son Envoyé. Il fut déporté par le pouvoir colonial le 10 Aout 1895[12] pour avoir osé faire une telle proclamation. Sa confrontation avec le pouvoir colonial va devenir un des aspects déterminant de sa vie. Les Français résolus à affaiblir la foi des musulmans à travers l'emprisonnement et de violentes intimidations vont se heurter à l'obstination de Cheikh Ahmadou Bamba dans sa dévotion exclusive à Dieu et ainsi accomplir la prophétie révélée par un *hadith qudsi*[13] au Prophète Mouhammad (Paix et salut sur lui).

---

[12] Le 10 Aout 1895 correspond au 18 Safar 1313 Hégire
[13] Hadith Qudsi : Narration sacrée provenant de Dieu révélée au Prophète Mouhammad (Paix et salut sur lui) sous forme d'inspiration ou de rêve.

*Tuba li man balaga mihata rabihata bahda alfi*

<u>*Sadaqa Rasululahi salla lahu alayhi wa salama*</u>

Heureux ceux qui seront témoins
Du quatorzième siècle (1301 Hégire)

<u>Les paroles du Prophète Mouhammad
(Paix et salut sur lui) sont véridiques</u>

En 1883, Cheikh Ahmadou Bamba fut délivré de l'enseignement livresque et devait désormais se mettre au service de Dieu et du Prophète Mouhammad (Paix et salut sur Lui). En cette même année il dit à ses étudiants : « Ceux qui sont venus pour étudier ou s'abreuver de la connaissance livresque peuvent désormais retourner chez eux, mais ceux qui veulent atteindre Dieu peuvent rester ».

*Wa azharal hidmata hama jaysashin
Wa qalbuhu admaraha min asashin*

Dieu a décrété ma mission en 1313 Hégire (1895)
Ce qui était déjà mon intention en 1301 Hégire (1883)

*Munsalihan fi jaysashin min gayri
Rabbil wara hadimu udni hayri*

Et ainsi je fus délivré de toute forme d'enseignement
Pour me mettre au service de Dieu
Et de l'annonciateur de la bonne nouvelle

<u>Cheikh Ahmadou Bamba</u>

Cheikh Ahmadou Bamba et Cheikh Ibrahima Fall que je présenterai de manière plus détaillée plus loin se rencontrèrent cette même année prêts à accomplir leur mission en faisant de la parole et de l'action un tout indissociable tel qu'exprimé par Cheikh Ibrahima Fall à Cheikh Ahmadou Bamba : « Dis aux gens la vérité pour qu'ils l'entendent et je manifesterai la vérité pour qu'ils la voient ».

Le mouridisme (*Muridullah*[14]) venait de naitre à Mbacké-Kajoor[15] en l'an 1883. Les Français effrayés par la grande influence que Cheikh Ahmadou Bamba avait sur les masses décidèrent de l'exiler ne sachant pas ainsi que sous un angle mystique ils lui permettraient de remplir sa mission en tant que serviteur du Prophète Mouhammad (Paix et salut sur Lui) sous l'ordre de Dieu.

*Wa adhalal ilahu fi qulubi man*
*Tasabbahu fi naqlihi zhaka zaman*

Dieu est Celui qui inspira les colonisateurs
Pour qu'ils m'arrêtent cette même année

<u>Cheikh Ahmadou Bamba</u>

Cheikh Ahmadou Bamba conscient de l'image que Dieu se donnait de Lui-même et de la vie éphémère passée sur terre se détacha très tôt des illusions de ce bas-monde et se dévoua entièrement à Dieu et au Prophète Mouhammad (Paix et salut sur Lui).

Ne vois-tu pas que Dieu sait ce qui est dans les cieux et sur la terre ? Pas de conversation secrète entre trois sans qu'Il ne soit leur quatrième, ni entre cinq sans qu'Il ne soit leur sixième, ni moins ni plus que cela sans qu'Il ne soit avec eux là où ils se trouvent. Ensuite Il les informera au Jour de la Résurrection de ce qu'ils faisaient car Dieu est Omniscient

Sourate 58 **La Discussion** : 7

Pour chaque communauté il y a une durée de vie prédéterminée. Une fois que leur temps touche à sa fin ils ne peuvent ni le retarder d'une heure ni l'avancer

Sourate 7 **Le Purgatoire** : 34

---

[14] Muridullah : Un autre nom pour mouridisme qui signifie la voie qui mène à Dieu en arabe
[15] Mbacké- Kajoor : Situé dans la région de Louga, département de Kebemer.

Il consacra toute sa vie à Dieu sachant qu'à chaque être humain a été assigné un nombre déterminé par Dieu à vivre sur terre. Il savait aussi que chaque année, chaque mois, chaque jour, chaque minute, chaque seconde passée ne feraient plus partie du compte à rebours. Cheikh Ahmadou Bamba qui savait à quel point le temps est précieux se livrait dès les premières lueurs de l'aube aux recommandations divines et si le soleil devait dans son parcours du lever au coucher se charger de porter les actions louables de Cheikh Ahmadou Bamba sa charge serait ô combien pesante. Cheikh Ahmadou Bamba se dévoua à Dieu avec la même détermination chaque année, chaque mois, chaque jour, chaque minute, chaque seconde durant tout le cours de sa vie.

*Wal tushbitan hubbaka fi fuwadi*
*Wa hubba hayri halqi fi tamadi*

Fasse que mon amour pour toi Dieu soit éternel
Et que mon amour pour le Prophète Mouhammad soit éternel

### Cheikh Ahmadou Bamba

Ceux qui faisaient partie de son entourage ne dormaient pratiquement pas les nuits. Dormir la nuit devint un luxe qu'ils ne pouvaient s'offrir qu'après que Cheikh Ahmadou Bamba quitta ce monde. Ses nuits et ses jours n'étaient jamais passés en vain. Cheikh Ahmadou Bamba se consacrait toujours à ce qui réjouissait Dieu et n'était à aucun moment de sa vie attiré par ce monde d'illusion. Il avait une fois dit à ses disciples : « Le diable peut maudire tous ceux qui le maudissent. A tous ceux qui le maudissent il a réussi à faire transgresser la loi divine ne serait-ce qu'une fois dans leur vie. Je suis le seul qu'il n'a pu vaincre ». Et toujours lui de dire dans Les Itinéraires du Paradis : « Sachez que le désir le plus ardent du mort est de revenir à la vie pour pouvoir ainsi passer sur terre ne serait-ce qu'un lapse de temps afin de faire une bonne action qui lui serait bénéfique une fois de retour dans l'au-delà. Ainsi repentez-vous des péchés que vous aviez commis et empressez-vous de faire de bonnes actions avant qu'il ne soit trop tard. N'oubliez pas d'améliorer votre for intérieur en prenant conscience de vos défauts. Contrôlez votre ego (*nafs*) et prenez soin du souffle. En effet, aussi bref puisse paraître le souffle d'une personne, il sera un joyau précieux avec lequel il pourra acheter un merveilleux et éternel trésor le Jour du

Jugement. Soyez éveillés ! Perdre son temps à ne pas adorer Dieu en transgressant les recommandations divines pourrait causer une grande perte le Jour du Jugement. Approvisionnez-vous pour Demain en faisant régulièrement un des innombrables *wird*[16] un tant soit peu. Il vous sera utile le Jour de la détresse et de l'angoisse. Assurez-vous de le faire en toute pureté et en toute discrétion à l'abri du regard des gens et ainsi vous serez gratifiés le Jour de la Récompense. La plupart des actions pieuses qui sont exhibées n'ont relativement pas assez de mérite le Jour du Dévoilement ».

Le père de Cheikh Ahmadou Bamba s'appelait Serigne Mame Mor Anta Sali et était juge dans le Royaume du Baol[17] qui était gouverné par Lat Dior Ngoné Latyr Diop[18]. Quand il décéda, les dignitaires dirent à Cheikh Ahmadou Bamba : « Va chez le roi pour lui présenter tes condoléances puisque ton père était son conseiller et ami. Nous lui parlerons pour que tu puisses occuper la fonction de juge et conseiller du roi. Ainsi tu auras tous les honneurs et la richesse ». Cheikh Ahmadou Bamba jeune à l'époque répondit : « En ce qui concerne le roi je déclare fermement que je n'irai pas le voir et que je ne désire rien de lui car les seuls honneurs que je cherche sont en Dieu le Roi des rois ». Cheikh Ahmadou Bamba qui se senti si offensé par un tel discours de la part des dignitaires s'isola et écrivit le poème qui suit :

Ils me recommandèrent :

« Va frapper à la porte de ceux qui détiennent le pouvoir
Ainsi seras-tu riche pour le restant de ta vie »

J'ai répondu :

« J'ai confiance en mon Seigneur et Il me suffit
Je n'ai besoin de rien en dehors de la science et de la religion

---

[16] Wird : Un acte de dévotion fait de manière régulière avec un chapelet à un moment spécifique bien déterminé de la journée.
[17] Royaume du Baol : Ancien royaume du centre du Sénégal
[18] Lat Dior Ngoné Latyr Diop (1842-1886) : Il fut le Damel (roi) du royaume du Baol

Mes attentes reposent sur mon Roi.
Il est le seul que je crains
Qu'Il soit Exalté Celui qui peut m'enrichir et me sauver

Comment pourrais-je confier mes affaires
A ceux qui ne savent même pas prendre soin de leurs propres affaires ?

Comment l'amour des vanités de ce monde
M'obligerait-il à fréquenter
Ceux qui ne sont que des suppôts du Diable ?

Si j'ai un souci ou une requête
C'est au Maitre du Trône que j'adresse mes prières

Il est le Sauveur que nul ne peut anéantir
Il est Celui qui fait ce qu'Il veut

S'Il précipite une chose elle se fait rapidement,
S'Il retarde une chose elle attendra le moment venu

Ô vous mes détracteurs qui me blâment
N'allez pas trop loin dans vos critiques
Puisque je ne souffre pas de la privation des vanités de ce monde

Si ma folie est causée par le renoncement
Des privilèges qu'offrent ces roitelets
Voilà une folie que je n'ai aucune honte à assumer »

<u>Cheikh Ahmadou Bamba</u>

Cheikh Ahmadou Bamba s'était lié au Prophète de la même manière que les compagnons du Prophète s'étaient liés au Prophète. Tout ce que Dieu recommandait, les compagnons le savaient et s'y conformaient. Tout ce que Dieu interdisait, les compagnons le savaient et s'en abstenaient. Malgré tout, les compagnons allèrent voir le Prophète et lui dirent : « Puisque nous avons été bénis d'être avec quelqu'un comme toi, ce qui nous réconforterait dans notre foi, ce serait d'échanger nos biens et nos vies pour que tu puisses nous assurer en retour le paradis ». Le Prophète qui était sur le point de leur annoncer que cela n'était pas de son ressort, Dieu accepta ce commerce en révélant :

> Certes Dieu a acheté des croyants
> Leurs personnes et leurs biens en échange du paradis

Sourate 9 **Le Repentir** : 111

Durant le mois de ramadan de l'an 1895, Cheikh Ahmadou Bamba se livra à une retraite spirituelle à la mosquée de Darou Khoudoss[19]. Pendant cette retraite spirituelle le Prophète Mouhammad (Paix et salut sur lui) lui apparut accompagné de ses inséparables compagnons pour lui donner le titre de *qutb zaman*[20]. Quand Cheikh Ahmadou Bamba vit les compagnons du Prophète, son unique désir fut d'être un des leurs. Le Prophète lui dit : « Ce serait difficile d'être un des leurs. Ceux qui sont avec moi ont éprouvé leur foi dans l'endurance et dans les guerres saintes. Dorénavant il est interdit de verser du sang pour la cause de l'Islam. Il te faudrait encourir une guerre plus difficile qui serait la guerre contre tes propres passions (*jihad nafs)*. Tu devras faire face à des épreuves difficiles et douloureuses sans l'aide de personne. Tu seras le seul à porter le fardeau. C'est seulement ainsi que tu pourras être un des leurs ». Le Prophète continua : « Faire partie de mes compagnons ne sera pas une tâche facile. Tous les saints qui étaient arrivés au stade de dévotion auquel tu es arrivé quand je leur apparus pour leur donner le titre de *qutb zaman* ils désirèrent tous sans exception d'être élevés au même rang que mes compagnons. Mais quand On les mit face aux épreuves On eut été obligé de leur revenir en aide autrement ils seraient tombés dans la disgrâce. A ce jour nul n'a pu porter le fardeau ». Cheikh Ahmadou Bamba répliqua : « Je ne connais pas l'ampleur du fardeau que je devrais porter pour faire partie de tes inséparables compagnons et je n'ai point conçu mon âme pour savoir ce qu'elle peut supporter ou pas. Mais je suis certain que quelle que soit l'ampleur du fardeau, si mon âme peut la supporter, je porterai à moi tout seul le fardeau. Je ne demande qu'à faire partie de tes inséparables compagnons ». Le Prophète lui dit alors :

---

[19] Darou Khoudoss : Quartier de Touba signifiant La Demeure Sainte
[20] Qutb zaman : Mot qui signifie l'Axe du Temps. C'est l'Homme parfait qui est au sommet de la hiérarchie de la sainteté.

« J'accepte ta requête. Cependant tu devras quitter Touba qui a été préservée de tout mal ».

*Tuba arasha lahu tahala min kulli makru'in wa mahufin*
*Bijahi man haja Rasulaha tahala alayhi wa sallama*

Touba a été préservée par Dieu de toute iniquité et de tout mal
Par considération pour le Prophète Mouhammad
La Paix et le salut sur Lui.

### Cheikh Ahmadou Bamba

Cheikh Ahmadou Bamba fonda la ville sainte de Touba en 1888. Il y vécut sept années. Le vendredi 9 août 1895, Cheikh Ibra Faaty[21] partit à Saint-Louis sous l'ordre de Cheikh Ahmadou Bamba afin de s'enquérir auprès du gouverneur sur la raison de leurs incessantes intimidations sur la personne de Cheikh Ahmadou Bamba. Le gouverneur lui dit alors : « J'ai envoyé l'armée pour qu'on arrête Cheikh Ahmadou Bamba. Nous lui avons envoyé des lettres de convocation et il ne s'est jamais présenté ». Cheikh Ibra Faaty de répondre au gouverneur : « Cheikh Ahmadou Bamba n'a reçu aucune lettre de convocation ». Le gouverneur rétorqua : « Je n'ai aucun doute que tu viens de la part de Cheikh Ahmadou Bamba, mais penses-tu que si on le convoque il viendra ? » Cheikh Ibra Faaty répondit : « Je n'en doute pas un instant ». Le gouverneur dit alors : « Dans ce cas j'enverrai un télégraphe à mes troupes pour qu'ils campent où qu'ils soient jusqu'à demain après-midi. S'il ne se rend pas nous irons l'arrêter ». Cheikh Ibra Faaty prit congé du gouverneur et alla prendre le train pour Louga. Une fois arrivé à Louga, un dénommé Serigne Omar Niane remit à Cheikh Ibra Faaty un cheval et lui dit : « Ce cheval a été entraîné pendant trois mois. Il ne s'affaiblira pas, ni ne se fatiguera ». Cheikh Ibra Faaty enfourcha le cheval et galopa toute la nuit guidé par Mame Abdou Lo. A mi-chemin, ce dernier lui dit : « Je suis épuisé et j'ai besoin de me reposer ». Cheikh Ibra Faaty a été mis ensuite en rapport avec un berger pour l'emmener à sa destination finale, mais après un bref parcours, l'homme disparu tout d'un coup dans la nature. N'ayant plus personne pour lui montrer le chemin, Cheikh Ibra Faaty laissa

---

[21] Cheikh Ibra Faty (1862-1943) : Plus connu sous le nom de Mame Thierno est le frère cadet de Cheikh Ahmadou Bamba.

libre la bride du cheval qui le mena à la résidence de Cheikh Ahmadou Bamba dès les premières lueurs de l'aube. En allant à la mosquée pour la prière de l'aube, Cheikh Ahmadou Bamba avait préparé toutes ses affaires. Une fois à la mosquée, il demanda si Cheikh Ibra Faaty était arrivé. Les disciples lui répondirent : « Non ». Avant la fin de la prière, Cheikh Ibra Faaty arriva. Quand Cheikh Ahmadou Bamba vit Cheikh Ibra Faaty, il lui dit : « Je suis prêt ». Cheikh Ibra Faaty voulait rendre compte du voyage à Cheikh Ahmadou Bamba quand ce dernier lui dit : « Cheikh Ibra Faaty ! Je n'ai nullement besoin que l'on me dise quoique ce soit. Hier soir à Louga quand tu te tenais debout sur la termitière face au français et aux *tiéddos*[22], sois certain que je voyais les larges colonies de fourmis marcher sur tes pieds. Cheikh Ibra Faaty ! Je ne vais nulle part. Je vais seulement me mettre au service du Prophète Mouhammad (Paix et salut sur lui). Je te confie la famille après l'avoir confiée à Dieu et son Prophète jusqu'à ce que Dieu me ramène ici ». Après cette entrevue avec Cheikh Ibra Faaty, Cheikh Ahmadou Bamba alla à la rencontre des troupes françaises à Diéwol[23] qui l'arrêtèrent et l'emmenèrent avec eux chaque jour plus loin pour plus d'isolement. La torture aussi pénible qu'elle fût, quand ce même jour revenait ils le torturaient davantage au point de lui faire oublier les douleurs précédentes qui lui avaient été infligées. Les épreuves infligées à Cheikh Ahmadou Bamba équivalent au nombre de versets de la sourate La Vache (*Al Baqarah*)[24]. Cheikh Ahmadou Bamba fut une fois poussé dans un gouffre. A tour de rôle, les Anges de la Proximité avec Dieu (*Malaikatul Muqarrabina*) et les Anges Suprêmes (*Malaikatul Lahla*) lui proposèrent de l'aider à sortir du gouffre. Cheikh Ahmadou Bamba leur demanda si c'était un ordre de la part de Dieu. Ils répondirent : « Non ». Cheikh Ahmadou Bamba dit alors qu'il n'avait donc pas besoin de leur aide. Avant que Cheikh Ahmadou Bamba ne puisse réaliser quoique ce soit il fut saisi par les épaules et en un rien de temps se trouva hors du gouffre. Il entendit une voix dire : « Va te mettre au service du Prophète Mouhammad (Paix et salut sur lui) ». Cette voix était celle de sa mère Mame Diarra Bousso. Cheikh Ahmadou Bamba n'avait peur d'aucun être humain. Nul ne pouvait l'effrayer à part Dieu. Nul

---

[22] Tiéddos : Dénomination généralement attribué aux tenants de l'aristocratie qui se sont attachés à leurs croyances ancestrales.
[23] Diéwol : Se situe à 95 km de Louga sur la route de Dahra.
[24] Sourate La Vache (*Al Baqarah*) comporte 286 versets

ne pouvait le distraire de Dieu. Cheikh Ibrahima Fall disait à son propos : « Parmi tous les êtres humains que Dieu a créés je ne connais pas quelqu'un qui soit plus brave que Cheikh Ahmadou Bamba. Quiconque se compare à lui n'a qu'à attendre le Jour du Jugement quand le pont sera placé au-dessus de la Géhenne ». Après une vie d'épreuves d'un peu plus de sept ans, Dieu lui fit savoir qu'il avait rempli son contrat avec le Prophète Mouhammad (Paix et salut sur lui). Ce dernier lui dit qu'en ce qui concernait son désir d'être parmi ses compagnons cela lui avait été désormais accordé et qu'il soit certain que dorénavant sa récompense ne cesserait de s'accroître jusqu'à la fin des temps. Dieu dit au Prophète de dire à Cheikh Ahmadou Bamba que tous les fils d'Israël de son époque avaient un logis au paradis et un logis en enfer et que c'est aussi le cas pour tous les humains. Tous leurs logis aux paradis lui seraient désormais destinés. Cheikh Ahmadou Bamba remercia le Prophète et lui dit qu'il le lui redonnait comme un don pieux. Le Prophète lui dit alors qu'il l'aurait accepté volontiers, cependant puisque ce don venait de lui il n'y avait rien une fois donné par lui qui ne devrait être repris par lui. Cheikh Ahmadou Bamba dit alors au Prophète que dans ce cas il garderait ces logis jusqu'au Jour Dernier et ceux qui seraient sauvés sauraient sans aucun doute que cela provenait de la miséricorde de Dieu. Cheikh Ahmadou Bamba mentionna qu'il était mal à l'aise de voir ceux qui le suivent habiter des logis qui ne leur étaient pas destinés.

Cheikh Ahmadou Bamba retourna triomphalement au Sénégal le 11 Novembre 1902. Une fois à Diourbel il appela les disciples et leur dit : « Ma seule gratitude envers Dieu ne suffirait pas pour toutes les faveurs qu'Il m'a octroyées. Je voudrais que ceux qui considèrent ma victoire comme étant la leur de se joindre à moi pour remercier Dieu chaque fois que ce jour (Le 18 Safar) viendrait ». Il dit aussi : « Où que vous soyez quand ce jour viendra, donnez sans retenue. Que nul ne s'afflige en donnant un coq et que nul ne s'enorgueillisse en donnant un chameau. Que chacun donne selon ses moyens ». Certains parmi les premiers mourides arrêtèrent de célébrer la *tabaski*[25] en prétextant que le Prophète Ibrahim (Paix et salut sur lui) n'avait jamais rien fait pour eux. Puisque Cheikh Ahmadou Bamba était leur sauveur ils offriraient leurs moutons en

---
[25] Tabaski : Nom pour l'Eid El Kabîr qui célèbre le sacrifice du mouton par le Prophète Abraham (Paix et salut sur lui)

sacrifice le jour proclamé par lui. En entendant cela, Cheikh Ahmadou Bamba dit aux disciples que toute innovation *(bida)* était interdite en Islam et leur interdit de l'appeler *'tabaskiwaat'* ou une autre *tabaski*. Cheikh Ahmadou Bamba déclara alors que l'on appelle ce jour de grâce *Magal*[26]. À ce jour au Sénégal, le plus grand festival religieux qui est le *Magal* de Touba qui a lieu chaque 18 Safar du calendrier lunaire célèbre le départ en exile du Cheikh comme étant l'accomplissement de la prophétie et rassemble des milliers de pèlerins venus des quatre coins du monde. Toutes les faveurs octroyées à Cheikh Ahmadou Bamba seront à voir ici dans ce monde ici-là et dans l'au-delà comme cela nous a été relaté par Cheikh Abdoul Ahad Mbacké[27]: « Le Jour du Jugement, quand le Prophète Mouhammad (Paix et salut sur lui) apparaitra aux êtres humains, aux génies et aux anges où nul ne sera absent, il dira aux prophètes et aux envoyés : « Soyez à mes côtés puisque le Coran m'a informé que vous avez pris la voie de la droiture ». Il se retournera ensuite vers ses compagnons et leur dira : « Soyez à mes côtés car j'étais avec vous tout le temps ». Il s'adressera ensuite à ceux qui avaient été donnée la gouverne de leur époque et leur dira : « Les balances seront exactes. Ceux dont les balances pencheront vers le bien, ceux-là seront les bienheureux. Ceux dont les balances pencheront vers le mal, ceux-là seront les âmes perdues qui ont traité Nos signes avec dérision ». Le Prophète se comportera ainsi avec tous les guides responsables de la gouverne de leur époque. Quand viendra le tour de Cheikh Ahmadou Bamba, ceux qui ont cru en lui seront ceux qui feront pencher la balance vers le bien et tout le monde se demandera : « Où est-il celui qui a été interpellé alors qu'on ne voit que ses disciples faire pencher la balance vers le bien à l'instar des *qutb zaman* ? » Ces propos de Cheikh Abdoul Ahad Mbacké rappellent ceux de Hatim Al Assam[28] qui disait à ses disciples : « Si au Jour de la Résurrection vous n'intercédez pas pour ceux qu'on conduira en enfer vous n'êtes pas mes disciples » et de Cheikh Bayezid Bestami[29] qui disait : « Ils seront vraiment mes

---

[26] Magal : Mot wolof qui signifie magnifier ou commémorer
[27] Cheikh Abdoul Ahad Mbacké (1914-1989) : Fils et troisième khalife de Cheikh Ahmadou Bamba de 1968 à 1989
[28] Hatim Al Assam : Disciple de Chaqiq Al Balkhiy est perçu comme l'un des premiers maitres spirituels de Khurasan
[29] Cheikh Bayezid Bestami (Bestam 777-778 - 848 ou 875) : Abu Yazid Tayfur Ibn Issa Ibn Soroshan Al Bestami de son vrai nom est un soufi perse surnommé *'Sultan Al Arifin'* ou le Sultan Des Mystiques.

disciples ceux qui au Jour de la Résurrection se tiendront au bord de l'enfer pour se saisir les malheureux qu'on y précipitera et les envoyer au paradis, dussent-ils pour le salut des autres entrer eux-mêmes dans le feu éternel[30] ». Cheikh Ahmadou Bamba dira lui-même dans ses écrits :

*Awwalu ma ibtada bihil hadima*
*Tahalluqun bi man lahu taqdimu*

Je commence mes louanges en tant que serviteur du Prophète
En renouvelant mon allégeance à Dieu
L'Électeur qui élit qui Il veut au premier rang

*Ihrajahu ilal biladi nahiyah*
*Wa nala fiha fawqa samhi sariyah*

De l'exile dans les contrées lointaines
J'ai obtenu des grâces
Qui sont au-delà de toute sonde d'exploration

*Ilaya qada lahu ma lam yakuni*
*Wa la yakunu abadan li mumkini*

Dieu m'a octroyé des faveurs
Jamais données à quiconque auparavant
Et qui ne seront plus jamais données à quiconque après moi

*Lastu ashuku abadan fi kawni*
*Jaral badihi hajaban lil kawni*

Je ne doute pas de ma position comme voisin intime
Du Créateur de l'Univers. Quel merveilleux état !

---

[30] Propos recueillis dans <u>Le Mémorial Des Saints</u> de Farid-Ud-Din Attar

*Inna lahi minal ilahi huztu*
*Khaba anil kawni wa fihi fuztu*

Les faveurs que j'ai obtenues de Dieu sont indénombrables
Dans cet univers et en cela est mon bonheur

<u>Cheikh Ahmadou Bamba</u>

Cheikh Moussa Ka[31] dans un de ses poèmes intitulé *Boroomam* ou <u>Son Seigneur</u> relate les faveurs accordées à Cheikh Ahmadou Bamba durant son exile.

*Ca gédj ga la lamb Yalla, ba fékk muy gédj*
*Mu tankhk ca léeri khaybu ya, naan Boroomam*

C'est durant son exile qu'il atteignit Dieu l'Océan de Sagesse
Il s'abreuva à cette sagesse, celle de Son Seigneur

*Ca gédj ga la dakhk Séytani ki gaayam*
*Bunuy maaj muy takhaw faratay Boroomam*

C'est durant son exile qu'il a vaincu Satan et ses acolytes
Quand ils complotaient lui était au service de Son Seigneur

*Ca gédj ga la moom mbôtum kun ci baatin*
*Ba noon ba fabbé kanoom muni kun Boroomam*

C'est durant son exile qu'il reçut le verbe *kun*[32]
Et quand l'ennemi prit ses canons
Lui utilisa le verbe *kun* de Son Seigneur

---

[31] Cheikh Moussa Ka (1891 – 1966) : Né á Ndilki près de Ngabou qui se situe dans la région de Mbacké-Baol, c'est un disciple de Cheikh Ahmadou Bamba et l'un des poètes le plus prolifique de la littérature wolof connu sous le nom de *wolofal*.
[32] Le verbe kun : Se réfère au verbe créateur de tout ce qui a été créé. Kun pourrait se résumer à l'expression biblique : « Au commencement était le verbe ", qui donna vie à tout ce qui existe

*Ca gédj ga la Bamba tijé ndambi kham-kham*
*Ba faf yor aluwaay, xalimak Boroomam*

C'est durant son exile que Cheikh Bamba ouvrit les coffre- forts du savoir et détint la Tablette et la Plume de Son Seigneur

*Ba agg ci Yalla ak ci gëen gi yonén*
*Nu soppi ko, soppi lëppam muy Boroomam*

Jusqu'à ce qu'il se fonde en Dieu et le meilleur des prophètes
Qui le transformèrent totalement et il devint un avec Son Seigneur

*Sakhal fofé jihaari bakkan ci ay at*
*Aki bolé tag ak julli, wétal Boroomam*

Il fit la guerre à son ego (*nafs*) pendant des années
Écrivant des poèmes, faisant ses prières
Et son seul compagnon était Son Seigneur

*Ba suuf mélni sukër faf ci yonén*
*Di moom, muy moom ca baatin, céy Boroomam*

Jusqu'à ce que la terre fut agréable au Prophète
Qui fut un avec lui. Qu'il est Majestueux Son Seigneur

*Nu bokk ka fall tofal ko ngëram mu fab kun*
*Nu womat ruuh yi jox ko, muy jox Boroomam*

Ils l'ont élus, le gratifièrent de la grâce divine et du verbe *kun*
Ils lui remirent la destinée des humains qu'il remit à Son Seigneur

*Dikkal nako ci kham fofé ci baatin*
*Tubab ya di béñ, seriñ si yéem Boroomam*

Il fut gratifié d'un savoir ésotérique que contestent les occidentaux
Alors que les dévots s'émerveillent de Son Seigneur

*Muy faf di jant tiim jëpp dunya*
*Taalif téré yuy sélal Boroomam*

Il devint un soleil surplombant le monde
Écrivant des poèmes qui honorent Son Seigneur

*Bala la fa am ci payis Arass ci baatin*
*Nu dissok moom té muy jassi Boroomam*

Avant qu'une décision ne soit prise
À la station où se trouve Arash[33]
Ils le consultent et c'est lui qui tranche
Étant le bras droit de Son Seigneur

*Téy muy wutaatu yonén faf ci kaw suuf*
*Di mbôttam koon ci lëpp lu sóob Boroomam*

Aujourd'hui il est l'héritier du Prophète sur terre
Son garant sur tout ce qui plairait à Son Seigneur

*Mu laxk ngëram ci saayir ak ci baatin*
*Maqaamam fawqa na mboléem ñoñu Boroomam*

Il obtint les grâces divines de manière cachée et manifeste
Son rang est au-dessus de tous les saints de Son Seigneur

Cheikh Moussa Ka

Bien qu'il fût brutalisé, torturé vicieusement, violemment sans aucun état d'âme, Cheikh Ahmadou Bamba n'eut, ne serait-ce qu'un atome de vengeance dans son cœur. Au contraire il demanda à Dieu d'être miséricordieux à leur endroit ainsi qu'à celle de l'humanité entière :

---

[33] Arash : Une station divine

*Ya malikal mulki ya man jalla han qawadin*
*Irham jamihal wara ya hadiyan radaha*

Ô Roi des rois dont la grandeur
Est dépourvue de toute imperfection
Sois miséricordieux envers toutes les créatures
Tu es celui qui peut purifier l'idolâtre de tout mal

*Zimamu wara asri ladal lahi fi yadi*
*Wa ma rumtuhu min malikin qada bil anyi*

Le Créateur m'a donné la destinée de toute l'humanité
De mon époque. Il honore certainement toutes mes requêtes

*Ataniyal haqiqatil munawara*
*Man qada li shariatal mutahara*

J'ai été honoré de recevoir la vérité radieuse par Dieu
Celui qui m'a aussi honoré en me donnant la loi pure

*Li qada minhu hubbu hayril alamin*
*Hidmatahu ma'al amini wal amin*

J'ai été choisi par Lui (Dieu) d'aimer l'Élu de tous les êtres
Et de servir Dieu avec ses deux fidèles compagnons
L'Archange Djibril et *Al Buraq* (la monture des prophètes)

*Ilayya qada hubbu rabbil alamin*
*Kun fa ya kun sadiqan lastu amin*

Mon Amour du Maitre des Mondes m'a gratifié de *kun fa ya kun*
C'est une certitude et non un doute

Cheikh Ahmadou Bamba

Une fois à Diourbel, Cheikh Ahmadou Bamba appela quelqu'un nommé Mor Mbacké Touré, fils de Mor Balla Mame, et lui dit : « Ton père Mor Balla Mame était très bon en prosodie et en calligraphie. Sais-tu où l'on pourrait trouver un de ses livres écrit en prosodie ? » Mor Mbacké Touré lui répondit que son père avait un étudiant qui vivait au Saloum[34] à qui il avait écrit un livre en prosodie et que s'il y allait il pourrait le lui emprunter. Cheikh Ahmadou Bamba l'envoya emprunter le manuscrit. Quand Mor Mbacké Touré revint avec le livre, Cheikh Ahmadou Bamba l'ouvrit pour y trouver ce qu'il recherchait et le lui remit aussitôt. Mor Mbacké prêta ensuite le livre à Mor Sourang qui mourut durant le fléau de la peste. Sa maison fut brûlée ainsi que tout ce qui s'y trouvait y compris le livre. Mor Mbacké mourut aussi de ce fléau. Quelques jours plus tard, le propriétaire du manuscrit envoya son fils chez Cheikh Ahmadou Bamba pour qu'il lui rende son manuscrit emprunté en son nom. Quand ils cherchèrent le livre, ils le trouvèrent consumé par le feu. Cheikh Ahmadou Bamba présenta ses excuses pour tout inconvénient causé, donna une couverture en laine et une somme substantielle d'argent au fils du propriétaire du livre pour le dédommager. Quand le jeune homme raconta à son père ce qui s'était passé, celui-ci le renvoya immédiatement chez Cheikh Ahmadou Bamba pour lui dire qu'il n'avait besoin de rien provenant de lui si ce n'était son livre. Le jeune homme retourna chez Cheikh Ahmadou Bamba et pendant qu'il racontait ce que son père lui avait dit, un disciple du nom de Serigne Omar Gueye se leva prêt à corriger le jeune homme pour une telle indécence vis-à-vis du Cheikh. Cheikh Ahmadou Bamba se mit entre eux et ordonna à Serigne Omar Gueye de se calmer. Il alla ensuite chercher un livre écrit en prosodie par Cheikh Ibra Faaty, Serigne Mayasine Oumy et Serigne Bara Gaye qui se trouvait dans un très bel étui en cuir qui avait été fait par un dénommé Saaxewar pour protéger le livre comme c'était de coutume à l'époque. Cheikh Ahmadou Bamba le donna au jeune homme pour qu'il le remette à son père. Quand le jeune homme s'en alla, il passa au marché pour vendre quelques tissus pour avoir de quoi acheter son billet pour retourner chez lui. Tout d'un coup, Cheikh Ahmadou Bamba se mit hors de lui et ordonna aux disciples de rappeler le jeune homme. Il les chargea ensuite de retrouver le manuscrit original et de le lui remettre. Quand ils répondirent que le livre avait été consumé par le feu, Cheikh

---

[34] Saloum : Région qui se situe au Sud de la petite côte au Sénégal.

Ahmadou Bamba ne voulut rien entendre et insista pour qu'ils cherchent le livre. Quand les disciples entrèrent dans l'espace ou se trouvaient les différentes malles qui contenaient les nombreux manuscrits écrits et conservés par le Cheikh, en ouvrant la première malle ils y trouvèrent le manuscrit original que Cheikh Ahmadou Bamba avait emprunté en son nom. Cheikh Ahmadou Bamba leur demanda de remettre au jeune homme le livre et repris le sien. Cheikh Ahmadou Bamba dit alors aux disciples qu'il avait demandé à Dieu de ramener le manuscrit par la force de *kun fa ya kun* parce qu'il ne pouvait plus supporter les lamentations du livre qu'il avait remis au jeune homme qui ne voulait pas quitter les mains de Cheikh Ahmadou Bamba.

Cheikh Ahmadou Bamba réhabilita l'Islam dans la pure tradition de l'amour où nulle goutte de sang n'a été versée. Le seul sang versé fut le sien. Effectivement, il arrivait à Cheikh Ahmadou Bamba d'utiliser de l'encre rouge dans ses écrits pour mentionner le nom de son bien-aimé le Prophète Mouhammad (Paix et salut sur lui). Une fois n'ayant plus d'encre rouge, Cheikh Ahmadou Bamba laissa des espaces où il devait écrire le nom de son bien-aimé et il continua à écrire utilisant l'encre noire. Il se souvint soudainement que ne pas avoir de l'encre rouge ne pouvait en aucun cas être un obstacle puisque son propre sang était disponible. Il se taillada la peau et avec son sang il écrivit le nom de son bien-aimé dans les espaces qu'il avait laissé à cet effet. Son amour pour le Prophète, la pureté de son savoir et de ses actions lui donnèrent une victoire éclatante sur ses ennemis. Ses seules armes furent la crainte révérencielle en Dieu et le pouvoir de 'l'encre et de la plume (*Midadi wa Akhlami*)' qu'il a dédié aux louanges de Dieu et de son Envoyé. Son inspiration : le Coran. Cheikh Ahmadou Bamba incarnait ainsi les paroles du Prophète qui disait qu'une goutte d'encre qui jaillit de la plume avait plus de valeur qu'une goutte de sang versée pour la cause de l'Islam. Nul n'avait vu de gouttes de sang jaillir de la plume d'un écrivain si ce ne fut avec Cheikh Ahmadou Bamba. On comprend dès lors aisément la raison pour laquelle Cheikh Ahmadou Bamba dira que ses écrits ont servi de sabres qui ont participé à la guerre sainte de *Badr* pour combattre les ennemis du Prophète, mais aussi pour combattre ses ennemis que furent les Français qui l'exilèrent.

*Ijhal qaça'id ka ashyaa fi rijaal*
*Khad haajaru wa ansaru yaa zal jalal*

Fasse que mes poèmes soient comme
Les sabres des hommes de Dieu
Ceux qui se sont exilés (de la Mecque),
Les Ansars (et ceux de Médine)
Ô Toi le détenteur de la grandeur

*Basharani lahu bi ani wahidu*
*Min ahlil badrin hafa minil jahidu*

Dieu m'a rendu heureux en m'assurant que je fais partie
De ceux qui ont assisté à la guerre de *Badr*
Où tout mécréant était effrayé par moi

*Midadi wa akhlami li man zahzahal yama*
*Kama zahzaha shaytana wal jahla wal hama*

Mon encre et ma plume appartiennent à Celui qui contrôle les vagues, chassa Satan, l'ignorance et les soucis

*Hadama baqin la yazal hadima*
*Bina aduwi la yazala nadima*

L'Éternel a détruit l'édifice de mes ennemis
Et n'a jamais cessé de le faire. Ils ont toujours essuyé l'humiliation

<u>Cheikh Ahmadou Bamba</u>

Étant considéré comme l'un des écrivains les plus prolifiques de l'Islam, Cheikh Ahmadou Bamba a écrit environ sept tonnes de *khassaides*.[35] Il ne tenait jamais rien dans ses mains à part le Saint Coran. Jamais une telle révérence n'avait été donnée au Saint Coran tel que le Cheikh l'avait fait. Il parfumait le Coran et dormait à même le sol pendant que le Coran reposait sur le lit. A Touba, *Daraay Kaamil* ou la Demeure du Livre est une preuve vivante de son amour et de sa dévotion au Saint Coran.

---

[35] Khassaides ou Khassida de l'Arabe Qaça'id (pluriel) ou Qasida (singulier) qui sont des poèmes qui font l'éloge de Dieu et Son Prophète.

*Khad jadila lahu bil Qurani jula ridan*
*Wa lastu atruku zhikran jadali karama*

Dieu m'a gracieusement fait don du Coran
Me montrant ainsi Sa satisfaction
Je n'abandonnerai jamais la mention du Nom de Dieu
Qui m'a donné tous les honneurs

<u>Cheikh Ahmadou Bamba</u>

J'ai parachevé pour vous votre religion
Et accompli sur vous Mon bienfait

Sourate 5 **La Table** : 3

*Akramanil ilmu ma'al amali*
*Assalihati saha li kamali*

J'ai été couronné de la splendeur du savoir
Et du mérite des bonnes actions.
Voici certainement un couronnement parfait

<u>Cheikh Ahmadou Bamba</u>

Pour avoir une compréhension totale de Cheikh Ahmadou Bamba et du mouridisme il serait nécessaire de se référer au Coran qui dit :

Et Nous n'avons envoyé de Messager
Qu'avec la langue de son peuple afin de les éclairer

Sourate 14 **Ibrahim** : 4

Il est important de savoir que ce verset ne s'adresse pas seulement à un Prophète. Un Prophète est en effet un *nabiyun- mursal* ou prophète- messager par définition. Le Prophète Mouhammad (Paix et salut sur lui) est le sceau des prophètes. Cependant les messagers ou m*ursal* quant à eux apparaissent aux cours des siècles.

Notre Seigneur! Envoie l'un des leurs
Comme messager parmi eux
Pour leur réciter Tes versets, leur enseigner le Livre
Et la sagesse et les purifier.

Sourate 2 **La Vache** : 129

C'est Lui qui détient les clefs de l'inconnaissable
Nul autre que Lui ne les connaît
Et Il connaît ce qui est sur la terre ferme Comme dans la mer
Et pas une feuille ne tombe qu'Il ne le sache
Et pas une graine dans les ténèbres de la terre
Rien de frais ou de sec

Sourate 6 **Les Bestiaux**: 59

# CHEIKH IBRAHIMA FALL (1855-1930)

> " J'ai entendu dire du mouridisme : « La voie de Cheikh Ahmadou Bamba ». Si Cheikh Ahmadou Bamba est la voie où mènerait-elle ? Elle mènerait très certainement vers une cité. Si Cheikh Ahmadou Bamba est la cité, alors je suis la voie qui mène à cette cité ».
>
> <u>Cheikh Ibrahima Fall</u>

Le père de Cheikh Ibrahima Fall s'appelait Mouhamadou Rokhaya Fall et sa mère Sokhna[36] Seynabou Ndiaye. Il est né dans la province du Cayor[37] dans la région de Touré-Atoumane. Issu d'une famille royale avec tous les privilèges que la vie lui offrait il tourna malgré tout son dos à ce monde d'illusion ce qui renforça l'idée qu'il était quelque peu dérangé. Mais Cheikh Ahmadou Bamba leur répondra en disant dans <u>Les Itinéraires du Paradis</u> : « Ceux qui se sont détachés de ce monde d'illusion sont sans aucun doute les véritables monarques et sages de leur société. Leurs conseils permettent de trouver des solutions (aux difficultés). Leur contemplation parfait leurs vertus les plaçant ainsi au-dessus du commun des mortels ». Il fut nommé après son oncle Ibrahima Ngoné Ndiaye alors que son frère cadet fut nommé après son autre oncle Saliou Astou Ndiaye, tous deux frères de Sokhna Seynabou Ndiaye. Ils avaient une sœur nommée Astou Diop. Il était de coutume au Sénégal lorsqu'une femme perdait ses enfants à un très jeune âge de donner au nouveau-né un surnom pour briser le sort et ainsi le maintenir en vie. Cheikh Ibrahima Fall qui était un enfant bien portant fut surnommé *Yabsa Xancc* (La liane qui rassemble les fagots de bois) pendant que Cheikh Saliou Asta qui était un enfant frêle fut surnommé *Yolom Géño* puisque ses habits étaient trop grands pour lui. Il est important de savoir que Cheikh Ibrahima Fall en dépit de son surnom est né musulman et n'était pas un nouveau converti à l'Islam. On l'a très souvent associé aux *tiéddos*. L'Islam est entré au Sénégal au 9iéme siècle grâce à de très grands érudits qui n'ont rien à envier au reste du monde musulman ayant laissé des œuvres indélébiles dans bien de domaines tels que la grammaire, la calligraphie, les

---

[36] Sokhna : Mot wolof employé à titre honorifique ou respectable adressé à une femme.
[37] Province du Cayor : Province située entre le fleuve du Sénégal et le Saloum

mathématiques, la cosmologie, la physique etc… Cheikh Ibrahima Fall maitrisait parfaitement le Coran et étais très instruit.

*Moom tell na jang Al Quran mokal ko*
*Tafsir ko biir ak biti Yalla mey ko*

Cheikh Ibrahima Fall apprit le Coran et le maitrisa très tôt
Et l'interpréta de manière ésotérique et exotérique.
Il avait un don de Dieu

*Muy jang ak jangalé ak di taalif*
*Ba laj kham-kham yëpp nékk aarif*

Il apprenait, enseignait et écrivait des poèmes
Il étudia toutes les branches du savoir et devint un mystique

*Mu dem ba jéxal kham-khamub sariha*
*Nékk salman shihta amul tarîqa*

Il compléta toutes les connaissances liées à la *sharia*[38]
Devint un *Salman Shihta*[39] n'ayant pas de *tariqa*[40]

*Mu né aggul ci Yalla mënla aggalé*
*Mu listixaar nu woon ko mbër may séddëlé*

Il se dit alors qu'il n'avait pas atteint Dieu
Et ne pouvait y mener personne
Il fit une prière de consultation et Dieu lui montra
L'illustre Bamba qui distribue (les faveurs de Dieu)

Serigne Touba Lo[41]

Comment pourrait-on parler de Cheikh Ibrahima Fall sans se référer au Saint Coran et de surcroit l'en exclure comme il le disait si bien : « Les paroles de Dieu ne sont pas faciles à déchiffrer. Quelqu'un

---

[38] Sharia est la voie que doit emprunter tout musulman pour respecter la loi de Dieu
[39] Salman Shihta : Celui qui est informé des affaires secrètes par Dieu.
[40] Tariqa : Mot désignant une voie ou une confrérie religieuse
[41] Serigne Touba Lo : Descendant de Serigne Mambaye Lo disciple de Cheikh Ibrahima Fall vit actuellement à Touba

peut s'asseoir à vos côtés et parler dans une langue qui vous est étrangère. Si cette langue ne vous était pas traduite vous ne la comprendriez pas et pourtant celui qui la parle a été créé par Dieu tout comme vous. Comment pouvez-vous alors prétendre pouvoir interpréter le Coran et de surcroît vous permettre de m'en exclure ? » Cheikh Ibrahima Fall passa une grande partie de sa jeunesse à Njébbi[42] avec son frère cadet Serigne Saliou Fall. Il s'isolait loin des gens sous un tamarinier afin de méditer sur sa relation avec Dieu. C'est à cet endroit qu'il reçut la révélation divine de chercher son maitre : Cheikh Ahmadou Bamba.

*Mësnay xibaar ak njébëlom*
*Ba wax ni Yalla mi ka moom*
*Mo ka ni Bamba mo la moom*
*Rasi ko jox ko say péxé*

Il (Cheikh Ibrahima Fall) nous a une fois
Raconté son allégeance (à Cheikh Bamba)
En nous disant que Dieu son Créateur
Lui avait dit que Cheikh Bamba était son maitre
Et qu'il devait le chercher
Et mettre toutes ses compétences et moyens à son service

<u>Cheikh Moussa Ka</u>

Cheikh Ibrahima Fall chercha Cheikh Ahmadou Bamba dans bien de sphères.

*Mu diko wër ba gis ko jox ko lëppam*
*Daldi né Yalla ngi bu kén nakh boppam*

Il le chercha partout jusqu'à ce qu'il le trouve et lui confia son tout
Et dit alors : « Dieu est là que nul ne se leurre »

---

[42] Njébbi : Village qui se trouve dans le département de Kebemer ville du nord-ouest du Sénégal.

*Mu daldi né wër na ko mbolém asamaaw*
*Ak suuf yi, gis na Yalla daw si léen gaaw*

Il dit ensuite : « Je l'ai cherché dans les cieux
Et dans les différents mondes. J'ai vu Dieu. Accourez »

*Mu né ko nél ca Yalla ak sariha*
*Ma yor liggey bi lëpp ak haqiqa*

J'ai alors dit à Cheikh Ahmadou Bamba :
« Sois avec Dieu et la *sharia*
Et je m'occuperai du travail et de la *haqiqa*[43] »

### Serigne Touba Lo

Quand Cheikh Ibrahima Fall arriva à Tayba-Dakhar[44] il rencontra un érudit qui enseignait le Saint Coran dénommé Cheikh Mouhammad Bamba Sylla. Il passa du temps avec lui dans la quête du maitre qu'il cherchait. Dieu qui est Celui qui guide qui Il veut, quand vint le temps pour que la prophétie se réalise, Cheikh Ahmadou Bamba Mbacké envoya deux émissaires chez Cheikh Mouhammad Bamba Sylla pour lui remettre des dons pieux. Quand Cheikh Ibrahima Fall vit les deux émissaires, il perçut chez eux la lumière de celui qu'il recherchait. Ces émissaires étaient Cheikh Adama Gueye et Serigne Mahtar Touré. Cheikh Ibrahima Fall fit ses adieux à Cheikh Mouhammad Bamba Sylla et se livra aux deux émissaires. Cheikh Ibrahima Fall raconta une fois à Mame Cheikh Ndiaye Dabaye : « En allant vers Cheikh Ahmadou Bamba, chaque pas que je faisais était suivi d'un coup de feu provenant du Trône de Dieu (*Arash*). Les anges célébraient déjà en disant : « Par la grâce de Dieu, les serviteurs de Dieu vont enfin se réveiller. Celui qui va rencontrer celui pour que cela se fasse vont enfin se voir ».

---

[43] Haqiqa : Constitue la vérité radieuse ou l'ultime réalité
[44] Tayba-Dakhar : Localité qui se situe dans la région de Diourbel

*Mu daldi dem Tayba-Dakhar*
*Ngir dégg Bamba difa khar*
*Set na seriñ Tayba-Dakhar*
*Cim jang lay khamé pékhé*

Il alla à Tayba-Daxaar
Ayant eu écho de Cheikh Bamba[45] là-bas
Il se demanda si Serigne Tayba-Daxaar était celui qu'il cherchait
Il aurait la réponse après sa prière de consultation

*Mu tëdd guddi listikhar*
*Bët sét mu khêy ba tisbaar*
*Seriñ Mahtar Turé fa jaar*
*Léeram ga woon ko ay pékhé*

La nuit il fit une prière pour être éclairé (par Dieu)
Le lendemain dans l'après-midi
Serigne Mahtar Touré se présenta
Et sa lumière fut la réponse à sa question

*Mahtar Turé nga yori joor*
*Yénu ko jëem Mbacké- Kajoor*
*Seriñ Bamba yonni ko ci buur*
*Seex Ibra topp cay fékhé*

Mahtar Touré avait un paquet de livres
Qu'il avait emmené à Mbacké- Kajoor
Cheikh Bamba l'avait envoyé chez Cheikh Bamba Sylla
Et Cheikh Ibrahima Fall le suivit (à son retour)

*Mu gis Seex Adama Géey*
*Sanni mbiram daldi joxé*
*Mu woon ko Bamba mbër mu rêy*
*Seriñ bi na ko fo fëkhé*

Il rencontra alors Cheikh Adama Gueye
A qui il s'en remit

---

[45] Il s'agit ici de Cheikh Ahmadou Bamba Sylla

Qui lui montra l'illustre Cheikh Bamba
Qui lui demanda la raison de sa visite

### Cheikh Moussa Ka

Cheikh Adama Gueye et Serigne Mahtar Touré, une fois de retour chez Cheikh Ahmadou Bamba oublièrent de mentionner qu'ils étaient accompagnés de quelqu'un d'autre. Cheikh Ahmadou Bamba leur demanda alors s'ils n'étaient pas venus avec quelqu'un d'autre. Ils répondirent : « Non » ayant complètement oublié qu'il pourrait s'agir de Cheikh Ibrahima Fall qui attendait en dehors de la concession du Cheikh. En effet, l'apparence physique de Cheikh Ibrahima Fall alors méconnue de la plupart des gens lui valut d'être considéré comme un 'fou'. Appellation qui fut donnée à bien des hommes de Dieu inclus Cheikh Ahmadou Bamba. Djafar Sadikh[46] disait à ce propos : « Je n'ai eu une connaissance tout à fait claire de la route des mystères que le jour où l'on a dit que j'étais fou ». Après que Cheikh Ahmadou Bamba eut insisté ils retrouvèrent leurs esprits et lui dirent qu'ils étaient en effet venus avec quelqu'un aux allures étranges. Cheikh Ahmadou Bamba demanda à ce qu'on le fasse entrer. Quand Cheikh Ibrahima Fall pénétra dans la concession du Cheikh, il se mit à genoux allant ainsi vers Cheikh Ahmadou Bamba pour lui adresser ses salutations en conformité avec le Coran qui dit :

Certes Dieu et ses anges prient sur le Prophète.
Ô Vous qui croyez ! Priez sur lui et adressez lui vos salutations

Sourate 33 **Les Coalisés** : 56

La rencontre historique entre Cheikh Ahmadou Bamba et Cheikh Ibrahima Fall nous a été relatée par Cheikh Mouhammad Bachir Mbacké[47] dans son livre intitulé *Minanul Bakhi Khadim* ou Les Bienfaits de l'Éternel en ces termes : « Il m'a raconté le grand mouride, Cheikh Ibrahima Fall qui fait partie de ceux dont le dévouement envers son maitre est exceptionnel en comparaison du

---

[46] Djafar Sadikh : Fils de Mohammed Baqir, fils de Zein el Abidin, fils de Hussein tué à Karbala, fils d'Ali. Sa mère Oumm Farwa, fille de Mohammed, fils d'Abou-Bakr fut le sixième imam des douze imams, versé dans toutes les sciences religieuses.

[47] Cheikh Mouhammad Bachir Mbacké (1895-1966) : Troisième fils de Cheikh Ahmadou Bamba et l'un de ses fils qui a vécu le plus longtemps auprès de lui

reste des disciples du Cheikh tel un pur-sang qui surpasse de loin le reste des postulants ce qui suit Cheikh Ibrahima Fall qui fait partie de ceux dont le dévouement envers son maitre est exceptionnel en comparaison du reste des disciples du Cheikh tel un pur-sang qui surpasse de loin le reste des postulants ce qui suit: « Lorsque je vis pour la toute première fois Cheikh Ahmadou Bamba dans le but de m'engager et de lui faire serment d'allégeance je lui ai dit : « Je n'ai quitté ma demeure que pour aller à la recherche d'un guide qui mènerait ses disciples à Dieu. Je trouverais en lui parmi ses signes la lumière divine sur son visage en contradiction avec le visage sombre du commun des mortels. Il possédera en son sein les signes de la vérité divine. Si je n'avais vu personne qui possédait ces signes parmi les vivants, je chercherais parmi les disparus et lorsque je trouverais sa tombe je me mettrais à son service jusqu'à ce que j'obtienne la grâce divine. Je m'engage donc en te prêtant serment d'allégeance et je ne désire rien de ce monde fût-ce l'équivalent d'un poil de cheveu. Mon seul désir est l'amour de Dieu et aspirer à la vie éternelle ». Cheikh Ahmadou Bamba me répondit alors : « Ô Cheikh Ibrahima Fall ! Si je n'avais trouvé aucune trace du Prophète Mouhammad (Paix et salut sur lui) en dehors des étoiles et du ciel qu'il regardait ce dont j'en suis sûr, c'est avec la même certitude que mon amour pour lui et mon intention de le servir me permettront de me rapprocher de lui et de lui faire allégeance. Ceci dit j'accepte ton allégeance. Conforme-toi aux prescriptions divines et abstiens-toi des proscriptions divines. Que ta seule préoccupation soit l'amour de Dieu. N'attends de moi ni abri, ni maison et je ne te garantis pas non plus une vie de famille dans ce monde ici-bas ».

*Mu wax ko téktal ya fa moom*
*Seriñ bi woon ko la fa moom*
*Mu khamni gis na ka ko moom*
*Mu daldi fab mbiram joxé*

Cheikh Ibrahima Fall lui fit part des signes
(Qu'il cherchait en lui)
Cheikh Bamba se révéla à lui
Cheikh Ibrahima Fall sut qu'il avait trouvé son guide
Et s'en remit à lui

<u>Cheikh Moussa Ka</u>

Il fit son allégeance à Cheikh Ahmadou Bamba en ces termes : « Je te remets ma vie ici-bas et à l'au-delà. Je ferais tout ce que tu me recommandes et je m'abstiendrais de tout ce que tu m'interdis ».

Ceux qui te prêtent serment d'allégeance ne font
Que prêter serment à Dieu.

Sourate 48 **La Victoire Éclatante** : 10

*Hadamtal Ahmadal Hadim,*
*Bi izni Rabbikal Hadim*
*Sheikhuka norun min Hadim*
*Man shaka fi hathazaar*

Cheikh Ibrahima Fall se mit au service de Ahmad
Le Serviteur du Prophète
Sous l'ordre de Dieu L'Éternel
Son Maitre est une lumière de Dieu
Quiconque en doute fait partie des éprouvés

Cheikh Maa-al Aynyn[48]

Cheikh Ibrahima Fall raconta son allégeance à Cheikh Moussa Ka qui le raconta à son tour sous forme de poème :

*Déglul ma wax la lëf si mbôttu jébalu*
*Seex Ibra Faal moma ka wax moy sébalu*

Écoute que je te dise un secret à propos de l'allégeance
C'est Cheikh Ibrahima Fall qui me l'a dit :
« C'est planter une graine dans l'espoir de récolter les fruits »

---

[48] Cheikh Maa-al Aynyn : Plus connu sous le sobriquet de Cheikh Maa-al Aynayn (Le Cheikh aux yeux larmoyants), il était un chef religieux maure du Sahara qui appartenait à la confrérie soufie Qadiriyya. Il était réputé pour sa connaissance des sciences religieuses et de la jurisprudence.

*Ibra Faal moma né Mussa ! Mané Faal*
*Muné ma séen jant taxuul nga dika laal*

Cheikh Ibrahima Fall m'a interpellé en me disant : « Moussa ! »
J'ai répondu : « Fall » et il m'a dit :
« Ce n'est pas parce qu'on voit le soleil qu'on peut le toucher »

*Barina ku togg Seex Bamba togg*
*Nga dika khol mu dila khol*
*Té yaw gisoko maka khol*

Beaucoup s'assoient en compagnie de Cheikh Ahmadou Bamba
Il les voit et eux le regardent sans le voir
Je l'ai vu de mes propres yeux

*Jébaluna batiin ba moy sébaluna*
*Biss bu towé jéxkina noppaluna*

Faire serment d'allégeance c'est planter une graine
Après les pluies récolte les fruits et jouis de ton travail

*Ma njëkk jébalu di raam di foon loxom*
*Di si sujoot maka khéwal si jamonom*

Je fus le premier à faire le serment d'allégeance
A lui faire un baisemain avec révérence
Je l'ai initié en son temps

<u>Cheikh Moussa Ka</u>

Cheikh Ibrahima Fall prêta allégeance à Cheikh Ahmadou Bamba
le vingtième jour du mois de Ramadan à Mbacké - Kajoor.

*Ma wax biss bi ndax mu wôr*
*Ñar fukki fan si wéeru koor*
*Bissub dibéer la mbir ba woon*
*Seex Ibra Faal mo rêy pékhé*

Laisse-moi te dire le jour de son allégeance avec certitude
Ce fut le vingtième jour du mois de Ramadan

Ce fut un dimanche
Cheikh Ibrahima Fall était plein de ressources

## Cheikh Moussa Ka

Le lien entre Cheikh Ahmadou Bamba et Cheikh Ibrahima Fall est très bien exprimé par Robert Laffont[49] qui définit l'expérience mystique comme l'union de l'âme avec Dieu ou l'Absolu qui implique en effet que l'être soit tout d'abord réceptif, se dénude et s'ouvre pour accueillir le divin. Préparé à la rencontre, il peut s'unir dans un élan vital au divin. Il réalise alors le mariage du ciel et de la terre ; le ciel peut féconder la terre, qui à son tour, peut donner la vie et porter des fruits. On comprend aisément les propos de Cheikh Ibrahima Fall qui disait : « Chaque fois que Dieu mentionne le ciel et la terre dans le Saint Coran Il fait allusion à Cheikh Ahmadou Bamba et moi. Je suis la terre et c'est la raison pour laquelle Dieu permet que toutes formes d'opprobres me soient jetées. En effet rien ne peut altérer la terre. Tout ce qui est jeté sur terre finit par devenir terre. Cheikh Ahmadou Bamba est le ciel et tout ce que vous pouvez faire c'est le regarder. Que fait le cultivateur quand il sème ? Il choisit ses meilleures semences et les confie à la terre. Quand il implore la pluie, il ne demande pas à la terre, mais plutôt il lève les mains vers le ciel pour implorer la pluie. Cheikh Ahmadou Bamba est celui qui fait descendre la pluie et je suis celui qui fait pousser la graine. Quand le ciel fait descendre la pluie il ne la donne pas au cultivateur mais plutôt à la terre qui à son tour remet les fruits de la semence à ce dernier ». Des années plus tard, les gens s'interrogeaient pourquoi donc Cheikh Ibrahima Fall avait donc une famille, des titres fonciers et autant de richesses alors que lorsqu'il prêta serment d'allégeance il ne devait s'attendre à avoir ni vie de famille, ni abri et encore moins des titres fonciers. Lorsqu'on posa la question à Cheikh Ibrahima Fall il répondit : « Tous les bienfaits qui me lient à ce monde terrestre résultent des quelques grains de sable qui s'étaient incrustés sur mes genoux quand je fis mon allégeance à Cheikh Ahmadou Bamba ». On pourrait aussi trouver la réponse dans le livre intitulé : Une Exhortation Au Mouride Pour Se Mettre Au Service Des Saints écrit par Cheikh Ibrahima Fall : « Nul ne peut avoir les honneurs en Dieu à moins qu'il ne délaisse

---

[49] Robert Laffont : Auteur du livre Les Femmes Mystiques sous la direction d'Audrey Fella

son honneur pour l'amour de Dieu. Nul ne peut avoir de repos en Dieu à moins qu'il ne se prive de repos dans ce monde pour l'amour de Dieu. Nul ne peut avoir des délices en Dieu à moins qu'il ne se prive des délices de ce monde pour l'amour de Dieu. Nul ne peut avoir une beauté en Dieu à moins qu'il ne se prive de beauté dans ce monde pour l'amour de Dieu. Nul ne peut avoir une famille en Dieu à moins qu'il ne se prive de famille pour l'amour de Dieu. Nul ne peut avoir une progéniture en Dieu à moins qu'il ne se prive de progéniture pour l'amour de Dieu. Nul ne peut avoir de richesse en Dieu à moins qu'il ne se prive de richesse pour l'amour de Dieu. Nul ne peut avoir des demeures dans l'autre monde à moins qu'il ne se prive des demeures de ce bas-monde pour l'amour de Dieu. Détachez-vous de ce monde d'illusion avant d'aller à vos tombes. Vous n'aurez les honneurs et la grâce de Dieu que si vous vous abaissez humblement devant Lui. Si vous ne dépensez pas votre richesse dans la voie de Dieu pour l'amour de Dieu vous vous trouverez un jour seuls dans vos tombes. Tout ce que vous aurez dépensé dans la voie de Dieu vous sera alors rendu dans l'au-delà. Ne jouissez donc pas des faveurs de Dieu en adorant un autre que Lui. Adorez Dieu et dépensez vos biens dans la voie de Dieu. Donnez de votre richesse ce que vous chérissez le plus et non ce que vous chérissez le moins. Ceci est la meilleure manière d'atteindre la vraie piété en Dieu ».

*Vous n'atteindrez la vraie piété*
*Que si vous faites largesses de ce que vous chérissez*

### Sourate 3 **La Famille d'Imran** : 92

Il est important de savoir que Cheikh Ibrahima Fall ne fut pas le premier à suivre Cheikh Ahmadou Bamba, mais il fut le premier à lui faire allégeance et ainsi initier la voie du disciple ou *talibé*.[50] Il fut le premier à révéler la véritable dimension de Cheikh Ahmadou Bamba en tant que *Cheikh murabi*[51] qui est le maître et guide de ceux qui veulent être guidés, le miroir des traditions prophétiques et le connaisseur des noms et attributs divins de son époque.

---

[50] Talibé : Un mot clef dans le vocabulaire mouride qui fait allusion au mouride accompli. Être talibé est ce à quoi aspire tout mouride. En effet dans le mouridisme, être talibé est le summum de la quête spirituelle.
[51] Cheikh Murabi : Un Cheikh qui détient les clefs de l'inconnaissable et qui a la capacité d'éduquer l'âme du disciple.

Cheikh Mouhammad Bachir Mbacké toujours dans son livre intitulé *Minanul Bakhi Khadim* ou Les Bienfaits de l'Éternel relate : « Cheikh Ahmadou Bamba n'a jamais dit ou montré aux mourides la façon dont on devrait l'honorer. Cependant la lumière divine qui l'habitait éblouissait les disciples qui se sentaient attirés par lui. Une personne digne de confiance m'a raconté que le premier qui honora et traita Cheikh Ahmadou Bamba avec révérence fut Cheikh Ibrahima Fall. Cheikh Ahmadou Bamba m'a une fois raconté qu'il était une fois à Mbacké- Kajoor avec Cheikh Ibrahima Fall s'apprêtant à faire sa prière. Pendant qu'il faisait ses ablutions, Cheikh Ibrahima Fall tendit ses mains pour contenir l'eau qui se déversait de ses membres pour en boire et s'en enduire le corps avec. Cheikh Ahmadou Bamba me certifia que Cheikh Ibrahima Fall ne l'avait lu dans aucun livre et ne l'avait vu faire par personne auparavant. C'est en Cheikh Ibrahima Fall que je vis pour la première fois quelqu'un agir ainsi me dit-il ». Monsieur Antoine Jean Martin Arthur Lasselves qui était l'administrateur du cercle de Diourbel de 1913 à 1915 corrobore les propos de Cheikh Mouhammad Bachir Mbacké à propos de Cheikh Ahmadou Bamba dans une de ses correspondances qui se trouve dans les archives nationales du Sénégal (dossier IC, 374) : « Ce Cheikh détient certes une puissance innée dont la raison ne parvient pas à saisir la source et expliquer la capacité de forcer la sympathie. La soumission des hommes envers lui est extraordinaire et leur amour pour lui les rend inconditionnels. Il semble qu'il détienne une lumière prophétique et un secret divin semblables à ce que nous lisons dans l'histoire des prophètes et des peuples. Celui-ci se distingue toutefois par une pureté de cœur, par une bonté, une grandeur d'âme et un amour aussi bien pour l'ami que pour l'ennemi. Qualités pour lesquelles ses prédécesseurs l'auraient envié quelques grands que fussent leurs vertus, leur piété et leur prestige. Les plus injustes des hommes et les plus ignorants des réalités humaines sont ceux qui avaient porté contre lui de fausses accusations consistant à lui prêter l'ambition du pouvoir temporel. Je sais que les prophètes et les saints qui ont mené une guerre sainte l'ont faite sans disposer de la moitié de la force dont dispose ce Cheikh ».

L'histoire de Cheikh Ibrahima Fall à la recherche d'un véritable guide spirituel rappelle celle de Salman le perse qui avait passé des années à la recherche de la vraie religion d'Abraham. En effet, Salman le perse avait quitté son pays natal et abandonnant le zoroastrisme de ses ancêtres il avait beaucoup voyagé séjournant dans diverses villes où il avait servi des prêtres chrétiens animés d'une foi ardente. Le dernier d'entre eux avant de mourir lui avait dit : « Mon fils ! Je ne connais plus personne qui suive notre voie et à qui je puisse te recommander. Mais le temps approche où doit apparaitre un prophète, un envoyé qui proclamera la religion d'Abraham et qui viendra de chez les Arabes. Il s'exilera sur une terre couverte de palmiers. Il sera porteur de signes qui ne trompent pas. Il n'acceptera de manger que ce qui lui est offert et il ne touchera pas à l'aumône destinée aux pauvres. Il aura le sceau de la prophétie entre les deux épaules. Si tu peux rejoindre cette ville vas-y ». Un jour alors qu'il était au travail dans la palmeraie de son maitre, ce dernier reçu la visite d'un neveu qui lui dit : « Une grande agitation s'est emparée des Aws [52] et des Khuzraj [53]. Ils s'attroupent en ce moment à Qûba autour d'un homme qui vient d'arriver de la Mecque. Ils prétendent que c'est un prophète ». Entendant ces paroles, Salman fut pris d'un tremblement si fort qu'il faillit tomber de son palmier. Salman attendit le soir, emporta dans un sac des aliments qu'il avait mis de côté et parti à la recherche du Messager de Dieu. Lorsqu'il le trouva il lui dit : « Je sais que tu es un homme juste et que tu as des compagnons étrangers à cette ville qui sont dans le besoin. J'ai apporté avec moi des choses que je destinais à l'aumône. Je crois que vous en êtes plus dignes que d'autres ». Il tendit son sac au Messager de Dieu qui dit à ses compagnons : « Prenez et mangez ». Mais il se garda d'en prendre lui-même. Salman pensa : « Et d'un ». Il s'en alla et revint quelques jours plus tard avec d'autres aliments qu'il tendit au Messager de Dieu en lui disant : « J'ai remarqué que tu ne touches pas à l'aumône. Accepte ceci comme un présent ». Cette fois le Messager de Dieu mangea tout en invitant ses compagnons à faire de même. Salman pensa : « Et de deux ». Puis il tourna autour du Messager de Dieu, pour tenter d'apercevoir entre ses épaules le signe que lui avait décrit le prêtre. Comprenant son geste, le Messager de Dieu ôta sa tunique et découvrit son dos. Salman vit le sceau de la prophétie. Il enlaça le Messager de Dieu et l'embrassa en pleurant de joie. Parlant au Messager de Dieu des prêtres qu'il avait successivement servis et aimés, Salman dit : « Ils passaient leurs journées en prières. Ils croyaient en toi. Ils savaient que Dieu t'avait choisi comme Son

---

[52] Aws : Tribu juive
[53] Khuzraj : Tribu juive

Envoyé et annoncé ta venue prochaine ». Le Messager de Dieu attendit qu'il eût fini de les louer puis lui dit : « Ô Salman ! Cependant ils sont tous destinés aux flammes de l'enfer ». Alors Salman dit : « La terre n'est pour moi plus que ténèbres ». Mais Dieu révéla :

> Ceux qui croient, ceux qui suivent le judaïsme, les chrétiens et les sabéens, ceux qui croient en Dieu et au Jour dernier, ceux qui font le bien, ceux-là trouveront leur récompense auprès de leur Seigneur. Qu'ils n'aient ni crainte ni tristesse
>
> Sourate 2 **La Vache** : 62[54]

Cheikh Ibrahima Fall savait que la connaissance qui induit de belles vertus spirituelles et des qualités très distinguées ne saurait être possible qu'avec la guidée d'un maitre spirituel investi des secrets ésotériques en suivant le *ndigal*[55] d'un tel maitre.

> Prenez ce que le Messager vous donne
> Et ce qu'il vous interdit abstenez-vous en
>
> Sourate 59 **L'Exode** : 7

Dans le mouridisme le *ndigal* est la clef qui permet de pénétrer dans l'enceinte scellée de Dieu et il prévaut sur toutes les autres formes de connaissance. En obéissant au *ndigal*, le disciple se voit dévoiler les différentes couches qui le séparent de Dieu et c'est pourquoi la notion d'impossibilité n'existe pas dans le mouridisme une fois que le *ndigal* est donné par le guide spirituel. Dhu an Nun al-Misri dira quant à lui à propos du *ndigal* : « Un mouride ne pourrait être un véritable mouride que si le *ndigal* que lui donne son guide spirituel a plus de valeur à ses yeux que le *ndigal* que lui donne Dieu ». Cheikh Ahmadou Bamba de dire : « Chaque fois que le disciple obéit au *ndigal* que lui donne son guide spirituel, il se rapproche de Dieu ». Dans cette même perspective, ne pas obéir au ndigal serait une transgression des recommandations divines. Cheikh Ibrahima Fall demanda une fois à quelques disciples, comment ils cherchaient refuge contre Satan. Ils répondirent qu'ils cherchaient refuge contre

---

[54] Extrait du livre Al-Sira de Mahmoud Hussein
[55] Ndigal : Mot wolof qui désigne l'ordre divin

Satan en demandant à Dieu de les préserver de ses machinations, tout en suivant les rituels recommandés par Dieu. Cheikh Ibrahima Fall leur dit alors que ces mêmes rituels n'avaient pas préservé Satan qui s'y était conformé comme jamais ils ne pourraient le faire. La meilleure manière de se préserver contre Satan serait d'obéir au *ndigal* auquel il refusa d'obéir et fut ainsi banni du paradis. En effet *Iblis* (Satan) qui avait été créé à partir du feu devint rebelle se vantant de la matière avec laquelle on l'avait créé. Il se mit à montrer son arrogance à l'Homme qui avait été créé à partir de l'argile. Il refusa de se prosterner devant Adam se rebellant ainsi contre le *ndigal* et fut ainsi banni du paradis.

> Nous vous avons créés puis Nous vous avons donné une forme, ensuite Nous avons dit aux anges : « Prosternez-vous devant Adam ». Ils se prosternèrent à l'exception de Iblis qui ne fut point de ceux qui se prosternèrent
>
> Dieu dit : « Qu'est-ce qui t'empêche de te prosterner
> Quand je l'ai commandé ? »
> Il répondit : « Je suis meilleur que lui.
> Tu m'as créé de feu alors que tu l'as créé d'argile »
>
> Dieu dit : « Descends d'ici. Tu n'as pas à t'enfler d'orgueil ici.
> Sors ! Te voilà parmi les méprisés »
>
> Sourate 7 **Le Purgatoire** : 11-13

Cheikh Ibrahima Fall disait à ses disciples : « Mettez-vous au service des saints. Les traces et la mue du serpent ne font pas connaître l'intensité de son venin. On ne reconnaît l'intensité de son venin, que si l'on est mordu par le serpent ». La métaphore des traces et la mue du serpent font allusion aux actes obligatoires *(Fardh[56])* et aux traditions prophétiques *(Sunna)* en Islam. Les suivre scrupuleusement ne garantissent pas nécessairement au musulman la grâce de Dieu. Les saints qui ont quant à eux déjà reçu la grâce divine peuvent l'accorder au disciple s'ils sont satisfaits de lui. Un jour Cheikh Ibrahima Fall entendit un de ses disciples crier : « *Diarama*[57] Cheikh Ibrahima Fall ». Après que le disciple l'ait

---
[56] Fardh ou farata en wolof
[57] Diarama : Mot qui veut dire merci en peulh

répété à maintes reprises, Cheikh Ibrahima Fall lui dit : « Ô Mon Enfant ! Je t'entends me remercier pendant un bon bout de temps et je ne vois pas en quoi ta gratitude m'a avancé. Depuis que j'ai reçu la grâce de Cheikh Ahmadou Bamba tout le monde a pu voir en quoi cela m'a avancé. Essaie plutôt d'obtenir ma grâce ». Cheikh Ahmadou Bamba avait une fois dit à un disciple : « Dieu peut avoir de la considération pour son serviteur et le faire entrer au paradis. Il peut avoir de la considération pour le saint auquel ce serviteur s'est lié pour le faire entrer au paradis. Cependant il serait plus facile pour le serviteur de se lier à un saint que de faire ce pourquoi Dieu ait de la considération pour lui ».

Cheikh Ahmadou Bamba était considéré comme un *cheikh muhalim*[58] qui enseignait le Saint Coran et tous les sujets relatifs aux sciences religieuses. Peu de respect était voué à de tels cheikhs. Cheikh Ibrahima Fall va initier toute une révolution sociale en imposant un nouveau comportement à adopter envers Cheikh Ahmadou Bamba. Serigne Ndame Abdou Rahmane Lo, un des disciples raconta comment Cheikh Ibrahima Fall fit cette révolution sociale à Mbacké-Kajoor. Quand Cheikh Ibrahima Fall fit son allégeance à Cheikh Ahmadou Bamba à Mbacké-Kajoor, il se dévoua entièrement au travail. Il passait ses nuits à chercher du bois pour les besoins de la concession. Il se chargeait d'aller puiser l'eau et de remplir les fûts avant de se livrer au nettoyage de toute la concession. Cheikh Ibrahima Fall terminait ses tâches à l'aube. C'est ensuite seulement qu'il quittait la concession pour aller se livrer aux travaux champêtres. Cheikh Ibrahima Fall passait ainsi ses jours et ses nuits. Un jour, alors qu'il s'apprêtait à terminer ses tâches comme d'accoutumée à l'aube, il entendit Cheikh Ahmadou Bamba frapper à la porte des disciples en disant : « Réveillez-vous ! Allumez le feu il est l'heure d'apprendre ». Cheikh Ibrahima Fall dit alors au Cheikh : « Dis aux disciples ce pourquoi Dieu t'a envoyé ici cela leur sera plus bénéfique que de les inciter à apprendre ». Cheikh Ahmadou Bamba fit la sourde oreille. Le lendemain, Cheikh Ibrahima Fall entendit Cheikh Ahmadou Bamba frapper à la porte des disciples en leur disant : « Réveillez-vous ! Allumez le feu il est l'heure d'apprendre ». Cheikh Ibrahima Fall dit alors au Cheikh : « Dis aux disciples ce pourquoi Dieu t'a envoyé ici cela leur sera plus bénéfique que de les inciter à apprendre ». Cheikh Ahmadou

---

[58] Cheikh Muhalim : Un maitre qui maitrise les connaissances livresques

Bamba fit la sourde oreille. Le surlendemain, Cheikh Ibrahima Fall entendit Cheikh Ahmadou Bamba frapper à la porte des disciples en leur disant : « Réveillez-vous ! Allumez le feu il est l'heure d'apprendre ». Cheikh Ibrahima Fall dit alors au Cheikh : « Dis aux disciples ce pourquoi Dieu t'a envoyé ici cela leur sera plus bénéfique que de les inciter à apprendre ». Cheikh Ahmadou Bamba, tout d'un coup se dirigea d'un pas ferme vers Cheikh Ibrahima Fall. Ce dernier fit de même en se dirigeant avec la même détermination vers Cheikh Ahmadou Bamba. Alors qu'ils se rapprochaient l'un de l'autre tels deux aimants ils s'attirèrent irrésistiblement l'un vers l'autre, s'accolèrent et restèrent ainsi figés. Peu de temps après, Cheikh Ahmadou Bamba versa de l'eau entre leurs deux êtres et ils se détachèrent l'un de l'autre. Le quatrième jour, Cheikh Ibrahima Fall entendit Cheikh Ahmadou Bamba frapper à la porte des disciples en disant : « Réveillez-vous ! Ceux qui sont venus ici pour apprendre peuvent retourner chez eux. Il y a autre chose en dehors de la connaissance livresque. Ceux qui veulent y accéder peuvent rester ». Les disciples perplexes se demandèrent ce que Cheikh Ahmadou Bamba voulait dire par cette 'autre chose' qui pourrait être meilleure qu'apprendre le Saint Coran et les sujets qui y sont traités. Certains des disciples dirent alors que si cette 'autre chose' en dehors de la connaissance livresque consistait à faire ce que Cheikh Ibrahima Fall faisait, ils préféreraient retourner chez eux. Ils n'étaient pas prêts à se livrer corps et âme tout en faisant dons de leurs biens tel que Cheikh Ibrahima Fall le faisait dans son service à Cheikh Ahmadou Bamba. Ils se décidèrent finalement à aller demander à Cheikh Ahmadou Bamba ce que serait cette 'autre chose' en dehors de la connaissance livresque. Cheikh Ahmadou Bamba leur dit qu'ils n'obtiendraient jamais cette 'autre chose' à moins de faire ce que Cheikh Ibrahima Fall avait fait, c'est à dire faire le pacte d'allégeance[59] et combattre dans la voie de Dieu avec leurs personne et leurs biens.

Et du bout de la ville un homme vint en toute hâte et dis :
« Ô mon peuple ! Suivez les messagers.

---

[59] Le pacte d'allégeance : ou *jébalu* en wolof a été initié par Cheikh Ibrahima Fall. Il faut noter que tous les frères de Cheikh Ahmadou Bamba ainsi que toute sa descendance, aussi bien la gente féminine que masculine lui ont aussi prêté serment d'allégeance pour être mourides.

> Suivez ceux qui ne vous demandent aucun salaire
> Et qui sont sur la bonne voie »

Sourate 36 **Ya sin** : 20-21

Serigne Ndame Abdou Rahmane Lo demanda à Cheikh Ahmadou Bamba comment procéder pour faire le pacte d'allégeance. Cheikh Ahmadou Bamba lui répondit que Cheikh Ibrahima Fall était la meilleure personne à qui demander comment procéder pour faire le pacte d'allégeance. Serigne Ndame Abdou Rahmane Lo alla donc trouver Cheikh Ibrahima Fall dans les champs et lui dit qu'il voulait savoir comment procéder pour faire le serment d'allégeance. Cheikh Ibrahima Fall quitta alors les champs avec Serigne Ndame Abdou Rahmane Lo pour aller dans la concession où se trouvait Cheikh Ahmadou Bamba. Une fois arrivés à la concession, Cheikh Ibrahima Fall demanda à Serigne Ndame Abdou Rahmane Lo de faire la grande ablution (*Janab*) et de se raser comme s'il s'apprêtait à faire le pèlerinage à la Mecque. Cheikh Ibrahima Fall l'emmena ensuite chez Cheikh Ahmadou Bamba en lui disant de faire exactement tout ce qu'il ferait. Une fois en présence de Cheikh Ahmadou Bamba, Cheikh Ibrahima Fall s'agenouilla se dirigeant vers lui et Serigne Ndame Abdou Rahmane Lo fit de même. Cheikh Ibrahima Fall salua ensuite le Cheikh avec ses deux mains en lui faisant un baisemain et Serigne Ndame Abdou Rahmane Lo fit de même. Cheikh Ibrahima Fall dit alors à Serigne Ndame Abdou Rahmane Lo de dire à Cheikh Ahmadou Bamba : « Je te remets ma vie ici-bas et dans l'au-delà. Je ferais tout ce que tu me recommandes et je m'abstiendrai de tout ce que tu m'interdis ». Ceux qui décidèrent de rester suivirent l'exemple de Serigne Ndame Abdou Rahmane Lo tel qu'enseigné par Cheikh Ibrahima Fall. Dès lors plus de familiarité n'était permise avec Cheikh Ahmadou Bamba. Les disciples salueraient désormais le Cheikh avec révérence et parleraient à voix basse en sa présence. Ils s'assiéraient les jambes croisées. Ils ne devront plus désormais manger avec lui dans le même couvert.

*Mo fi khéwal nuyoo di raam*
*Mo nu téré wuyoti naam*
*Fékoon na nuy jang fa moom*
*Moom muy muritu di féxé*

Cheikh Ibrahima Fall initia la salutation avec révérence
Il interdit de répondre de manière familière
Il les trouva entrain d'apprendre de Cheikh Bamba
Alors que lui était à son service

<u>Cheikh Moussa Ka</u>

Ô vous qui avez cru ! N'élevez pas la voix au-dessus de la voix du Prophète et ne haussez pas le ton en lui parlant comme vous le haussez les uns avec les autres sinon vos œuvres deviendraient vaines sans que vous vous en rendiez compte.

Sourate 49 **Les Appartements** : 2

Ceux dont l'effort dans la vie présente s'est égaré
Alors qu'ils s'imaginent faire le bien

Sourate 18 **La Caverne** : 104

Ceux qui auprès du Messager de Dieu baissent leurs voix
Sont ceux dont Dieu a façonné les cœurs pour la piété.
Ils auront un pardon et une énorme récompense

Sourate 49 **Les Appartements** : 3

Ô vous qui croyez ! N'entrez- pas dans les demeures du Prophète, à moins qu'invitation et permission ne vous soient faites à un repas sans être là à attendre sa cuisson. Mais lorsqu'on vous appelle, alors entrez. Puis quand vous avez mangé dispersez-vous sans chercher à vous rendre familiers pour causer. Cela faisait de la peine au Prophète, mais il se gênait de vous congédier alors que Dieu ne se gêne pas de la vérité

Sourate 33 **Les Coalisés** : 53

Une telle discipline imposée par Cheikh Ibrahima Fall fut dénoncée à Cheikh Ahmadou Bamba par certains disciples qui menacèrent de s'en aller si le Cheikh ne prenait pas de mesures pour arrêter les exactions du 'fou'. Cheikh Ahmadou Bamba leur répondit en disant : « Une seule personne qui draine du monde est bien meilleure que tout un monde qui ne saurait drainer personne ». Cheikh Ibrahima Fall quant à lui adoptera l'attitude qu'il recommande lui-même dans <u>Une Exhortation Au Mouride Pour Se Mettre Au Service Des Saints</u> : « Ô vous qui êtes dotés de raison ! Ne vous préoccupez pas des reproches des gens. Pensez à votre état avant votre naissance et à votre état après la mort. Vous étiez alors seuls et nul n'avait et nul n'aura son mot à dire et votre seul confort était et sera en Dieu ». Cheikh Ibrahima Fall ainsi que les Baye Fall à ce jour ne craignent le blâme d'aucun blâmeur étant le peuple que Dieu aime et qui L'aime tel que mentionné dans le verset suivant :

Ô Croyants ! Quiconque parmi vous apostasie de sa religion, Dieu va faire venir un peuple qu'Il aime et qui L'aime, modeste envers les croyants, fier et puissant envers les mécréants, et qui luttent dans le sentier de Dieu ne craignant le blâme d'aucun blâmeur

Sourate 5 **La Table** : 54

*Mboléem murid yi di ka soow*
*Mu mélni dof bu mëtta yéew*
*Ba mujj farr nu né siiw*
*Méloom ya farr dika doxé*

Tous les mourides parlaient de lui
Disant de lui que c'était un fou à lier
Mais ils finirent tous
Par suivre son exemple

<u>Cheikh Moussa Ka</u>

*Budul kon ak yaw Bamba réer nu njëkk*
*Aduna ak Laxiira kén du jékk*

Si ce n'eut été Cheikh Ibrahima Fall, Cheikh Bamba aurait disparu
Et nul n'aurait été sauvé dans ce monde ici-bas et dans l'au-delà

*Raxass nga sunu khol def ca léer nu mandi*
*Seex Ibra Faal Aduna ya nu gindi*

Tu purifias nos cœurs et le remplis de lumière divine
Cheikh Ibrahima Fall, tu es celui qui nous a guidés dans ce monde

### Serigne Touba Lo

Cheikh Ibrahima Fall avait toujours été perçu comme une force de la nature qui ne pouvait que se livrer aux tâches physiques qui n'exigeaient aucun effort intellectuel. On le considérait à la fois comme un ignorant et un illettré.

*Lu Bamba wax mu daldi naaw*
*Foori ju rêy ja sant Saw*
*Nako da gay déllu ganaaw*
*Jangil muritu du péxé*

Dès que Cheikh Ahmadou Bamba ordonnait une chose,
Cheikh Ibrahima Fall l'exécutait
Le grand savant qui se nommait Sao
Dit à Cheikh Ibra Fall : « Va plutôt t'instruire
Cette dévotion par le travail ne te mènera nulle part »

### Cheikh Moussa Ka

Certains disciples avaient une fois défié Cheikh Ibrahima Fall pendant qu'ils étaient assis autour d'un bol de nourriture. Ils décrétèrent que seuls ceux qui pourraient réciter une sourate du Coran, qu'ils avaient convenue entre eux seraient ceux qui mangeraient. Ils la récitèrent à tour de rôle et quand vint le tour de Cheikh Ibrahima Fall il lévita en plein air avec le bol de nourriture et leur dit : « Seuls ceux qui peuvent se joindre à moi mangeront ».

*Mu sobbu farr ba jittu léen*
*Bamba né ki ëpp na léen*
*Léeram gu rêy gi wër na léen*
*Fum tolla khol bay nux-nuxi*

Cheikh Ibrahima Fall fit allégeance à Cheikh Ahmadou Bamba
Cheikh Ahmadou Bamba dit alors (aux disciples) : « Il vous a tous surpassé et il vous entoure tous de son halo de lumière
Son cœur ne cesse de battre d'un amour pour la dévotion »

<u>Cheikh Moussa Ka</u>

Cheikh Ahmadou Bamba dans <u>Les Itinéraires du Paradis</u> nous enseigne : « La connaissance utile n'est pas celle acquise dans le seul but d'emprisonner son concitoyen, ou celle apprise où l'homme passerait toute sa vie dans l'opulence, ou celle apprise pour remplir le cœur d'envie, de rancœur, d'arrogance et d'égarement, ou celle qui incite à l'animosité, aux controverses et à des incessantes élucubrations, ou celle qui rend une personne présomptueux, fier et agressif, ou celle qui incite aux querelles, à la colère, aux fourberies et aux bagarres, ou celle qui vise à amasser des biens matériels en refusant de dépenser pour la cause de Dieu, ou qui incite aux discussions futiles ».

*Amana waay wéddi ko ngir aw jangam*
*Té ku ka suut jébëlu li doy na ngëem*

Il arrive que quelqu'un critique Cheikh Ibrahima Fall à cause de son niveau d'instruction, alors que quelqu'un d'autre plus instruit que lui, fait allégeance à Cheikh Ibrahima Fall. Cela aurait dû lui suffire pour qu'il suive (Cheikh Ibrahima Fall)

*Am nga ngëram, yaw lu la nékh, nékh Yalla*
*Te nékh Rassulu alayhi salla*

Cheikh Ibrahima Fall ! Tu as reçu la grâce divine
Et tout ce qui te plaît, plaît à Dieu, et plaît au Prophète Mouhammad (Paix et salut sur lui)

<u>Serigne Touba Lo</u>

La notion du repos était inconnue de Cheikh Ibrahima Fall. Il trouva une fois des disciples exténués qui furent pris de sommeil. Quand Cheikh Ibrahima Fall s'approcha d'eux, il les secoua et leur dit : « Ô Mes Enfants ! Réveillez-vous et mettez-vous au service de Cheikh Ahmadou Bamba. Quand vous irez dans vos tombes, alors vous dormirez à votre guise ». Cheikh Ibrahima Fall tomba une fois malade. Cheikh Ahmadou Bamba envoya des émissaires pour s'enquérir de sa santé. Alors qu'ils s'en allaient, Cheikh Ahmadou Bamba les rappela et leur dit : « J'aimerais que vous sachiez que tout ce qui pourrait lui arriver de la tête aux pieds est lié à son dévouement exceptionnel pour moi ».

En Islam, la plupart des musulmans suivent la *sharia* qui comprend les actes obligatoires (*Fardh*) et la *Sunna* qui est l'accomplissement des actions volontairement faites. Le *Fardh* est obligatoire alors que la *Sunna* est facultative. Au Sénégal très peu d'hommes s'il y en a, passent du temps avec leur famille discutant et riant avec eux de temps en temps. C'est à peine s'ils se chargent des tâches domestiques. La plupart des hommes, après leurs devoirs religieux tels que les cinq prières quotidiennes passent beaucoup de temps à prier sur le Prophète Mouhammad (Paix et salut sur lui) ceci étant considéré parmi les actes les plus méritoires en dehors des actes obligatoires en utilisant leurs chapelets. Ces hommes sont ceux-là mêmes qui instaurent une atmosphère de stricte autorité et de peur dans leurs foyers. C'est à peine s'ils sont reconnaissants des efforts des femmes travaillant dur pour rendre la maison propre, qui s'occupent des enfants, qui se soucient que les habits de leurs époux soient propres, qui s'assurent que la nourriture soit délicieuse et qu'il y en ait suffisamment pour tout le monde. Devrait-on rappeler à ces hommes que le Prophète Mouhammad (Paix et salut sur lui) rapiéçait lui-même ses propres habits, qu'il trayait lui-même le bétail, qu'il s'occupait aussi des enfants, qu'il discutait, riait et s'amusait avec ses épouses et les aidait aux tâches domestiques ? Pourquoi ces hommes ne considèrent-ils pas ces pratiques comme des traditions prophétiques à suivre ? Cheikh Ibrahima Fall, suivant l'exemple du Prophète Mouhammad (Paix et salut sur lui) s'appropria toutes les tâches qui étaient traditionnellement destinées aux femmes. Aussi matinales qu'elles fussent, les femmes trouvaient la concession toute propre, les fagots de bois sur place, les fûts remplis d'eau, le mil déjà pilé prêt pour la cuisson. Cheikh Ibrahima Fall allait ensuite aux champs cultiver la terre. Tous les produits de la terre étaient ensuite entièrement remis à Cheikh Ahmadou Bamba en dons pieux. Cheikh Ibrahima Fall pourrait être considéré sans aucun doute, comme étant le précurseur de l'émancipation des femmes aux Sénégal.

*Ba mu démé Mbacké- Baol*
*Da fa ni na wakër ga bawol*
*Nay soxk té rotti di wol*
*Boléek liggey di ka joxé*

Quand Cheikh Ibrahima Fall alla à Mbacké-Baol
Il dit aux femmes :
« Laissez-moi le travail.
Je battrais le mil pour séparer la paille et le grain avant de le piler
Et ensuite j'irai aux travaux champêtres »

*Yéndo liggey, fanané root*
*Gaaya kharang ba na khurét*
*Ba lay ganaar ni kor-koréet*
*Mo ka khéwal, dawul doxi*

Travaillant toute la journée, remplissant les fûts d'eau toute la nuit
Pendant que les étudiants dormaient d'un sommeil profond
Jusqu'au chant du coq
Cheikh Ibra Fall l'initia, il ne perdait pas de temps

### Cheikh Moussa Ka

À ce jour au Sénégal, les Baye Fall n'éprouvent aucune honte à faire les tâches qui étaient réputées être des tâches pour femmes[60] et très souvent ils le font conjointement avec les Yaye Fall[61] sachant que les hommes et les femmes sont mentionnés équitablement dans le Saint Coran. Cela est tellement incrusté dans la culture Baye Fall que le mot arabe *tarbiya* qui est défini comme l'éducation spirituelle a été décrypté comme suit en wolof :

---

[60] Dans bien de sociétés Africaines, les hommes n'osaient pas faire les tâches qui étaient réputées être des tâches faites par des femmes, par peur d'être la risée des gens, ceci étant perçu comme avilissant pour un homme.
[61] Yaye Fall : Mot qui désigne la gente féminine à l'opposé de la gente masculine qu'on appelle Baye Fall

| | |
|---|---|
| ***Ta**khani* | Chercher le bois |
| ***R**ot* | Puiser l'eau |
| ***B**uub* | Amasser les ordures |
| ***Y**élwaan* | Mendier pour sa nourriture |

Ces quatre mots dérivant de ces quatre lettres devinrent les clefs pour former quiconque veut aspirer à être un disciple ou *talibé* dans le mouridisme. L'importance que Cheikh Ibrahima Fall a toujours accordé aux femmes dans une société qui n'était pas prête à leur donner la place qu'elles méritaient dans bien de domaines s'exprima dans les propos tenus à Sokhna Penda Ndiaye Diop[62] en lui disant : « Si j'avais fait de toi ce que j'aurais voulu, tout le monde me critiquerait, et en plus, je n'ai pas vu Cheikh Ahmadou Bamba donner le titre de Cheikh à une femme autrement j'aurais fait de toi une des plus grands cheikhs dans la voie du mouridisme ». Il est très important de souligner que les femmes Africaines en général et les femmes Sénégalaises en particulier ont joué un rôle vital dans la formation de grands hommes de Dieu. En effet, Mame Asta Walo Mbacké, mère de Mame Diarra Bousso (mère de Cheikh Ahmadou Bamba) s'habillait de djellabas pour hommes et enseignait le Saint Coran et la connaissance livresque aux filles et aux garçons. Son centre d'enseignement situé à Nawel[63] était très réputé. Elle mourut à l'âge de cent trente-huit ans. Mame Asta Walo éduqua Mame Diarra Bousso (1832-1865) avec une grande éthique religieuse, des valeurs morales sublimes et lui enseigna aussi le Coran qu'elle mémorisa à l'âge de dix ans. Elle écrivit tout le Coran de mémoire comme c'est toujours la tradition à Touba. Ceux sont les *hafiz*. Le principe de cet enseignement repose sur le fait que si toutes les bibliothèques qui abritent le Coran prenaient feu et que tous les livres brûlent, les *hafiz* pourraient le reproduire de manière authentique et ainsi préserver le Coran. À l'âge de vingt ans Mame Diarra Bousso prit la voie du soufisme jusqu'à ce qu'elle atteigne l'état de l'âme parfaite (*Nafsun Kamila*). Quand Mame Diarra Bousso fut sur le point de rejoindre son époux Mame Mor Anta Sali elle ouvrit le Coran ce qui était de coutume à l'époque pour jurer

---

[62] Sokhna Penda Ndiaye Diop : Épouse du frère cadet de Cheikh Ahmadou Bamba, Cheikh Ibrahima Mbacké
[63] Nawel : Localité qui se situe à deux kilomètres de Mbirkilane dans la région du Saloum

qu'elle ferait de son mieux pour servir son époux et ainsi obtenir la grâce divine le mariage étant considéré comme un acte de piété.

> Les hommes ont autorité sur les femmes en raison des faveurs que Dieu accorde à ceux-là sur celles-ci et à cause des dépenses qu'elles font de leurs biens. Les femmes vertueuses sont obéissantes à leurs maris et protègent ce qui doit être protégé pendant l'absence de leurs époux avec la protection de Dieu

Sourate 4 Les Femmes : 34

Quand Mame Diarra Bousso ouvrit le Coran elle tomba sur le verset suivant :

> Mouhammad n'a jamais été le père de l'un de vos hommes,
> Mais le Messager de Dieu et le dernier des prophètes

Sourate 33 Les Coalisés : 40

Mame Diarra Bousso déclara alors : « S'il n'avait pas été dit dans le Saint Coran que le Prophète Mouhammad (Paix et salut sur lui) est le sceau des prophètes j'aurais mis au monde le dernier des prophètes. Cependant je mettrai au monde quelqu'un dont le nom sera mentionné auprès du nom du Prophète Mouhammad (Paix et salut sur lui) chaque fois que ce dernier sera mentionné ». Cheikh Mouhammad Bachir Mbacké nous fait part des qualités de Mame Diarra Bousso comme suit dans <u>Les Bienfaits de l'Éternel</u> : « Mariama Bousso était une femme pieuse, décente, modeste et loyale. Elle dévouait son temps à faire des actions surérogatoires, évitant ainsi toute négligence dans l'adoration de Dieu après avoir accompli les rites obligatoires. Elle dépensait aussi en aumône et venait en aide aux nécessiteux en toute discrétion pour l'amour de Dieu. Elle se conformait à ses devoirs religieux en satisfaisant à la fois Dieu et son guide et époux Mame Mor Anta Sali. Mame Diarra Bousso s'était toujours chargée des tâches domestiques. Elle ne se plaignait jamais. Elle a toujours enseigné à ses enfants une bonne éthique morale et de bonnes manières. Elle les éduquait de manière à développer en eux la bienveillance et le sentiment religieux. Elle les avait très tôt familiarisés avec les saints en leur racontant leur histoire. Cheikh Ahmadou Bamba les écoutait avec un très grand intérêt. Il les connaissait parfaitement. Il entendit une fois sa mère dire que les saints passaient leurs nuits à prier. Depuis lors, Cheikh Ahmadou Bamba suivant leur exemple se mit à prier et méditer dans la pénombre de la nuit. Dès son jeune âge Cheikh Ahmadou Bamba s'était très tôt habitué aux actes de dévotion et à la solitude ». Mame Diarra Bousso, qui avait été nommée après Mariama la mère du Prophète Jésus (*Insa*) a vécu trente-trois ans. Une vie courte et intensément vécue dans la dévotion lui valut le surnom de Diariétoulah ou celle qui vit dans le voisinage de Dieu. Dans un poème intitulé <u>La Bien-Aimée</u> (*Fuzti*) en honneur à la Vierge Marie mère du Prophète Jésus (*Insa*), (Paix et salut sur lui) écrit par Cheikh Ahmadou Bamba on peut facilement voir que Mame Diarra Bousso a tout simplement hérité des vertus et qualités de son éponyme. Vertus et qualités propres aux femmes pieuses.

Au Nom de Dieu Le Tout Miséricordieux, Le Très Miséricordieux

Que nos prières et la paix soient avec notre maitre Mouhammad
Sa famille et ses compagnons

Ô mon Seigneur, que la félicité soit éternellement sur Jésus
Et sur sa mère Marie tout le long de ce poème
Ô toi qui a dit :
« Nous ne faisons aucune distinction entre Ses Messagers
(S2 : V285) »

La Vierge Marie est le réceptacle de la pureté
Elle est à la tête des femmes pieuses

Ô Marie ! Tu as devancé les femmes pieuses aux yeux de Dieu
Celui qui ne peut-être cerné
Le Maitre de *kun fa ya kun* t'a gratifié
L'un des meilleurs prophètes qui est au-dessus de toute critique

À travers toi Vierge Marie,
Les gens de foi arrêtèrent de vénérer les idoles
Il n'y avait aucun doute chez les croyants que tu fus la bien-aimée
De ceux qui se sont soumis à Dieu

Ô Mère de la piété ! Tu as été préservée de l'idolâtrie
Et c'est pour cela que je fais tes éloges

Tu as reçu la félicité et les honneurs de ton Seigneur
Et tout le monde le sait

Je me tourne vers toi aujourd'hui
Pour une nourriture spirituelle qui perdurera
Nourriture qui a rassasiée mon âme qui ne s'attendait pas à tant

Ô Marie ! Tu es issue d'une famille noble
Il n'y a pas de femme plus pieuse que toi
Tu es celle qui mérite le respect

Ô Marie ! Tu ne t'es jamais tournée
Vers ceux qui associent à Dieu des partenaires

Notre Généreux Seigneur a gratifié
De Sa grâce infinie ton fils Jésus.
Il a obtenu ce qu'il cherchait par considération
Pour Celui qui ne peut être trompé

Ô Marie ! Je cherche ta proximité et un bonheur permanent
découlant de ton amour

Ô Marie ! Par le Seigneur des orbites cosmiques
Le Seigneur de *kun fa ya kun*

Je prie que ce poème en ton nom apporte la constance
Et améliore mes obligations religieuses

Ô Marie ! Mère de l'esprit de Dieu
Mère de celui qui fait jaillir la lumière dans l'obscurité

Ton fils n'est pas mort sur la croix
Il est avec l'Exalté Dieu

En ton nom Dieu Le glorieux a gratifié
De Ses bénédictions aux croyants
Au nom de ton fils le bouclier contre toute perdition
Dieu a ouvert les portes qui mènent au Jardin d'Eden

Ô Marie ! Accepte ce don sans le rejeter

Ô Mère Marie ! Accepte mon don
Comme tu fus accepté par le Généreux
Provenant de la bonne étoile
De ceux qui cherchent Sa bénédiction

Ô mon Seigneur ! Essuie les larmes de mes yeux
Et fais Ô Seigneur que ce poème soit parmi le meilleur des poèmes
qui soit chanté par les femmes paradisiaque

Ô Marie ! Tu es sans aucun doute l'une d'entre elle
Ô toi qui a toujours été sollicitée pour ton aide !
Gloire à ton Seigneur ! Le Seigneur de l'honneur

Que la paix soit sur Mouhammad !
Que toutes les louanges soient au Seigneur de l'univers !
Que toutes les louanges soient au Maitre des mondes !
Que la bénédiction soit sur tous les prophètes !
Gloire à Dieu le Maitre de l'univers !

Amen ! »

<u>Cheikh Ahmadou Bamba : La Bien-Aimée</u>

Le mausolée de Mame Diarra Bousso se trouve à Porokhane[64] où une commémoration draine des milliers de personnes chaque année pour célébrer une grande figure de l'Islam. C'est une des rares femmes qui a reçu une telle déférence dans le monde Islamique ce qui en soit démontre la place que la femme occupe en Afrique noire et spécialement dans la société sénégalaise.

Cheikh Ibrahima Fall fut le premier à initier le travail comme un sacerdoce tel qu'exprimé par un *hadith* du Prophète qui dit : « Priez comme si votre mort était imminente et travaillez comme si votre temps sur terre était permanent ». En effet le travail permet d'avoir une vie décente dans cette vie alors que la prière permet d'avoir une vie décente dans l'au-delà.

---

[64] Porokhane : Se situe à côté du Nioro Du Rip dans la région de Kaolack

*Sëxkal kawar di laxassayu té liggey*
*Maka khéwal ci jamonom ba muni "Céy"*

Laisser pousser ma chevelure, me ceindre la taille pour travailler
Je l'ai initié. Cela a émerveillé le Cheikh

### Cheikh Moussa Ka

Cheikh Ahmadou Bamba eut trente-deux enfants qui décédèrent à bas âge. La plupart d'entre eux reposent à Khourou-Mbacké situé à vingt kilomètres de Touba. Cheikh Ibrahima Fall parla à Cheikh Ahmadou Bamba de Darou Salam[65] et lui dit que s'il s'y installait sa famille ne quitterait plus ce monde de manière prématurée. Cheikh Ahmadou Bamba demanda alors à Cheikh Ibrahima Fall de lui indiquer le chemin de Darou Salam. Pour la toute première fois, Cheikh Ibrahima Fall devança Cheikh Ahmadou Bamba ce qu'il ne s'était jamais permis de faire en conformité avec le verset qui dit : « Ô vous qui avez cru ! Ne devancez pas Dieu et son Messager et craignez Dieu (S49 : V1) ». Cheikh Ibrahima Fall se mit à courir devant Cheikh Ahmadou Bamba en direction de l'endroit et revenait derrière lui en lui disant : « Je vous prie de suivre cette direction Mbacké ». Courant inlassablement en direction de l'endroit et en revenant derrière Cheikh Ahmadou Bamba tout le long du chemin, Cheikh Ibrahima Fall mena Cheikh Ahmadou Bamba à Darou Salam en 1886. Deux années après qu'ils se soient installés à Darou Salam, au mois de *Muharram*[66] 1888 celui qui devrait être le premier Khalife de Cheikh Ahmadou Bamba naquit, Cheikh Mouhammad Moustafa Mbacké. Au mois de *Rajab*[67] 1888 celui qui devrait être le second khalife de Cheikh Ahmadou Bamba naquit, Cheikh Mouhammad Fadilou Mbacké. La famille de Cheikh Ahmadou Bamba étant maintenant installée, Cheikh Ibrahima Fall ayant reçu la bénédiction de Cheikh Ahmadou Bamba quitta Darou Salam pour s'installer à Saint-Louis en 1888. C'est en 1895 que Cheikh Ahmadou Bamba fut exilé, année à laquelle Cheikh Mouhammad Bachir Mbacké naquit aussi à Darou Salam. Durant les cinq premières années de son exile les mourides étaient complétement désorientés n'ayant aucune nouvelle de Cheikh

---

[65] Darou Salam : Localité de Touba qui signifie La Demeure de la Paix
[66] Muharram : Premier mois du calendrier lunaire
[67] Rajab : Septième mois du calendrier lunaire

Ahmadou Bamba. Mais grâce à ses relations Cheikh Ibrahima Fall su où le Cheikh se trouvait et pu ainsi les rassurer. Cheikh Mouhammad Bachir Mbacké relate dans <u>Les Bienfaits de Éternel</u> : « Lorsque Cheikh Ahmadou Bamba fut exilé, Cheikh Ibrahima Fall demeurait à Saint-Louis dans l'espoir de recevoir des nouvelles de notre vénéré Cheikh afin de savoir dans quel pays il était déporté. Il s'adressait aux autorités coloniales afin de leur expliquer la véritable nature du Cheikh et de leur faire savoir que s'ils l'avaient vraiment cerné ils n'auraient jamais écouté les calomnies faites à son encontre. Cheikh Ibrahima Fall, durant l'exil du Cheikh envoyait des sommes très importantes et des vivres à Cheikh Ibra Faty qui était en charge de la famille sous les recommandations de Cheikh Ahmadou Bamba. Cheikh Ibrahima Fall s'assurait aussi que les proches et les connaissances qui fréquentaient le Cheikh, liés par la religion ne manquent de rien. Je me souviens toujours de ces charges volumineuses que Cheikh Ibrahima Fall envoyait au quartier Mbacké et des dons licites destinés à Cheikh Momar Diarra[68]. Je me rappelle aussi des dons généreux destinés aux derviches[69] séparés de leur famille pour se consacrer à la religion. Ces derviches n'avaient d'autre pourvoyeur en vivres que Cheikh Ibrahima Fall ».

Étant très ouvert, courtois et diplomate, Cheikh Ibrahima Fall tissa de bonnes relations avec les autorités françaises et ne perdit pas de temps, ni ne lésina sur les moyens pour que Cheikh Ahmadou Bamba fût ramené au Sénégal. Il incita l'autorité française à réexaminer le dossier de Cheikh Ahmadou Bamba. Il joua un rôle déterminant dans le retour de Cheikh Ahmadou Bamba au Sénégal.

Cheikh Ibrahima Fall installa ses premiers *daaras tarbiya* ou centres d'initiation spirituelle à Saint-Louis. Les *daara tarbiya* sont des espaces champêtres situés dans les zones rurales pour permettre le retrait à l'écart des hommes. Isolés de la société, les disciples cultivent la terre, mendient pour leur pitance journalière et s'adonnent au *zhikr*[70]. Dans ces centres d'initiation spirituelle un seul remède ne suffit pas aux différents disciples qui s'y trouvent.

---

[68] Cheikh Momar Diarra (1849-1921) : Plus connu sous le nom de Serigne Mame Mor Diarra, grand frère de Cheikh Ahmadou Bamba
[69] Derviche : Personne qui suit une voie soufie requérant l'acceptation du dénuement et de pauvreté
[70] Zhikr : Évocation rythmée et répétitive d'une prière ou d'une formule sacrée silencieusement ou à voix haute

En effet à chaque maux son remède. Michel Chodkiewicz dans <u>La Revue de l'Histoire des Religions</u> décrit parfaitement la vie purgative en écrivant : « La *via purgativa* est un élément majeur de la *tarbiya*, mais plus encore comme la clef qui donne accès au *fath*, à l'illumination. Le retrait n'est pas soumis à des conditions particulières. La durée de la retraite est très variable. Elle s'étend parfois sur quelques jours et parfois sur quelques années. Elle est intermittente chez certains, alors que d'autres l'observent toute leur vie. Elle n'obéit pas à des règles précises. Les formes de l'ascèse qui s'y déploient, la nature des exercices spirituels pratiqués ne sont pas uniformes ».

*Seex Ibra Faal ya takh nu kham tarbiya*
*Nuy bay duggub ak gérté muy hadiya*

Cheikh Ibrahima Fall !
Tu es celui qui nous enseigna la voie de la *tarbiya*
Et qui nous enseigna de remettre en dons pieux le mil et l'arachide
(à Cheikh Ahmadou Bamba)

<u>Serigne Touba Lo</u>

Cheikh Ahmadou Bamba quant à lui dira dans <u>Les Itinéraires du Paradis</u> : « La meilleure action que l'on puisse faire est certainement celle qui profiterait largement à la société comme toute connaissance qui éliminerait l'ignorance et qui mettrait les Hommes à l'abri des péchés et qui serait plus ou moins profitable à toute personne juste et honnête. Ou toute action qui purifierait le cœur pourvu que cela s'accomplisse de façon régulière et assidue aussi insignifiant que cela puisse paraître. Ou toute action pénible pour le *nafs* (ego) telle que dépenser ses biens dans la voie de Dieu pour une personne avare, jeûner pour le gourmand, se taire pour le bavard, travailler pour le paresseux, cacher ses bonnes œuvres et agir avec discrétion pour celui qui aime l'ostentation, l'amour du prestige et la célébrité ». Les *daaras tarbiya* étaient précisément à Gandiol, Ndaaye Fall, Touggou, Keur Chérif, Jaara à Tasnére, dans la région de Saint-Louis, et ils furent élargis dans le reste du Sénégal tels qu'à Kebemer, Ndande Fall, Louga, Ngoumba, Thies, Diourbel, Ndoulo, Ndia Mbacké Baol, Darou Rahim, Gébou Faal, Baghdad, Kawsara Fall et Ngouye Ngéne parmi tant d'autres.

*Seex Ibra Faal amul morom*
*Sakk nay mbër yuy roy ci moom*
*Léeral na pénkkum ak soowaam*
*Luy yaxqu dottul nux-nuxi*

Cheikh Ibra n'a pas d'égal
Il initia de nombreux hommes de Dieu qui suivirent son exemple
Il illumina l'est et l'ouest
Il n'y a plus rien qui puisse éteindre cette lumière

<u>Cheikh Moussa Ka</u>

A Saint-Louis des érudits lui demandèrent où il se trouvait dans le Coran. Cheikh Ibrahima Fall leur répondit en leur disant qu'il se trouvait dans la sourate <u>Les Rangs</u>. Il continua en leur demandant : « Mais quant à vous où étiez-vous quand Dieu demanda :

Ô vous qui avez cru !
Vous indiquerai-je un commerce
Qui vous sauvera d'un châtiment douloureux ? »

Sourate 61 **Les Rangs** : 10

Nous, les Hommes de Dieu, étions assis sous l'arbre paradisiaque Touba quand notre Créateur posa cette question et ordonna les conditions à suivre pour que ce commerce soit valable. Je fus le premier et le seul à adhérer à ce commerce et c'est ainsi que je fus gratifié de l'énorme succès ».

Vous croyez en Dieu et Son messager
Et vous combattez avec vos biens et vos personnes
Dans le chemin de Dieu
Et cela vous est bien meilleur si vous saviez !

Il vous pardonnera vos péchés
Et vous fera entrer dans des Jardins
Dans lesquels coulent les ruisseaux
Et dans des demeures agréables Dans les jardins d'Eden
Voilà l'énorme succès.

Sourate 61 **Les Rangs** : 11-12

La sourate <u>Les Rangs</u> pourrait être considérée comme la carte d'identité de Cheikh Ibrahima Fall et des Baye Fall. Ce verset ne mentionne à aucun moment la prière, le jeûne, la *zakat* ou le pèlerinage à la Mecque. Concernant la *zakat* Cheikh Ibrahima Fall disait qu'il fallait vraiment être radin pour ne donner que 2,5 pourcent de sa richesse sur une année au lieu de tout remettre à Dieu qui nous a donné cette richesse et qui nous recommande le sacrifice de nos biens et de nos personnes dans la voie de Dieu. Cheikh Ibrahima Fall faisant la distinctions entre ceux qui suivent les recommandations divines et ceux qui combattent dans la voie de Dieu disait :

*Ñom danuy topp Yalla, yéen ngén di wuut Yalla.*
*Kuy topp Yalla nagéy julli, woor, natta asaka, dem makka*
*Kuy wuut Yalla sa bakkan, sa njaboot ak sa alal lañ la lathie*

Ils suivent les recommandations divines alors que vous combattez dans la voie de Dieu. Celui qui suit les recommandations divines
Doit s'acquitter des cinq prières, du jeûne, s'acquitter de la *zakat* et faire le pèlerinage à la Mecque alors que celui qui combat dans la voie de Dieu On lui demande de sa personne, sa famille et ses biens

*Ku topp Yalla, Yalla yéram la.*
*Ku wuut Yalla, Yalla gëram la*

Celui qui suit les recommandations divines aura la miséricorde de Dieu, alors que celui qui combat dans la voie de Dieu,
Dieu lui octroiera sa grâce.

*Ku Yalla yéram nga duggu Aljana.*
*Ku Yalla gëram da ngéy dougalaté Aljana*

Celui à qui Dieu accorde sa miséricorde entrera au paradis,
Alors que celui qui a reçu la grâce de Dieu pourra intercéder
En faveur des gens pour qu'ils entrent au paradis.

<u>Cheikh Ibrahima Fall</u>

Cheikh Ibrahima Fall disait aussi en faisant allusion aux cinq prières quotidiennes : « Comment pouvez-vous oublier votre Créateur pour avoir besoin de vous remémorer de Lui cinq fois par jour ? » Être musulman c'est être dans un état constant et permanent du rappel de Dieu. Il serait nécessaire de souligner que lorsque les gens disent que les Baye Fall ne prient pas ils font allusion à la *salat* ou les cinq prières quotidiennes. Cependant si la prière c'est être en communication secrète avec Dieu alors nul ne peut dire que le Baye Fall ne prie pas.

Invoquez le nom de Dieu
Debout, assis ou couchés sur vos cotés

Sourate 4 **Les Femmes** : 103

Mieux vaut une prière sans génuflexion qu'une génuflexion sans âme. Le but étant plus loin que le moyen, pleurons sur ceux qui ne s'arrêtent qu'à cette dernière

Cheikh Alawi[71]

Dieu avait recommandé au Prophète Mouhammad (Paix et Salut sur lui) et sa communauté cinquante prières par jour. Durant son ascension vers Dieu Le Prophète Mouhammad (Paix et Salut sur lui) sur sa monture *Al Buraq*[72], accompagné de l'Archange Djibril[73], le Prophète Moussa (Paix et Salut sur lui) dit au Prophète Mouhammad (Paix et Salut sur lui) de demander à Dieu de réduire le nombre de prières puisque les musulmans ne pourraient pas s'y conformer. Le Prophète Mouhammad (Paix et Salut sur lui) retourna chez Dieu pour lui demander de réduire le nombre de prières. Dieu en ôta cinq ce qui réduisait le nombre de prières à quarante-cinq prières. Quand le Prophète Mouhammad (Paix et Salut sur lui) dit au Prophète Moussa (Paix et Salut sur lui) que cinq prières avaient été retirées,

---

[71] Cheikh Alawi (1869-1934) : De son vrai nom Ahmed Ibn Mustafa Al Alawi est un maitre soufi qui fonda une des plus importantes confréries soufies du vingtième siècle en Algérie, la confrérie Al Alawiyya, une branche de l'ordre Chadhiliyya

[72] Al Buraq : Un cheval paradisiaque dans la tradition Islamique qui a servi de monture au Prophète Mouhammad (Paix et Salut sur lui)

[73] Archange Djibril : Ou Gabriel dans la littérature biblique est un intermédiaire entre Dieu et les humains et le porteur de révélations aux prophètes

il lui dit de retourner pour en retirer plus. En implorant Dieu de manière répétitive, le Prophète Mouhammad (Paix et Salut sur lui) réussit à avoir le nombre de prières réduit au nombre de cinq prières par jour. Cheikh Ibrahima Fall disait : « Ô Mes Enfants ! Quand le Prophète Mouhammad (Paix et Salut sur lui) s'est gêné de demander à Dieu de l'exempter ainsi qu'à sa communauté des cinq prières restantes j'étais assis aux pieds du trône de Dieu et je Lui demanda de m'ôter les cinq prières restantes, ce qu'Il m'accorda ainsi qu'à mes disciples. Je semble toujours soulever des controverses. En effet, tout le monde spécule sur le fait qu'on ne s'acquitte pas des cinq prières quotidiennes alors que lorsque les quarante-cinq prières furent ôtées au Prophète Mouhammad (Paix et Salut sur lui) nul ne s'en plaignit ».

La majorité des musulmans s'empressent souvent d'affirmer avec véhémence que les Baye Fall ne sont pas des musulmans parce qu'ils ne s'acquittent pas des cinq prières. Un de leurs arguments le plus utilisé est basé sur la langue wolof où le mot prier *(julli)* et le mot musulman *(jullit)* ont la même racine.

*Kudul julli du jullit*

Celui qui ne prie pas n'est pas musulman

Oublieraient-ils qu'en arabe le mot prier *(salat)* et le mot musulman (*Muslim*) n'ont pas du tout la même racine du mot ? D'autre part, la prière n'est pas l'apanage de la seule religion musulmane et cela signifierait-il donc que tous ceux qui prient et qui font partie des religions révélées seraient aussi des musulmans ? Cependant la réponse de Cheikh Ibrahima Fall la plus appropriée à toutes ces élucubrations à propos du non-acquittement des cinq prières se trouvent dans son livre intitulé <u>Une Exhortation Au Mouride Pour Se Mettre Au Service Des Saints</u> : « Le fait de se conformer aux recommandations d'un saint n'est en rien semblable au fait de se conformer aux heures de prières. Si la prière n'est pas faite à l'heure requise, tous les bienfaits qui devraient en découler se perdraient. Malgré tout il faudra quand même s'acquitter de la prière à n'importe quelle autre heure de la journée. Quand le soleil est absorbé par le crépuscule et que l'obscurité s'installe il devient impossible de déterminer l'heure de la prière qui est régulée par la position du soleil, si le soleil est bien celui que l'on connaît qui apparaît parmi les sphères et les constellations. Le soleil sur terre quant à lui se déplace sur l'ordre de Dieu pour ceux qui suivent les recommandations divines. Ce soleil est le saint. Tout comme le soleil qui apparait parmi les sphères et les constellations est entouré par les étoiles, le saint qui est le soleil sur terre est lui entouré par les mourides ». Selon la perception de Cheikh Ibrahima Fall nul ne peut donc dire avec assurance qu'il a reçu les bienfaits qui résultent de la prière après s'en être acquitté alors que celui qui obéit aux recommandations du saint peut dire avec certitude qu'il a reçu les bienfaits qui résultent de cette obéissance quel que soit le moment où ces recommandations ont été accomplies.

Cheikh Ibrahima Fall s'était un jour décidé de faire la prière (*Salat*). Il se leva, se tourna vers l'ouest pour s'acquitter de la prière et avant même d'avoir commencé, certains théologiens l'apostrophèrent en lui disant qu'il s'était dirigé vers la mauvaise direction et qu'une telle prière ne serait agréée par Dieu. Cheikh Ibrahima Fall sortit alors de sa poche des sommes d'argent qu'il remit à ceux parmi ceux qui se trouvaient à l'ouest qui prirent l'argent en le remerciant de tout cœur. Il en fit de même avec ceux qui se trouvaient à l'est, au nord et au sud et tous sans exception prirent l'argent en le remerciant. Cheikh Ibrahima Fall dit alors : « Si la prière n'est acceptée que si l'on se tourne vers l'est alors je préfère à la prière donner de ma richesse puisque quel que soit la direction dans laquelle on donne Dieu l'accepte » d'où le célèbre adage de Cheikh Ibrahima Fall :

*Joxé mo gëen julli*

Donner (de sa richesse pour l'amour de Dieu)
Est bien meilleur que prier

La bonté pieuse ne consiste pas à tourner vos visages vers l'est ou vers l'ouest. Mais la bonté pieuse est de croire en Dieu, en Sa rencontre, aux Anges, au Livre et aux Prophètes, de donner de sa richesse quelque amour qu'on en ait, aux proches, aux orphelins, aux nécessiteux, aux voyageurs indigents et ceux qui demandent l'aide

Sourate 2 **La Vache** : 177

Un jour des musulmans qui faisaient une quête pour achever une mosquée en construction allèrent voir Cheikh Ibrahima Fall et lui dirent : « Nous faisons une quête pour la demeure de Dieu ». Cheikh Ibrahima Fall leur demanda : « Qu'appelez-vous la demeure de Dieu ? Dites plutôt un édifice qu'on construit pour y servir Dieu. Quant à moi, je ne connais que deux demeures de Dieu qu'il aimerait qu'on en prenne soin. La première demeure est le ventre de l'être humain. En effet c'est la seule cavité chez l'homme que Dieu a créé sans rien y mettre pour qu'un bon musulman la remplisse de nourriture. Sa seconde demeure est le cœur pur d'un être humain. Si vous faites plaisir à un tel être humain vous serez bénis par Dieu. Si vous honorez un tel être humain vous serez honorés par Dieu. Si vous persécutez un tel être humain vous serez châtiés par Dieu ».

*Islam da ko gëram ba far gorél ko*
*Ak kumu andal ku ka wéddi gis ko*

L'Islam fut satisfait de lui
Et le démit de toutes obligations rituelles
Ainsi que ceux qui le suivent.
Ceux qui le dénigrent seront parmi les éprouvés

*Lanu ka méy ba julli wacc wa këram*
*Bët du ci dal. Waju ko wéddi la yéram*

Ce dont il a été gratifié jusqu'à ce que ses adeptes fussent exemptés
des prières quotidiennes va bien au-delà de ce que l'œil peut voir
J'ai pitié de celui qui le conteste

*Lëppam la Yalla wax ci Quranul Karim*
*Lo ca khamul mandul ci Seex Ibra ni khim*

Son tout est mentionné dans le Saint Coran
Ce que tu ne parviens pas à cerner de lui, abstiens-toi de juger

*Yaw kula gëm julli na julli juroom*
*Woor wéerug koor, hajji Makka. Yaw amo morom*

Celui qui croit en toi a ainsi fait les cinq prières quotidiennes
Jeûné le mois de Ramadan, fait le pèlerinage à la Mecque.
Tu n'as pas d'égal

<u>Serigne Touba Lo</u>

Il serait aussi nécessaire de souligner que la controverse ne se limite pas au Baye Fall qui ne s'acquittent pas des cinq prières quotidiennes et qui ne font pas le jeûne durant le mois de ramadan, mais aussi de ceux qui se disent Baye Fall et qui cependant s'acquittent des cinq prières quotidiennes et jeûnent durant le mois de ramadan. Cela soulève pas mal de confusion pour ceux qui ne connaissent pas la voie Baye Fall et au final ne savent plus quoi ou qui croire. Serigne Cheikh Fall Bayoub Goor dit à propos de ceux qui se disent Baye Fall et qui s'acquittent des cinq prières quotidiennes et jeûnent durant le mois de Ramadan : « Celui qui se dit Baye Fall et qui s'acquitte des cinq prières quotidiennes et jeûne durant le mois de Ramadan pourrait aussi bien dire à Cheikh Ibrahima Fall : « Ta pratique spirituelle n'a rien à voir avec l'Islam ». Celui qui est un disciple de Cheikh Ibrahima Fall et reconnu comme tel doit suivre l'exemple de Cheikh Ibrahima Fall. Celui qui ne peut se conformer aux principes érigés par Cheikh Ibrahima Fall doit alors aller ailleurs car celui qui adhère à une voie initiée par un maitre spirituel quelconque doit se conformer aux principes érigés par ce maitre. Nul ne peut emprunter deux voies à la fois. Certains parmi les disciples de Cheikh Ibrahima Fall si on leur avait dit au Jour du Jugement : « Ceux qui s'en vont là-bas sont des disciples de Cheikh Ibrahima Fall. Ils sont destinés à la Géhenne », ils n'auraient pas hésité un seul instant de se à joindre à eux pour aller en enfer par dignité et loyauté. Le mouridisme n'est rien d'autre que dignité et loyauté ». Ibn Ata Wali[74] disait : « Ceux qui ne cherchent que Dieu, s'entretiennent par la louange répétée de Son saint nom, par la pratique des bonnes œuvres et l'emploi des

---

[74] Ibn Ata Wali (1250/1260-1309) : Il naquit à Alexandrie. Cheikh soufi de renom il fut le troisième khalife de la confrérie Chadhiliyya. Il mourut au Caire où il fut enterré

paroles conciliantes et de ce fait s'élèvent plus haut que par la prière et le jeûne ».

Grand et noir, Cheikh Ibrahima Fall dans son dévouement au travail pour Cheikh Ahmadou Bamba se souciait peu de son aspect physique. Avec une telle attitude ses cheveux s'entremêlaient naturellement. Quand ses habits s'usaient, il prenait un bout de tissu à portée de main et le rapiéçait. Ses habits finirent par devenir un vêtement de loques rapiécées aux couleurs multiples que les Baye Fall portent à ce jour.

*Bolé nga ngënél yëpp té sol lanuy daax*

Tu as rassemblé tous les bienfaits,
Et malgré tout tu portes des loques rapiécées

<u>Serigne Touba Lo</u>

Au Sénégal, les habits Baye Fall sont généralement un assemblage de tissus de couleurs différentes appelés *ndiaxass* ou *dëbb-daakh* en wolof. Le mot *ndiaxass* veut littéralement dire 'mélanger ou assembler'. Certaines personnes considèrent ce mot comme étant à l'origine du mot jazz. Cependant le *ndiaxass* est différent du *dëbb-daakh* dans son essence. Le *ndiaxass* est un assemblage de différents morceaux de tissus de couleurs diverses qui ont été récupérés ou achetés tous neufs pour confectionner un habit multicolore. Le *ndiaxass* fait de morceaux de tissus récupérés se rapproche plus du *dëbb-daakh* pourvu que ses différents morceaux de tissus aient une histoire, une mémoire. Le *dëbb-daakh* quant à lui est généralement un vêtement de couleur unique à son origine et pendant qu'il s'use avec le temps et se déchire, un morceau de tissu quelconque trouvé au hasard est utilisé pour le rapiécer. Le *dëbb-daakh* ne sert pas d'esthétique, mais c'est plutôt une nécessité. Pour porter le *dëbb-daakh* il faut être véridique, sincère et détaché de ce monde d'illusion. En effet, porter le *dëbb-daakh* c'est lutter contre les concupiscences, mais aussi faire face aux injures en s'armant de patience pour avoir une maitrise de soi. On raconte que Veis Qarni[75]

---

[75] Veis Qarni : Connu aussi comme l'étoile du Yémen. Bien qu'il n'ait jamais vu le Prophète physiquement, il hérita de son manteau que lui apportèrent Omar qui assurait alors le Khalifat accompagné par Ali. Le Prophète leur avait dit :

recueillait dans les balayures les chiffons qui y étaient tombés, les lavait et après avoir fait la prière, les cousait l'un à l'autre pour s'en faire un vêtement. Quand il marchait dans les rues, les enfants lui lançaient des pierres et lui de leur dire : « Enfants ! Lancez-moi de petites pierres car mes pieds sont faibles et s'ils étaient blessés je ne pourrais plus m'acquitter des œuvres de dévotion ». On raconte aussi qu'on avait une fois demandé à Ibrahim Adham[76] : « Depuis que tu es entré dans cette voie as-tu jamais été heureux ? – Mais oui et plusieurs fois » répondit-il. « Un jour par exemple je m'étais embarqué avec une troupe de gens et nous voguions sur le fleuve. Dans notre bateau se trouvait un mauvais plaisant. Mes cheveux étaient devenus très longs et je portais un vêtement tout déchiré de sorte que personne ne m'avait reconnu et que tous me riaient au nez. A chaque instant, ce mauvais plaisant s'approchait de moi, me tirait par les cheveux et les arrachait en m'appliquant des tapes sur le cou. En voyant le degré de mépris où j'étais tombé j'éprouvais un vif sentiment de joie. Soudain les eaux du fleuve s'agitèrent et les vagues commencèrent à battre notre embarcation. Le capitaine dit alors : « Il faut jeter quelqu'un à l'eau » ; et me saisissant par les oreilles, ils me lancèrent dans le fleuve dont les eaux se calmèrent subitement par un effet de la toute-puissance du Seigneur. Au moment où l'on me saisissait je me sentis tout heureux en voyant mon état de profonde impuissance et d'humiliation ». Sidi Abu Madyan, le grand saint Algérien dira : « C'est dans la chute, que la conscience de note nature profonde et véritable nous apparait. Et, par contraste, la nature seigneuriale de Dieu ne nous apparait aussi qu'à ce moment - là[77] ». D'ailleurs, Sidi Ali Al Khawwaç disait : « Les effluves ne parviennent au cœur d'un être que s'il est arrivé à se dépouiller de ses bonnes actions et de ses péchés[78] ».

---

« Lorsque vous le verrez, je vous charge de lui faire parvenir le salut de ma part et de lui demander d'intercéder pour ma *oummah* (communauté liée par les mêmes croyances et aspirations) "

[76] Ibrahim Adham : Un soufi des premières heures, originaire de Balkh. C'était un homme extrêmement riche qui avait renoncé aux richesses de ce monde pour se consacrer entièrement à Dieu. Il était en relation avec de grands docteurs tels que l'imam Abu Hanifah de Koufa et Djuneid Bagdadi qui l'avait surnommé la Clef des sciences. Il mourut l'an 161 ou 162 hégire

[77] Extrait du livre Immersion Au Cœur Du Soufisme de Abdal Wahhab ash-Sharani traduit par Slimane Rezki

[78] Extrait du livre Immersion Au Cœur Du Soufisme de Abdal Wahhab ash-Sharani traduit par Slimane Rezki

Même si les loques rapiécées semblent être l'apanage des soufis depuis le deuxième siècle dans diverses contrées à travers le monde, les premiers à les porter comme signe de détachement furent les compagnons du Prophète Mouhammad (Paix et salut sur lui). Ali Ibn Abû Tâlib l'illustre bien en rapportant : « J'allais retrouver le Messager de Dieu assis dans la mosquée au milieu d'un groupe de compagnons. Désignant Musab Ibn Umayr vêtu d'une cape élimée et rapiécée, le Messager de Dieu dit : « Voyez Musab Ibn Umayr dont Dieu a illuminé le cœur. Lorsque je l'ai rencontré il vivait chez ses parents accoutumé à la meilleure nourriture et à la meilleure boisson vêtu d'une tenue très chère à deux cents dirhams.[79] Pour l'amour de Dieu et de Son Prophète il accepte de se retrouver dans l'état où vous le voyez ». Puis le Messager de Dieu nous demanda : « Et s'il vous arrivait un jour de porter une tenue le matin et une autre le soir, si votre maison était recouverte de teintures aussi riches que celles de la Kaaba, si l'on vous servait un plat l'un après l'autre que feriez-vous ? » Nous répondîmes : « N'ayant plus le souci de notre subsistance nous consacrons notre vie au service de Dieu ». Le Messager dit alors : « Vous êtes mieux comme vous êtes. Si vous saviez ce que je sais de la vie d'ici-bas votre esprit s'en détacherait une fois pour toutes[80] ».

Selon un *hadith* du Prophète Mouhammad (Paix et salut sur lui) on rapporte ceci : « Il y en a beaucoup qui ont des cheveux sales, crasseux, vêtus d'habit de deux pièces tout usé que les gens n'approchent jamais. Mais s'ils juraient par Dieu, Dieu confirmerait leur serment ». Et Cheikh Ahmadou Bamba de dire dans Les Itinéraires du Paradis : « Il se peut que vous méprisiez une personne alors qu'elle est honorée par Dieu. Ne méprisez jamais un serviteur de Dieu sur la base des vêtements modestes où négligés qu'il porte. Combien de personnes sont vêtus d'habits sales et cependant sont imprégnés de la lumière divine et des secrets divins. Combien de personnes semblent honorables et exaltés aux yeux des gens comme s'ils étaient des *qutb zaman* et leur notoriété connue à travers le monde alors qu'aux yeux de Dieu Ses propos furent : « Et bien nous leur dimes : « Soyez des singes abjects (S2 : V65) ».

---

[79] Dirham : C'est une ancienne unité monétaire
[80] Extrait du livre Al-Sira de Mahmoud Hussein

*Amaana nga séwal ku rêy fa Yalla*
*Amaana nga rêyal ku séw fa Yalla*

Il se peut que vous méprisiez quelqu'un qui soit honoré par Dieu
Il se peut que vous honoriez quelqu'un qui soit méprisé par Dieu

### Cheikh Moussa Ka

On raconte que Cheikh Ibrahima Fall n'avait qu'un seul vêtement qui était si usé et déchiré qu'il décida d'aller mendier quelques habits. En allant mendier il vit un baobab qu'on avait écorcé. Il s'arrêta et dit : « Cet arbre a été écorcé et il n'ira nulle part et pourtant Dieu l'habillera en lui donnant une nouvelle écorce. Cet arbre n'aura pas plus de foi en Dieu que moi ». Cheikh Ibrahima Fall retourna au travail sachant que la Main qui habillera l'arbre ne l'oubliera pas. Le lendemain, Cheikh Ahmadou Bamba envoya à Cheikh Ibrahima Fall des vêtements. Une autre fois, Cheikh Ibrahima Fall vêtu de haillons mendiait de porte à porte pour sa nourriture. Dans une des maisons il fut chassé par leur habitants qui lui dirent qu'ils n'avaient pas de temps pour les mendiants. Quelques jours plus tard, vêtu de beaux habits, Cheikh Ibrahima Fall retourna à la maison même où il fut renvoyé quelques jours auparavant. Il fut reçu avec honneur et fut servi de mets délicieux. Quand l'hôte vint plus tard pour voir s'il avait aimé la nourriture, Cheikh Ibrahima Fall avait étalé la nourriture sur ses habits. Cheikh Ibrahima Fall dit alors à l'hôte tout confus devant ce spectacle : « J'ai remis la nourriture à qui de droit. Vous n'aviez pas accueilli la personne mais plutôt les vêtements. Je suis venu quelques jours auparavant vêtu de manière modeste vous m'aviez chassé de chez vous. Mais maintenant que je suis bien habillé vous m'avez reçu avec tous les honneurs ».

Les serviteurs du Tout-Miséricordieux
Sont ceux qui marchent humblement (pieds nus) sur terre,
Qui lorsque les ignorants s'adressent à eux disent : « Paix »

#### Sourate 25 **Le Discernement** : 63

Cheikh Ahmadou Bamba dans Les Itinéraires du Paradis avise les disciples à ne pas exhiber leur beauté alors que leur for intérieur est noir de pensées négatives. Cet état peut être changé avec la répétition régulière des noms de Dieu pourvu qu'ils le fassent avec la présence du cœur et ainsi ils y arriveront. Cheikh Ahmadou Bamba les incite à polir leur cœur, l'endroit que le Maitre de toutes les créatures voit au lieu de se préoccuper de leurs apparences. Le Seigneur considère le cœur et ses qualités pendant que les gens ne sont seulement intéressés que par leurs apparences. S'ils polissent leur for intérieur sans se soucier de leur port extérieur, alors ils auront une véritable beauté. Quiconque améliore l'état de son cœur verra aussi ses paroles et ses actions améliorées et ainsi atteindra-t-il le bonheur. Cheikh Ibrahima Fall de dire dans <u>Une Exhortation Au Mouride Pour Se Mettre Au Service Des Saints</u> : « Portez le vêtement de la piété qui est le seul vêtement qui ne s'usera point avec le temps. Ceux qui s'habillent de vêtements chers, qu'ils sachent que ces vêtements ne sauveront pas leurs corps, leurs os, leurs chairs et leurs veines des vicissitudes du temps et un jour viendra où ils seront ensevelis sous terre ».

Le vêtement de la piété, voilà qui est meilleur

Sourate 7 **Le Purgatoire** : 26

Il serait cependant nécessaire de souligner que l'habit ne fait pas le moine et que l'habit ne fait pas non plus le soufi. Sofian Tsavri[81] disait : « Le véritable soufi est celui dont le soufisme est dans les actes ; ce n'est pas celui dont le soufisme est uniquement sur la langue et non dans les actes. N'est pas soufi celui qui se revêt d'un froc grossier et qui mange du pain d'orge, mais celui qui n'attache pas son cœur à ce bas monde ». Cheikh Ahmad Khizrewiyah[82] comme pour confirmer ces propos s'étant dépouillé de ses habits de derviche se revêt d'habits ordinaires et se rendit à un couvent. Les derviches qui habitaient ce couvent ne connaissant pas Cheikh Ahmad Khizrewiyah le regardèrent avec mépris. Celui-ci se disposait à tirer l'eau du puits quand le seau tomba dans le puits. Survint un serviteur qui chargea ce dernier de coups. Cheikh Ahmad Khizrewiyah se rendit auprès du Cheikh du couvent et lui dit :

---

[81] Sofian Tsavri : Connu aussi comme l'Émir Des Fidèles, il était originaire de Koufa. Il avait été au service d'un grand nombre de docteurs et pratiquait l'ascétisme

[82] Cheikh Ahmad Khizrewiyah : Originaire de Balkh était un des principaux docteurs du Khoraçan réputé pour ses miracles, ses mortifications ainsi que son savoir et sa générosité. Lui-même était disciple de Hatim Assam

« Allons Cheikh, récite une *Fatiha*[83] afin que le seau remonte du puits ». Comme le Cheikh restait étonné par ces paroles, Cheikh Ahmad Khizrewiyah ajouta : « Si tu ne veux pas réciter la *Fatiha*, permets-moi de le faire ». – « Soit, récite-la » dit le Cheikh. Cheikh Ahmad Khizrewiyah n'en eut pas plus tôt récité une que le seau remonta à la surface du puits. Le Cheikh, témoin de cette merveille tomba aux pieds de Cheikh Ahmad Khizrewiyah en lui disant : « Qui es-tu donc, toi qui a captivé mon âme? » – « Ô Cheikh ! » lui répondit Cheikh Ahmad Khizrewiyah : « Recommande à tes compagnons de ne plus regarder les étrangers avec dédain » et il s'en alla.

Au Sénégal, la chevelure longue portée par les hommes était très mal perçue par la société bien que ce ne soit pas prohibé par l'Islam. Cependant, culturellement au Sénégal, le port de la chevelure était considéré comme l'unique apanage des femmes alors que chez les hommes le port de la chevelure était considéré comme sale et crasseux. La plupart des musulmans Sénégalais semblent plus confortables à l'idée qu'un musulman devrait avoir une barbe touffue et ils semblent toutefois oublier que le Prophète Mouhammad (Paix et salut sur lui) avait une chevelure longue jusqu'aux épaules. Cheikh Ibrahima Fall incarne toutes les traditions prophétiques à l'instar des saints et des derviches qui n'ont cessé de préserver l'héritage spirituel qui leur a été légué par le Prophète Mouhammad (Paix et salut sur lui), qui n'ont jamais cessé de raviver la flamme de l'amour divin en se détournant de ce monde d'illusion. Ne se souciant guère de son apparence tout comme les derviches, Cheikh Ibrahima Fall initia le modèle Baye Fall connu à ce jour.

*Mo fi khéwal sëkhël kawar*
*Mo fi khéwal sakho sikar*
*Mo fi khéwal solli sagar*
*Dawu fa nékk di rokh-rokhi*

Cheikh Ibrahima Fall initia le port de la chevelure longue
Il initia la pratique du *zhikr*

---

[83] Fatiha : La première sourate du coran : L'ouverture

Il initia le port de loques rapiécées
Il ne tergiversait jamais

### Cheikh Moussa Ka

*Ama jamihu anbiyahi wa russul,*
*Fa qakadun minal ulufi ya rajul*

La totalité des prophètes et messagers
Est de cent vingt-quatre mille, tu es le bien-aimé

*Téméri junni yak niitak ñénént,*
*Ci mursalina ak anbiyahi dum lënt*

Cent vingt-quatre mille
Prophètes et messagers ne peuvent être occulté

*Sétal ñéñal boppam ba, loola lim ba*
*Mo tax mu yor ñéñam la nihma raba*

Observe sa chevelure, ils sont à ce nombre
C'est pour cela qu'il a sa chevelure. Qu'il est bon notre Souverain

*Mëssula dok kawar ca kaw boppam ba*
*Ngir kham la Yalla déf ca kaw boppam ba*

Il n'a jamais coupé sa chevelure
Sachant ce dont il a été gratifié

### Serigne Moustafa Séne Yaba-Yaba

Cheikh Ahmadou Bamba avait une fois envoyé un bol de nourriture à Cheikh Fadilou Mbacké[84] et à Cheikh Ibrahima Fall. Une fois seuls dans la chambre, Cheikh Fadilou Mbacké demanda à Cheikh Ibrahima Fall s'il avait vu certains changements chez Cheikh Ahmadou Bamba depuis leur première rencontre à ce jour. Cheikh Ibrahima Fall lui dit qu'il avait vu deux changements majeurs chez

---

[84] Cheikh Fadilou Mbacké (1888 – 1968) : Fils et deuxième khalife de Cheikh Ahmadou Bamba de 1945 à 1968, très charismatique, il était réputé pour sa compassion et ses prières que Dieu lui accordait sur le- champ.

Cheikh Ahmadou Bamba, depuis leur première rencontre à Mbacké-Kajoor à ce jour : « Cheikh Ahmadou Bamba avait une longue chevelure mais maintenant il l'a coupée. Il se ceignait la taille avec une longue écharpe mais maintenant il l'utilise comme turban qu'il met sur sa tête ». Aussitôt ceci dit, Cheikh Ahmadou Bamba qui venait d'arriver devant la porte de la chambre où ils étaient leur demanda s'ils avaient bien mangé. Cheikh Fadilou Mbacké répondit : « Oui j'ai bien mangé mais Cheikh Ibrahima Fall lui n'a rien mangé. Il m'a dit qu'un chien ne saurait manger dans le même récipient que son maitre ». Cheikh Ahmadou Bamba dit alors : « Cheikh Ibrahima Fall ne cessera jamais de me surprendre. Il n'a jamais changé depuis notre première rencontre à Mbacké- Kajoor à ce jour ».

La réforme totale du mouridisme en tant que structure socio-économique élaborée par Cheikh Ibrahima Fall lui valut le titre de *Bab'ul Muridin* ou La Porte Du Mouride. A ce jour, les Baye Fall qui suivent les recommandations de Cheikh Ibrahima Fall contribuent financièrement de façon non-négligeable dans toutes les réalisations urbaines qui se font à Touba. Ils représentent aussi une main-d'œuvre considérable pour la communauté mouride pour les travaux requis à Touba ou tout travaux champêtres pour le compte de la communauté mouride. Leur dévotion exprimée à travers le travail fait d'eux sans aucun doute l'élite du travail du mouridisme.

*Am ngay ngēram, ba am dēram*
*Fab ngay dēram jënday ngēram*
*Lo mēssa am tabbal kēram*
*Ay junni dal nga da joxé*

Tu as reçu la grâce divine ainsi que la richesse
Tu dépensas ta richesse pour recevoir la grâce divine
Tu lui as remis tout ce que tu possédais
Tu donnais des milliers de francs de ta fortune

<u>Cheikh Moussa Ka</u>

Quand les gens s'émerveillaient des dons financiers généreux que Cheikh Ibrahima Fall remettait à Cheikh Ahmadou Bamba, Cheikh Ibrahima Fall disait alors : « Je n'ai encore rien donné. Quand je quitterais ce monde alors là je donnerais vraiment ». Le mausolée de Cheikh Ibrahima Fall génère des sommes considérables d'argent provenant des disciples venant des quatre coins du monde lui rendre visite à Touba où il repose en paix. Une fois collectées, elles sont remises aux différents khalifes de Cheikh Ahmadou Bamba. Du premier khalife Cheikh Mouhamadou Moustafa Mbacké en passant par Cheikh Mouhamadou Fadel Mbacké, Cheikh Abdoul Ahad Mbacké, Cheikh Abdou Khadre Mbacké, Cheikh Saliou Mbacké, Cheikh Mouhamadou Lamine Bara Mbacké, Cheikh Sidy Moukhtar Mbacké et l'actuel khalife de Touba Cheikh Mountakha Mbacké, Cheikh Ibrahima Fall continue d'être au service de la lignée de Cheikh Ahmadou Bamba. Les paroles de Cheikh Ibrahima Fall sont véridiques quand il disait qu'il serait toujours au service de Cheikh Ahmadou Bamba jusqu'à la fin des temps. En effet, Cheikh Ahmadou Bamba avait une fois dit à Cheikh Ibrahima Fall que Dieu et son Prophète étaient satisfaits de lui ainsi que lui-même et que désormais sa mission était accomplie. Cheikh Ibrahima Fall dit alors à Cheikh Ahmadou Bamba que sa mission était similaire à la mission du soleil et de la lune qui eux n'ont jamais cessé de se mettre au service de Dieu depuis le début de la création à ce jour. Le lendemain, quand Cheikh Ibrahima Fall alla aux les travaux champêtres il entendait toute la nature scander l'unicité de Dieu et il comprit que sa mission était accomplie. Cela ne l'empêcha pas de dire à Cheikh Ahmadou Bamba : « La mission des hommes de Dieu ne pourrait prendre fin car la *baraka*[85] de leurs noms et de leurs dernières demeures leur permettront toujours de servir Dieu ».

Les deux piliers qui sous-tendent la voie Baye Fall sont le travail comme sacerdoce d'une part et le *zhikr* d'autre part. Cheikh Ibrahima Fall avait une fois dit à ses disciples : « Vous devriez remercier Dieu. La nuit dernière j'étais au service de Dieu quand je vous ai vu derrière moi. Ce qui vous a permis d'accéder à une des stations divines c'est le fait que vous quittiez ma concession pour aller à la concession de Cheikh Ahmadou Bamba vous mettant à son service et en faisant le *zhikr*. J'en fis part à Cheikh Ahmadou Bamba qui me projeta dans une station divine que nul ne pourrait désormais plus atteindre en se mettant au service de Dieu ».

---

[85] Baraka : Bénédiction ou faveur divine

*Yëralma yoonu Lamp Faal ca yoon ya*
*Doka si gis jant la tiimna yoon ya*

Observe la voie de Lamp Fall parmi les autres voies
Tu ne la trouveras point
Sa voie est comme un soleil qui surplombe toutes les autres voies

### Serigne Moustafa Séne Yaba-Yaba

Quand Cheikh Ahmadou Bamba fut exilé en Mauritanie, Cheikh Ibrahima Fall avait écrit une lettre pour exhorter les disciples à faire des dons d'ordre financier ou en nature afin de les envoyer à Cheikh Ahmadou Bamba. Le contenu de la lettre est la suivante : « Ô Mourides ! Je vous exhorte à faire des dons d'ordre financier ou en nature pour les envoyer à Cheikh Ahmadou Bamba et sachez que le plus honorable parmi les mourides est celui qui est le plus dévoué au service de Dieu. À ceux qui donnent à Dieu, sachez que de tels dons effacent les péchés et préservent de toute affliction. Ils permettent d'avoir une longue vie et augmentent les bénédictions avec certitude, allègent le cœur des souffrances et transforment les péchés en actions pieuses. Ces dons permettront de traverser le pont qui sera placé au-dessus de la Géhenne le Jour du Jugement en un rien de temps. Ils élèvent le nom de ceux qui donnent et façonnent leur corps à la beauté. Ils permettent d'atteindre Dieu, purifient le cœur de ceux qui donnent et les emmènent au paradis sans qu'ils soient châtiés. De tels dons bénissent la richesse du donneur, confèrent la paix intérieure et une vie paisible. Ces mêmes dons tiendront compagnie à ceux qui donnent une fois qu'ils seront dans leurs tombes et ils ne seront pas mangés par les vers de terre, ni ne seront consumés par la terre ».

Tel autre parmi les Bédouins croit en Dieu et au Jour Dernier et
prend ce qu'il dépense comme moyen de se rapprocher de Dieu
afin de bénéficier des invocations du Messager. C'est vraiment
pour eux un moyen de se rapprocher de Dieu et Dieu les admettra
en Sa miséricorde car Dieu est Pardon et Miséricorde

Sourate 9 **Le Repentir** : 99

D'autres ont reconnus leurs péchés. Ils ont mêlé de bonnes actions à d'autres mauvaises. Il se peut que Dieu accueille leur repentir. Dieu est Pardon et Miséricorde

Sourate 9 **Le Repentir** : 102

Prélève de leurs biens un don pieux par lequel tu les purifies et les bénis et prie pour eux. Ta prière est une quiétude pour eux.

Sourate 9 **Le Repentir** : 103

Ne savent-ils pas que c'est Dieu qui accueille le repentir de Ses serviteurs et qui reçoit les dons pieux et que Dieu est l'Accueillant au repentir et le Miséricordieux

Sourate 9 **Le Repentir** : 104

Ô Mourides ! Ceux qui accomplissent de bonnes actions et font des dons pieux à leur guide spirituel vont éventuellement gagner le respect et être honoré (comme un Cheikh) et leur récompense sera le paradis. Peut-on appeler quelqu'un mouride, celui qui ne fait pas des dons pieux et qui ne se dévoue pas à la cause de Dieu ? Certainement pas. Dans la voie mouride, le service à Dieu par le sacrifice de nos personnes et de nos biens sont liés autant que les os et la chair ou autant que les veines et le sang le sont. Ceux qui sont égarés et dont les cœurs sont asséchés ne donneront jamais dans la voie de Dieu. Donc vous qui donnez, ne soyez pas effrayés par ceux qui vous sermonnent à propos de Dieu alors qu'eux-mêmes n'écoutent jamais ceux qui les incitent aux bonnes actions et ne rendent jamais visite à un saint. Ils préfèrent plutôt rester chez eux.

Ne sont pas égaux ceux des croyants qui restent chez eux sauf ceux qui ont quelque infirmité avec ceux qui luttent corps et biens dans le sentier de Dieu. Dieu donne à ceux qui luttent corps et biens un grade d'excellence sur ceux qui restent chez eux. Et à chacun Dieu a promis la meilleure récompense et Dieu a mis les combattants au-dessus des non-combattants en leur accordant une rétribution immense

Des grades de supériorité de Sa part
Ainsi qu'un pardon et une miséricorde.

Sourate 4 **Les Femmes** : 95-96

Cependant, leur progéniture attend d'hériter d'eux. Que ce soit lent ou rapide la mort viendra les prendre par surprise et rien ne les suivra dans leurs tombes à part leur linceul. Rappelez-vous que vous serez ramenés à la vie. Toute richesse ou énergie dépensée dans autre chose en dehors de Dieu sera peine perdue. Et quand vous serez partis, les gens se disputeront votre richesse. Avez-vous oublié les paroles de Dieu qui disent :

Tout ce qui est sur la terre disparaîtra

Seule subsistera la Face de ton Seigneur

Sourate 55 **Le Tout Miséricordieux** : 26 -27

Quand vous serez enterrés Dieu fera mouvoir Sa terre sur vous et pendant que les vers vous mangeront, le juste et l'injuste marcheront vos tombes, vos fils et vos filles seront entre les mains de quelqu'un d'autre et ceci est une chose que vous ne souhaitiez pas. Parmi mes recommandations moi Cheikh Ibrahima Fall je vous incite à dépenser vos biens dans la voie de Dieu tel que mentionné dans le Saint Coran. Dépensez votre richesse dans la voie de Dieu avant que n'advienne la mort et dépensez votre énergie dans la voie de Dieu avant que n'advienne la vieillesse. La connaissance et l'action sont un moyen d'acquérir la crainte révérencielle en Dieu. La patience et la foi en Dieu sont un moyen d'acquérir le silence et la paix. Le jeûne et le pèlerinage à la Mecque sont un moyen d'acquérir la générosité et le partage avec les autres. Cependant se détacher de ce monde d'illusion est la meilleure de toutes les quêtes. Aspirer à l'au-delà par dégoût de ce monde est bien meilleur puisqu'il garantit le bonheur dans les deux demeures. Il se peut que quelqu'un soit plus âgé que vous d'une année, mais il ne vivra pas l'année d'après. Il se peut que quelqu'un en bonne santé assiste au lever du soleil, mais avant le coucher du soleil il se trouvera dans sa tombe. Il se peut que quelqu'un espère voir la lumière le Jour du Jugement alors qu'il ne sera confronté qu'à l'obscurité et aux regrets. Leurs regrets seront liés à leurs actions qui les précédèrent devant Dieu chez qui tout le monde retournera. Dieu est miséricordieux. Chacun de nous espère l'intercession du Prophète comme nous espérons la pluie et misons sur elle après avoir labouré la terre et planté la graine. Quand vient la moisson nos espoirs sont comblés. Mettez-vous au service de Dieu, obéissez au commandement divin, ayez la foi ainsi au Jour de la Rétribution vous obtiendrez une victoire éclatante et une récompense solennelle. Récoltez vite et ne marchez pas sur cette terre comme des transgresseurs. Donnez à Dieu son dû de vos biens, suivez-Le et ne gardez pas votre richesse pour demain. Un *hadith* du Prophète dit : « Une malédiction s'abattra sur ceux qui thésaurisent leurs richesses ». Ne prenez pas Dieu pour rival et ayez du respect envers les gens. Ceux qui ont confiance en mes paroles, sachez que je requiers de vous un prêt qui sera placé dans la voie de Dieu pour Son amour et l'amour de notre guide spirituel Cheikh Ahmadou Bamba qui quittera la Mauritanie pour le Sénégal s'il plait à Dieu. Ceux qui croient en ce que moi Cheikh Ibrahima Fall dit, associez-vous à moi dans les dons que j'ai l'intention d'envoyer à Cheikh Ahmadou Bamba. Quiconque renie mes paroles, laissez-le s'asseoir et attendre une autre fois ou attendre le Jour Dernier. Tel que ce fut au début de la création ou la vérité était aussi éclatante que le soleil ou la lumière de la pleine lune au quatorzième jour, telles seront mes paroles le Jour du Jugement. Mes louanges provenant du cœur et de ma langue s'adressent au Prophète Mouhammad (Paix et salut sur lui) puisqu'il m'a gratifié de ce dont il avait été béni. Même dans son sommeil ses yeux du cœur restaient ouverts. Ceux qui sont avec moi sont avec Dieu et ceux qui ne sont pas avec moi, louange à Dieu. Dieu me suffit comme Compagnon et Bien-Aimé jusqu'à la fin des temps. Tout ce que je vous ai dit vous le verrez s'il plait à Dieu et ceci pendant que je sois en vie et non après que je sois parti ».

Dans son service à Cheikh Ahmadou Bamba, Cheikh Ibrahima Fall ne considérait rien impossible dans sa mission. Une fois il alla chercher du bois. Après qu'il eut solidement attaché le fagot de bois, il voulut le soulever pour le mettre sur sa tête. Mais le fagot de bois était si lourd qu'il ne put le soulever. Cheikh Ibrahima Fall s'adressa alors au fagot de bois en disant : « Fagot de bois ! Ne sais-tu pas que Cheikh Ahmadou Bamba obtient tout ce qu'il veut ». Il repartit chercher du bois, rapporta le double du premier fagot de bois qu'il ajouta au premier qui était déjà sur place. Après la formule : « Au nom de Dieu ! » plus déterminé que jamais, il souleva le fagot de bois qui lui sembla aussi léger qu'une plume et il le porta à la demeure du Cheikh Ahmadou Bamba. Cheikh Ibrahima Fall demanda une fois aux disciples : « Comment comprenez-vous le verset qui dit :

Dieu n'impose à personne une charge supérieure à sa capacité »

Sourate 2 **La Vache** : 286

Ils répondirent : « Dieu n'impose à personne ce qu'il ne peut supporter ». Cheikh Ibrahima Fall leur dit alors : « Cette réponse me semble bien simpliste. En ce qui me concerne, j'en déduis donc que tout ce que Dieu requiert de nous est faisable ».

En 1930, quand les mourides creusaient les tranchées pour la mise en place des chemins de fer de Diourbel à Touba, Cheikh Ibrahima Fall se présenta devant eux un jour de mardi au Km 20 à Dalla. Après les avoir salués, il leur dit : « La poussière qui se dégage des tranchées que vous creusez s'en va dans des sphères élevées. Si les gens savaient, ils creuseraient un trou où qu'ils soient pour que la poussière qui s'y dégage se mêle à celle-ci. Tout cela ne serait que bénédiction pour eux et leurs proches. Je vous ai faits venir ici pour la mise en place des chemins de fer. Ce chemin de fer est destiné au transport des matériaux pour la construction de la mosquée de Touba. J'aurais pu l'ordonner aux Djinns qui se seraient empressés de l'exécuter puisque Dieu dit : « Je n'ai créé les Djinns et les Hommes que pour qu'ils M'adorent (S51, V56) ». Cheikh Ahmadou Bamba a dit à propos de ce chantier que tout Cheikh qui y envoie son disciple et n'y va pas à son retour ce dernier deviendra son Cheikh. Que tout maitre qui y envoie son serviteur et n'y va pas à son retour ce dernier deviendra son maitre. Que tout homme qui y envoie son épouse et n'y va pas à son retour cette dernière deviendra le chef de maison ». Cheikh Ibrahima Fall qui avait l'habitude de se répéter trois fois lorsqu'il s'exprimait leur dit alors : « Ô Mes Enfants[86] ! Me voyez-vous ? » Ils répondirent : « Oui ». « Ô Mes Enfants ! Me voyez-vous ? » Ils répondirent : « Oui ». « Ô Mes Enfants ! Me voyez-vous ? » Ils répondirent : « Oui ». Il leur dit alors : « Ô Mes Enfants ! Moi aussi je vous vois. Ô Mes Enfants ! Moi aussi je vous vois. Ô Mes Enfants ! Moi aussi je vous vois ». Il

---

[86] Ô Mes Enfants : Une expression utilisée par Cheikh Ibrahima Fall quand il s'adressait aux personnes.

continua : « Ô Mes Enfants ! Je suis sur le point d'être un homme.[87] Ô Mes Enfants ! Je suis sur le point d'être un homme. Ô Mes Enfants ! Je suis sur le point d'être un homme ». Il leur demanda alors : « Savez-vous où se trouve Touba ? » à peine voulaient-ils répondre que Cheikh Ibrahima Fall les interrompit et dit : « Ô Mes Enfants ! Je n'ai nullement besoin que l'on me dise où se trouve Touba. Je sais où se trouve Touba ». Il descendit alors dans la tranchée, creusa trois fois la terre à l'aide d'une pelle et en ressortit. Il fit quelques recommandations aux mourides, les béni et s'en alla. C'est seulement quand on annonça une semaine plus tard le décès de Cheikh Ibrahima Fall que les mourides réalisèrent qu'ils l'avaient vu ce jour-là pour la dernière fois.

Cependant un paradoxe apparaît lorsque les Baye Fall qui sont l'élite du travail mendient pour leur nourriture quotidienne. Mais vu sous l'angle d'une perspective mystique le *nafs* qui représente l'ego a la possibilité de se développer et de se raffiner. De la nature animale à l'âme parfaitement purifiée tout un parcours doit être entrepris en passant par le *tarbiya* où l'initiation spirituelle qui pourrait-être comparée au bois mis au feu. Durant cette étape le mouride expérimente la chaleur du feu. Si le mouride arrive à supporter une telle chaleur il atteindra alors la deuxième étape qui est le *tarqiya* ou l'élévation spirituelle, la transformation du bois en charbon. L'ultime étape serait le *tasfiya* où l'âme purifiée représentée par les cendres qui laissent immanquablement des marques, qu'on la touche volontairement ou involontairement. Le mouride qui atteint ce stade affectera ceux qu'il rencontrera en chemin d'une manière ou d'une autre. Cheikh Ibrahima Fall avait une fois dit : « La meilleure façon de redresser le fer est de le remettre dans la forge et de le battre pendant qu'il est encore chaud. Iblis avait été créé à partir du feu. Il devint une créature rebelle et se vantait de la matière dont il avait été créé montrant ainsi son arrogance à l'Homme qui lui fut créé à partir de l'argile. Il refusa alors de se prosterner devant Adam se rebellant ainsi face au *ndigal* et fut ainsi banni du paradis. Donc au lieu de la désobéissance, j'enseignerai l'obéissance. Au lieu de l'arrogance, j'enseignerai l'humilité ».

---

[87] Homme : Se réfère à l'homme de Dieu. En effet, dans le soufisme l'appellation d'homme n'était attribuée qu'aux hommes de Dieu

Quand le Baye Fall mendie (*majaal*[88]) il se met dans un état d'humilité et de pauvreté. En effet, plus une personne s'abaisse, plus Dieu l'élève. À cet effet Serigne Cheikh Fall Bayoub Goor disait : « Le Baye Fall est un roi qui ne peut être destitué que s'il ne mendie pas ». Travailler pour remettre entièrement le fruit de son labeur au Cheikh et mendier pour sa nourriture quotidienne telle est la devise des centres d'initiation (*liggey joxé, yélwaan dundé*). Le mélange des différents restes de nourriture collectés dans les diverses demeures donné au Baye Fall est un remède pour l'âme. En effet, le mélange des différents restes de nourriture est recueilli avec le nom de Dieu. Le Baye Fall fait le *zhikr* de porte à porte et quand les gens donnent ils disent souvent : « Baye Fall ! Prenez. Voici un don de Dieu ». Quand les Baye Fall mendient ils rappellent souvent aux gens : « Nous demandons, vous donnez et Dieu est celui qui accepte vos offrandes ». Le mélange des restes de nourriture représente de manière ésotérique les cent noms de Dieu et cependant Il est L'Unique (*Al Wahid*). Les Baye Fall appellent ce mélange des divers restes de nourriture qui leur est donné 'Les cent saveurs au goût unique'. Les dons d'argent vont servir aux tâches ordonnées par le Cheikh. Le Baye Fall est comparé à l'entonnoir qui ne retient pas le liquide, mais plutôt facilite le passage du liquide au contenant. Il serait important de souligner que non seulement les Baye Fall reçoivent et redistribuent les offrandes qui leur ont été remis, mais ils recyclent aussi les énergies négatives et préservent ainsi la paix dans les endroits où ils vont.

---

[88] Majaal : Mendicité exclusivement réservée au disciple qui se trouve dans les *daara tarbiya* ou au disciple qui est au service de son guide spirituel. Une fois le disciple libéré, ce dernier se doit de travailler pour gagner sa vie. La mendicité enlève à la personne qui en fait son gagne-pain sa dignité d'être humain.

# MAJAAL

Entendez-vous le son des percussions au loin ?
Les Baye Fall approchent
Habits multicolores, pieds nus
Scandant le nom du Seigneur au seuil de votre porte

Entendez-vous le son des percussions au loin ?
Les Baye Fall approchent
Les femmes rayonnent de joie, les enfants s'amusent,
Eux font le *zhikr*
Scandant Son nom pour vous rappeler de l'unicité du Seigneur

Entendez-vous le son des percussions au loin ?
Les Baye Fall approchent
Pour l'amour du Seigneur tout don sera le bienvenu
Scandant Son nom pour vous rappeler de l'unicité du Seigneur

Entendez-vous le son des percussions au loin ?
Les Baye Fall approchent
Un peu de nourriture, quelques pièces d'argent conviendraient
Scandant Son nom pour vous rappeler de l'unicité du Seigneur

Entendez-vous le son des percussions au loin ?
Les Baye Fall approchent
Un peu d'amour, même une offense leur irait
Scandant Son nom pour que tous ensembles
Nous soyons bénis par le Seigneur

Entendez-vous le son des percussions au loin ?
Les Baye Fall approchent
Les femmes rayonnent de joie, les enfants s'amusent,
Eux font le *zhikr*
Scandant Son nom pour vous rappeler de l'unicité du Seigneur

Baye Demba Sow

*Ba mu démé Mbacké- Kajoor*
*Fékkoon na daara yi di sôr*
*Mo njëkk yélwaani di wër*
*Nu di ka rée di tékh-tékhi*

Quand Cheikh Ibrahima Fall était à Mbacké- Kajoor
Les *daaras* préparaient des mets copieux
Il fut le premier à mendier pour sa nourriture
Alors que les étudiants se moquaient de lui

### Cheikh Moussa Ka

*Andi nga wërsëg ak koom yu bawaan*
*Seex Ibra Faal ñakk taxuul muy yélwaan*

Tu emmenas avec toi des devises et une richesse en abondance
Cheikh Ibra Fall tu ne mendiais pas par pauvreté

### Serigne Touba Lo

Avec Baye Cheikh Ndao, disciple de Cheikh Ibrahima Fall, La mendicité devint l'expression des hommes de Dieu accomplis qui déverseraient la miséricorde de Dieu sur toute l'humanité. Baye Cheikh Ndao avait été éduqué par Cheikh Ibrahima Fall. Même s'il est né aveugle, il voyait clairement et n'avait nul besoin d'être guidé ou qu'on ne lui dise l'heure qu'il était sur la montre qu'il portait. C'était un Baye Fall très charismatique connu aussi pour son langage excessif (insultes) et sa façon délibérée de tapoter les fesses des femmes. Une telle attitude pour une personne ordinaire renforçait l'idée que le Baye Fall était un possédé. Cependant pour les gens avertis, les saints accomplis ne voilent pas leur paroles, car leur degré exige l'affranchissement et la faculté de s'exprimer sans aucune gêne pour paraphraser Abdal Wahhab ash-Sharani, afin d'exprimer les choses cachées telles qu'elles leur ont été révélées par Dieu sans se soucier tant soit peu de la perception que les gens se font d'eux.

Tu n'es pas par la grâce de ton Seigneur un possédé

Et il y aura pour toi certes une récompense jamais interrompue

Et tu es certes d'une moralité éminente

Tu verras et ils verront

Qui d'entre vous a perdu la raison

C'est ton Seigneur qui connaît mieux
Ceux qui s'égarent de Son Chemin

Et il connaît mieux ceux qui suivent la bonne voie

N'obéis pas à ceux qui crient au mensonge

Sourate 68 **La Plume** : 2-8

Baye Cheikh Ndao fit tous les marchés du Sénégal suivant l'exemple du Prophète Mouhammad (Paix et salut sur lui) qui ne se gênait pas d'aller lui-même au marché malgré les malversations des gens qui disaient :

Qu'est-ce donc ce messager qui mange de la nourriture
Et circule dans les marchés ?

Ou que ne lui a-t-on lancé un trésor ?
Ou que n'a-t-il un jardin à lui dont il pourrait manger les fruits ?
Les injustes disent : « Vous ne suivez qu'un homme ensorcelé »

Vois à quoi ils te comparent !
Ils se sont égarés. Ils ne pourront trouver aucun chemin.

Sourate 25 **Le Discernement** : 7-8-9

Baye Cheikh Ndao fit toutes sortes de prodiges. Il prêchait et les gens se rassemblaient autour de lui et quiconque avait une maladie incurable selon les standards de la médecine scientifique, en échange d'une somme modique il guérissait la personne en question. Quiconque avait seulement quelques jours à vivre, en échange d'une somme modique il rallongeait ses jours. Il avait le pouvoir de changer le cours de la destinée. Si une femme enceinte attendait un garçon il pouvait faire en sorte que ce soit une fille et vice-versa. Chaque empreinte de pas laissée sur le sable il pouvait dire à qui elle appartenait, le nom de ses parents, combien de temps il lui restait à vivre et si sa dernière demeure serait le paradis ou l'enfer. Son langage excessif effaçait les péchés de ceux qui étaient humbles et ne se vexaient pas d'un tel langage. Aux femmes légères, une fois qu'il leur tapotait les fesses elles ne commettraient plus l'adultère pour le restant de leur vie. Aux femmes stériles, une fois qu'il leur touchait le dos elles mettraient au monde des enfants (qu'elles porteraient sur leur dos). Baye Cheikh Ndao est allé dans bien des marchés) pour y déverser la miséricorde de Dieu.

Et ne Nous t'avons envoyé qu'en miséricorde pour l'univers

Sourate 21 **Les Prophètes** : 107

Baye Cheikh Ndao aida un grand nombre de personnes à travers tout le Sénégal par la grâce de Cheikh Ibrahima Fall qui lui avait une fois dit : « Aussi longtemps que tu seras sur terre, j'y serais avec toi ». Cheikh Ahmadou Bamba dans <u>Les Itinéraires du Paradis</u> affirme que la solitude du soufi n'est pas une obligation sauf si la société met en danger sa foi ou si la société est dans une confusion totale et qu'il ne soit d'aucun recours. Mais en dehors de cela, la solitude lui est interdite. Le soufi doit se mêler à la société en évitant les vices et les dangers de cette dernière. Sa présence profiterait aux gens grâce à ses conseils, en priant pour eux, en soignant le malade etc. Les saints sont cachés parmi les hommes. Ils mangent et boivent tout comme eux, font face aux mêmes défis qu'eux et réagissent face à ces défis de la même manière qu'eux. Cependant ces saints sont les élus cachés de Dieu. Seuls leurs semblables les reconnaissent.

Cheikh Ibrahima Fall qui était lui-même lié à l'aristocratie avait une très grande compréhension de la structure socio-culturelle de la société sénégalaise. Il savait comment éduquer la société et les unifier par le biais du *majaal*. En effet il y a au Sénégal une notion très forte de castes sociales mettant certaines castes au-dessus des autres au point de créer de temps en temps des conflits entre des personnes de castes différentes qui voulaient se marier. À ce jour, même si la plupart des Sénégalais sont musulmans et pratiquent l'Islam, très peu sont prêts à s'opposer à la société et défier des traditions qui ont résistées au temps. Cheikh Ibrahima Fall en s'abaissant en tant que membre d'une famille royale, mendiant à des 'sujets inférieurs' ce qui était en soi considéré comme un déshonneur instaura toute une révolution sociale. Avec une telle stratégie, Cheikh Ibrahima Fall enseigna à l'aristocratie qui se considérait supérieure de se rabaisser et ainsi il arriva à cimenter la société sénégalaise en comblant le fossé entre l'aristocratie et le reste de la société. En effet, des mariages entre l'aristocratie et les autres castes créèrent un lien de parenté très fort au Sénégal au point qu'on entend très souvent dire que le Sénégal est un et indivisible.

La prière n'est-elle pas un moyen d'acquérir l'humilité ? En effet en Arabie Saoudite, les Arabes qui étaient si fiers ne se baissaient pas pour ramasser une pépite d'or tombée de leurs poches, mais quand l'Islam apparut, ils devaient désormais se rabaisser pendant la prière et toucher du front le sol. Cheikh Ibrahima Fall de dire alors dans <u>Une Exhortation Au Mouride Pour Se Mettre Au Service Des Saints</u> : « Dieu ne vous a recommandé la prière que pour que vous vous repentissiez, que vous vous abaissiez et que vous vous départissiez de votre fierté ». Cheikh Ibrahima Fall avait une fois invité quelques membres de la famille royale à un diner. La nourriture prit du temps avant d'être servi. Quand on leur apporta la nourriture, impatients qu'ils étaient de manger, ils ouvrèrent les couverts et à leur grande surprise ils ne virent que de grands os. Ils se tournèrent vers Cheikh Ibrahima Fall et lui demandèrent : « Comment peux-t-on offrir des grands os à ses invités ? A quoi sert des os dégarnis de leur chair ? » Et Cheikh Ibrahima Fall de répondre : « Vous l'avez vous-mêmes dit. De grands os ne sont d'aucune utilité à moins qu'ils ne soient garnis de chair ». Cheikh Ibrahima Fall se référait à l'expression wolof *bokk si yakh bu réy* qui signifie littéralement 'appartenir à un grand os' faisant allusion à appartenir à une bonne famille ou à une famille royale. Le point de vue de Cheikh Ibrahima Fall était de démontrer que faire partie d'une bonne famille était une bonne chose certes, mais être imbu de valeurs nobles était bien meilleur. Cheikh Ahmadou Bamba disait à ceux qui s'enorgueillissaient de leurs origines généalogiques qu'ils n'oublient pas dans ce cas de mentionner leur appartenance à l'argile, l'élément utilisé par Dieu pour créer l'être humain. Avec une telle perspicacité d'enseignement la plupart des rois et reines de l'aristocratie se rallièrent à Cheikh Ibrahima Fall devenant un avec le commun des mortels comme le raconte Cheikh Moussa Ka dans un de ses écrits :

*Déggal ma lim fi ay ndamaam*
*Ba gaayi déllu xam mbiram*
*Ba khol yi bég ba déllu gëem*
*Léegi ragal ya yox-yoxi*

Écoute que je t'énumère ses exploits
Pour que les gens le connaissent mieux
Pour que les cœurs se réjouissent et retournent à la foi
Pour que les mécréants soient effrayés

*Digganté Jukki ak Jamatil*
*Dan da dajé nani butél*
*Ya tax nu jébalu ca téel*
*Faal Njaga ya rêy pékhé*

De Diouki[89] à Diamatil[90]
Les gens se rassemblaient pour boire de l'alcool
C'est grâce à toi qu'ils prêtèrent serment d'allégeance au Cheikh
Fall Ndiaga[91] ! Tu es plein de ressources

*Mbuul ak Saxk ak Sughér*
*Dan da fallu ka solli joor*
*Ya tax ba diné di fa léer*
*Toxal nga póon ban da tôxé*

A Mboul[92], Saxk[93] et Soughér[94]
Les rois s'introïsaient à tour de rôle portant des habits majestueux
C'est grâce à toi que la religion y fut éclairée
Et tu y bannis le tabac qu'ils fumaient

---

[89] Diouki : se situe au royaume du Cayor
[90] Diamatil : se situe au royaume du Cayor
[91] Fall Ndiaga : Autre nom donné à Cheikh Ibrahima Fall
[92] Mboul : se situe à Diourbel
[93] Saxk : se situe au royaume du Cayor
[94] Soughér : se situe au royaume du Cayor

*Doomi damél ya fa néwoon*
*Ya dam mbir ba nu néwoon*
*Tey ñëpp ñëpp nga fi nuun*
*Kén amatul lamuy fékhé*

Les princes qui gouvernaient
Tu les as aidés à rompre avec leurs habitudes
Aujourd'hui ils sont un avec nous
Nul n'a désormais son mot à dire

*Ya yobbu Mbaxaan ca Khafoor*
*Ya tax ba khol ba dottu fuur*
*Ya tax nu sanni yattu nguur*
*Fabb yattu ngëem laji pékhé*

C'est grâce à toi que Mbakhane[95] s'est repenti
Qu'il ne se met plus en colère
C'est grâce à toi qu'il troqua son sceptre royal
Contre le bâton du pèlerin en quête de guidée

*Te xamni mësna yor jung-jung*
*Fum jëem géwal ya na kundung*
*Muy xass di bakk ciy gorong*
*Téy mu yém ak nun ay pékhé*

Il était accompagné des tambours royaux où qu'il aille
Que les griots jouaient
En faisant ses éloges
Aujourd'hui il est sur le même pied d'égalité que nous

*Ya tax ba Abdulaay Khar*
*Taxaw fa bunt di fa xar*
*Woyoflu bay lékk dakhar*
*Ngir sopp Bamba mi joxé*

C'est grâce à toi qu'Abdoulaye Khar[96]
Pendant qu'il attendait devant la porte (de Cheikh Bamba)

---

[95] Mbakhane : Prince du Baol, fils du damel Lat-Dior Ngoné Latyr Diop
[96] Abdoulaye Khar : Prince du Baol, fils du damel Lat Dior Ngoné Latyr Diop

Tout insouciant mangeait du tamarin[97]
Pour l'amour qu'il avait pour Cheikh Bamba le pourvoyeur

*Té xamni mo doon doomi buur*
*Lum mëssa wax nu daldi buur*
*La dalé Mbakkol ba Kajoor*
*Mo améwoon séeni pékhé*

C'était pourtant un prince
Tout ce qu'il ordonnait ses sujets l'exécutaient
De Mbakkol[98] au Cayor
Il avait leur destin en main

*Ya tax ba Soxna Penda Faal*
*Ak Gagnsiri ak Lalla Faal*
*Gëen doomi soxna yi fi tal*
*Dine ju rêy junuy doxé*

C'est grâce à toi que Soxna Penda Fall[99]
Gagnesiri[100] et Lalla Fall[101]
Devinrent plus vertueuses que les érudits
Qui enseignèrent la religion qu'ils suivent

*Té xamni séen bay moom*
*Ba Faidérb talaggut kanoom*
*Ku mëssa gis ay jamonoom*
*Kholam wa dawul yox-yoxi*

Alors que leur père
Avant que Faidherbe[102] n'utilise ses canons
Quiconque le connaissait
Savait qu'il n'avait peur de rien

---

[97] Manger du tamarin : Seuls les gens ordinaires mangeaient du tamarin en toute insouciance dans les espaces publiques mais jamais les gens de l'aristocratie
[98] Mbakkol : Localité dans la région du Cayor
[99] Sokhna Penda Fall : Princesse du Baol
[100] Gagnesiri Fall : Princesse du Baol
[101] Lalla Fall : Princesse du Baol
[102] Faidherbe : Louis Léon César Faidherbe (1818 – 1889), administrateur français

*Ya tax ba Abdulaay Niahib*
*Lambi ndigal farr nako wubb*
*La gaaya giiro mo ca ëpp*
*Tabaax na ay kër di joxé*

C'est grâce à toi qu'Abdoulaye Niahib[103]
Se conforma au *ndigal*
Et obtint ainsi une grande récompense
Il construisit des maisons offertes en dons pieux

*Té xamni mëssna dox fa moom*
*Tey ji mu matt sang boroom*
*Nga déncc doomam dib goroom*
*Li doy na xarbaax doy pékhé*

Cheikh Ibra Fall lui rendit une fois visite
Cheikh Abdoulaye Niahib devint ce jour le maitre de son maitre
Cheikh Abdoulaye Niahib maria une de ses filles,
Et devint son gendre ceci faisant partie de ses bienfaits

*Seex Ibra Faal amul morom*
*Sakk na mbër yuy roy ci moom*
*Léeral na pénkkum ak soowaam*
*Luy yaxqu dottul nux-nuxi*

Cheikh Ibra Fall n'a pas d'égal
Il initia des hommes qui suivirent son exemple
Il illumina l'est et l'ouest
Il n'a plus rien qui puisse éteindre cette lumière

<u>Cheikh Moussa Ka</u>

*Wa min ataa ika awladu damel ataw*
*Di daw di raam ba fi yaw Yaram bi naam Faal*

Parmi tes exploits sont les princes
Qui t'ont prêté serment d'allégeance *Yaram bi naam Faal*[104]

---

[103] Abdoulaye Niahib : Disciple de Cheikh Ibrahima Fall
[104] Yaram bi naam Faal: Honorable Fall

*Awladu Garmi habiidun hinda baytika zhaa*
*Teyit Lingéer yi di seey si Seex bi naam Faal*

Les princes sont désormais des serviteurs au seuil de ta porte
Et les princesses se sont livrées à toi en tant qu'épouses
*Yaram bi naam Faal*

### Cheikh Samba Diarra Mbaye[105]

Cheikh Mouhammad Bachir Mbacké raconte dans <u>Les Bienfaits de l'Éternel</u> : « Dans des délais très courts après que Cheikh Ibrahima Fall eut fait son allégeance à Cheikh Ahmadou Bamba, un grand nombre de personnes se sont affiliées à la voie tracée par lui, suivant ses prescriptions et s'abstenant de ses proscriptions. Ils furent des milliers de mourides engagés. Parmi eux, il y avait les tenants de l'aristocratie les plus réticents et rebelles à l'Islam des royaumes du Cayor, du Baol et du Sine. J'étais fasciné par Dieu qui fait ce qu'Il veut et investit qui qui Il veut de Ses faveurs. Cheikh Ibrahima Fall les détourna de ce monde d'illusion pour les mener à Dieu en leur faisant oublier leurs propres personnes et en leur inculquant le service au maitre ».

Cheikh Ibrahima Fall s'adressa une fois à ses disciples à propos des deux vers contenus dans la sourate L'Ouverture (*Al Fatiha*) qui fut révélée au Prophète Mouhammad (Paix et salut sur lui) :

Guide-nous dans le droit chemin

Sourate 1 **L'Ouverture** : 6

Il demanda aux disciples : « Où mène tout chemin ? » Ils répondirent : « Tout chemin mène à une cité ». Cheikh Ibrahima Fall leur demanda : « Que savez-vous de celui qui quitte la cité pour se mettre à la croisée des chemins ? » Les disciples stupéfaits ne savaient quoi dire.

---

[105] Cheikh Samba Diarra Mbaye : De son vrai nom, Cheikh Abdoul Karim Samba Diarra Mbaye, c'était un contemporain de Cheikh Ahmadou Bamba. Il composa de nombreux poèmes dédiés à Cheikh Ahmadou Bamba, relatant ses exploits et des poèmes où il exprime sa reconnaissance pour tous les bienfaits qu'il a reçu de ce dernier. Cheikh Ahmadou Bamba l'avait surnommé Sahibul Ayati ou L'Ami des Vers.

Le chemin de ceux que Tu as comblés de faveurs
Non pas de ceux qui ont encourus Ta colère, ni des égarés

Sourate 1 **L'Ouverture** : 7

Cheikh Ibrahima Fall dit alors : « Je suis venu à la croisée des chemins où se séparent ceux que Dieu a comblés de Ses faveurs et ceux qui ont encourus Sa colère ainsi que ceux qui se sont égarés pour sauver ces derniers du châtiment de Dieu ». Il continua : « Tout ce qui donne la nausée au vautour et qui fait vomir la hyène, emmenez-le à moi pour que je le recycle à la perfection ».

*Budul kon ak yaw dunu gëem Seex Bamba*
*Budul kon ak yaw nu torox ci dunya*
*Ngir dunu xam Yalla ba daw yu bon ya*

Si ce n'eut été toi on n'aurait jamais cru
En Cheikh Ahmadou Bamba

Si ce n'eut été toi on se serait égaré dans ce monde
Parce qu'on n'aurait pas connu Dieu au point de fuir les péchés

<u>Serigne Touba Lo</u>

Cheikh Ibrahima Fall qui a révélé la véritable dimension de Cheikh Ahmadou Bamba était aussi connu sous le sobriquet de Lamp Fall ou la Lumière.

*Déglul ma wax la, la waral Lampam ja*
*Nga khamni niit Seex Bamba moy jëfam ja*

Écoute que je te dise pourquoi on le surnomme Lamp
Mettre la lumière sur Cheikh Ahmadou Bamba fut sa mission

*Seex Bamba kéer la woon ci biir lëndëm,*
*Lamp ko niit, céy magal ga*

Cheikh Bamba était une ombre tapie dans l'obscurité
Lamp l'éclaira, quelle perspicacité

*Seex Bamba na ko Lamp yag may féñal*
*Nu khamni moy turam wa, da ka woral*

Cheikh Ahmadou Bamba lui dit alors :
« Lamp tu es en train de me révéler au monde »
Nous sûmes alors que Lamp était son surnom
Et nous le fîmes savoir partout

*Loolu waral nu nako Lampub yoon wa*
*Kon Lamp Faal waaja khaal yoon wa.*

C'est pour cela qu'on le surnomme la Lampe de la voie
Donc Lamp Fall est celui qui traça la voie

### Serigne Mustafa Séne Yaba-Yaba[106]

*Bu Bamba doon Rasululahi sarmada*
*Ngéy Ababakar Sadikhu Rafiqu Ahmada*

Si Cheikh Ahmadou Bamba était le Prophète Mouhammad
Tu serais alors Abou-Bakr le véridique

*Budul kon ak yaw Bamba réer nu njëkk*
*Aduna ak Laxiira ken du jëkk*

Si ce n'eut été toi Cheikh Ahmadou Bamba serait parti
Et nul n'aurait été sauvé dans cette vie et dans l'au-delà

*Bolé nga nu ak moom won nu yoonu tarbiya*
*Waréf na la sant li wajhi rabihi*

Tu nous as révélé à lui et tu nous as montré la voie du *tarbiya*
On te doit reconnaissance par considération pour de Dieu

### Serigne Touba Lo

---

[106] Serigne Mustafa Séne Yaba-Yaba : Disciple de Cheikh Ibrahima Fall, il est l'auteur d'un livre intitulé Narration Des Réalisations Faites Dans La Voie Baye Fall (*Hikayatu Ahmali Fi Nahji Baay Faal*)

*Ngëram la Yonén ba ngëram*
*Ababakar mo njëkk gëem*
*La Seex Bamba di gëram*
*Seex Ibra moy njëkk téxé*

La grâce du Prophète Mouhammad sera d'abord
A Abou-Bakr il fut le premier à croire
La grâce de Cheikh Ahmadou Bamba sera d'abord
A Cheikh Ibrahima Fall il sera le premier rétribué

*Médaay ma Yonén béy takkal*
*Ababakar ndaxub dëggal*
*La Seex Bamba di takkal*
*Seex Ibra Faal bissub téxé*

La médaille donnée par le Prophète Mouhammad
Sera d'abord attribuée à Abou-Bakr pour sa sincérité
La médaille donnée par Cheikh Ahmadou Bamba
Sera attribuée à Cheikh Ibrahima Fall le Jour de la Rétribution

### Cheikh Moussa Ka

Cheikh Mouhammad Fadilou Mbacké le second khalife de Touba avait une fois appelé quelques mourides, sorti de l'argent de sa poche et demanda qui pouvait deviner le nom qui sera donné au plus haut minaret de la mosquée de Touba. Il dit alors que celui qui trouverait la réponse gagnerait l'argent et ne serait plus jamais privé de richesse. Tous donnèrent la réponse qu'ils pensaient la plus adéquate. Cheikh Fadilou prit alors l'argent et le remit dans sa poche et dit que l'argent lui appartenait désormais puisqu'il était le seul à connaître le nom que porterait le minaret. Il le nomma Lamp Fall. Beaucoup étaient étonnés puisqu'ils ne pensaient pas que le plus haut minaret de ce que Cheikh Ahmadou Bamba chérissait le plus serait nommé après quelqu'un qui ne faisait ni les prières quotidiennes ni ne jeûnait pendant le mois de ramadan et qui à leurs yeux n'était qu'un hérétique. Mais comme le dit si bien Imam Al Ghazali[107] : « Seul un saint reconnaît un saint ». Cheikh

---

[107] Imam Al Ghazali (1058-1111) : Philosophe, théologien, logicien, juriste et mystique musulman d'origine Perse, il est une figure majeure de la pensée musulmane

Mouhammad Fadilou Mbacké disait aussi : « J'envie à la terre son endurance pour supporter tout genre d'abus. J'envie à l'ange Mikaïl sa générosité, lui qui déverse son eau en abondance à la végétation. J'envie à Cheikh Ibrahima Fall son attitude irréprochable qui se résume au disciple accompli, *talibé* ».

Un jour un proche de Cheikh Ahmadou Bamba, en allant rendre visite au Cheikh se dit : « Comment est-il possible que parmi tous les Hommes de Dieu qu'il n'y ait pas quelqu'un d'autre en dehors de Cheikh Ibrahima Fall qui porterait le titre de *Bab'ul Muridin* ou La Porte d'accès du Mouride ? » Quand il arriva à la concession de Cheikh Ahmadou Bamba, après les salutations d'usage, Cheikh Ahmadou Bamba dit soudainement : « Ibrahima est un homme de Dieu ». Le proche du Cheikh répondit en disant : « Je suis tout à fait d'accord puisque Dieu le dit dans le Saint Coran se référant au Prophète Ibrahim (Paix et salut sur lui) : « Et Dieu avait pris Ibrahim pour ami privilégié (S4: V.125) ». Cheikh Ahmadou Bamba dit alors : « Ne tire pas de conclusion hâtive. Je parle de Cheikh Ibrahima Fall. J'avais un trésor caché pensant que nul ne le verrait et Cheikh Ibrahima Fall le trouva. Je pensais que quiconque le trouverait le garderait pour soi, mais Cheikh Ibrahima Fall me révéla à l'humanité. N'est-il pas *Bab'ul Muridin* ou La Porte d'accès du Mouride ».

Le Jour de la Question quand Dieu demanda :

> Ne suis-je pas votre Seigneur ?
> Ils répondirent : « Mais si, nous en témoignons »

Sourate 7 **Le Purgatoire** : 172

C'est ce Jour que le Prophète Mouhammad (Paix et salut sur lui) choisit les musulmans et quand Dieu appela Cheikh Ahmadou Bamba pour choisir les mourides, il les choisit parmi les musulmans. Quand vint le tour de Cheikh Ibrahima Fall de choisir les Baye Fall, il les choisit parmi les mourides. Il n'est pas rare d'entendre les gens dire : « Je ne suis pas Baye Fall, je suis mouride ». Cela pourrait être vrai sur la base que tous les mourides ne sont pas Baye Fall, mais que tous les Baye Fall sont mourides. Cependant le mouride accompli est le Baye Fall par sa dévotion sincère, son détachement des affaires mondaines et qui a pour seule aspiration l'amour de

Dieu et l'exécution de Son commandement (*le ndigal*). Cheikh Ahmadou Bamba disait : « Mouride ! Mouride ! Cheikh Ibrahima Fall ». Le Baye Fall correspond à la définition de *murid sadikh* (le mouride véridique) tel que décrypté par Cheikh Ahmadou Bamba utilisant chaque lettre du mot qui définirait une attitude à adopter.

## MURID SADIKH

*M*ahabatu Sheikh     Aime le Cheikh inconditionnellement
*R*afqatun            Sois avec lui dans les prescriptions
*Y*aqinul Khalbi      Avec la certitude du cœur
*D*alilun             Fais de lui ta référence

*S*abrun              Sois patient
*A*mtishalu awamiri   Obéis à ses ordres
*D*awama alayha       De manière constante
*Kh*albun salamun     Et ainsi ton cœur sera en paix

<u>Cheikh Ahmadou Bamba</u>

Il y avait un homme de Dieu du nom de Serigne Alioune Seck qui était un grand érudit. Les gens venaient des quatre coins du pays lui rendre visite. Sa demeure était divisée en trois concessions. Dans la première il enseignait le coran à ceux qui venaient pour acquérir la connaissance. Dans la deuxième il faisait des prières pour ceux qui avaient des problèmes afin qu'ils soient résolus et dans la troisième il soignait les malades. Un jour, il rassembla sa famille et leur dit qu'il avait entendu parler d'un homme vertueux du nom de Cheikh Ahmadou Bamba et qu'il irait lui rendre visite tel que recommandé par l'Islam, mais qu'il ne comptait pas lui faire allégeance. Il leur dit aussi qu'il n'y allait pas pour acquérir une quelconque connaissance ou pour se réfugier derrière lui n'ayant aucune crainte pour Demain. En allant rendre visite à Cheikh Ahmadou Bamba, Serigne Alioune Seck se disait : « Si je vais le voir et qu'après les salutations d'usage il ne me cède pas la place où il s'était assis, je saurais alors que ce n'est pas lui le sauveur de l'humanité le Jour du Jugement mais seulement un autre cheikh en quête de renommée ». Quand Serigne Alioune Seck arriva à la demeure de Cheikh Ahmadou Bamba, ce dernier se leva, le salua cordialement et lui demanda de s'asseoir à sa place. Cheikh Ahmadou Bamba lui demanda alors son nom. Il répondit : « Serigne Alioune Seck ». Le Cheikh lui dit alors : « *Waliyu Sëk* (un saint parfait) ». Serigne Alioune Seck lui dit alors : « Je ne le savais pas de moi ». Cheikh Ahmadou Bamba lui dit : « Notre Créateur Nous a informé que tu n'as jamais transgressé la loi divine et que tu ne l'as jamais offensé ». Cheikh Ahmadou Bamba continua et lui demanda : « Le Pharaon n'était-il pas investi du savoir ? » Serigne Alioune Seck répondit : « Oui en effet » et Cheikh Ahmadou Bamba de dire : « Si le savoir pouvait épargner de la malédiction, le Pharaon se trouverait au paradis ». Cheikh Ahmadou Bamba demanda encore : « Iblis ne priait-il pas de manière excessive ? » Il répondit : « Oui en effet » et Cheikh Ahmadou Bamba de dire : « Malgré toutes ses prières ne va-t-il pas finir par être maudit par Dieu et jeté en enfer ? » Cheikh Ahmadou Bamba lui dit alors : « Ne pas avoir de crainte pour Demain ne signifie pas qu'on soit sauvé le Jour du Jugement. Combien de fois as-tu vu des personnes qui sont en paix avec eux-mêmes alors qu'ils n'ont pas reçu la grâce divine et qu'ils n'ont pas cherché refuge derrière quelqu'un qui a reçu la grâce divine ». Serigne Alioune Seck qui sut que Cheikh Ahmadou Bamba avait entendu le discours qu'il avait tenu à sa famille avant de lui rendre visite fit serment d'allégeance à Cheikh Ahmadou Bamba qui lui dit : « Un tel acte te sauvera dans cette vie et dans l'autre ». Il le bénit et lui demanda de retourner d'où il venait et de continuer ses activités tout en se conformant aux recommandations divines. Cette même année, Serigne Alioune Seck rassembla une somme importante d'argent, la donna à un de ses étudiants et lui demanda de la donner à Cheikh Ibrahima Fall pour qu'on la remette à Cheikh Ahmadou Bamba de sa part en don pieux. Serigne Alioune Seck dit à l'étudiant : « Dis à Cheikh Ibrahima Fall de dire à Cheikh Ahmadou Bamba, que je voudrais être un *murid sadikh* (un mouride accompli) parce que s'il le lui dit, Cheikh Ahmadou Bamba m'accordera cette requête plus vite ». Quand l'étudiant arriva à la demeure de Cheikh Ibrahima Fall, il lui remit le don pour Cheikh Ahmadou Bamba et lui dit ce que Serigne Alioune Seck lui avait dit à propos d'être un *murid sadikh*. Cheikh Ibrahima Fall dit à l'étudiant : « Ô Mon Enfant ! Retourne dire à Serigne Alioune Seck qu'il ne sait pas ce que cela implique de vouloir être un *murid sadikh*. Quand tu dis à un littéraire ce que cela implique pour être un *murid sadikh* il essaiera de le trouver dans le Livre et s'il ne le voit pas il va douter et s'il doute il sera parmi les éprouvés. Prêter serment d'allégeance à Cheikh Ahmadou Bamba et être parmi les éprouvés serait une chose que je ne saurais permettre. Dis-lui d'aspirer à autre chose, les grades (*maqaam*) sont nombreux et ils sont tous distribués par Cheikh Ahmadou Bamba ». L'année suivante, Serigne Alioune Seck doubla la somme d'argent, la donna à un de ses étudiants et lui demanda de la donner à Cheikh Ibrahima Fall pour qu'on la remette à Cheikh Ahmadou Bamba de sa part en don pieux. Serigne Alioune Seck dit à l'étudiant : « Dis-lui que je désire toujours d'être un *murid sadikh* ». Quand l'étudiant arriva à la demeure de Cheikh Ibrahima Fall il lui remit le don pour Cheikh Ahmadou Bamba et lui dit ce que Serigne Alioune Seck lui avait dit à propos d'être un *murid sadikh*. Cheikh Ibrahima Fall dit à l'étudiant : « Ô Mon Enfant ! Retourne dire à Serigne Alioune Seck qu'il ne sait pas ce que cela implique de vouloir être un *murid sadikh*. Quand tu dis à un littéraire ce que cela implique pour être un *murid sadikh* il essaiera de le trouver dans le Livre et s'il ne le voit pas, il va douter et s'il doute il sera parmi les éprouvés. Prêter serment d'allégeance à Cheikh Ahmadou Bamba et être parmi les éprouvés serait une chose que je ne saurais permettre. Dis-lui d'aspirer à autre chose, les grades (*maqaam*) sont nombreux et ils sont tous distribués par Cheikh Ahmadou Bamba ». La troisième année, Serigne Alioune Seck tripla la somme, la donna à un de ses étudiants et lui demanda de la donner à Cheikh Ibrahima Fall pour qu'on la remette à Cheikh Ahmadou Bamba de sa part en don pieux. Serigne Alioune Seck dit à l'étudiant : « Dis-lui que je veux toujours ce que j'avais demandé l'année dernière et celle d'avant, être un *murid sadikh* ». Quand l'étudiant arriva à la demeure de Cheikh Ibrahima Fall il lui remit le don pour Cheikh Ahmadou Bamba et lui dit ce que Serigne Alioune Seck lui avait dit à propos d'être un *murid sadikh*. Cette fois-ci Cheikh Ibrahima Fall tapota trois fois l'étudiant sur l'épaule et alla à l'intérieur de sa demeure. Quand Cheikh Ibrahima Fall revint, il dit à l'étudiant : « Ô Mon Enfant ! Écoute ce que j'ai à te dire. Quand tu iras, dis à Serigne Alioune Seck que s'il veut être un *murid sadikh* il devra abandonner Dieu et Son Prophète, abandonner sa famille et se remettre entièrement à Cheikh Ahmadou Bamba qui en retour d'un tel sacrifice le mettra entre les mains de Dieu, le présentera au Prophète, lui choisira une autre famille (de disciples) qui sera à son service. Enfin, Cheikh Ahmadou Bamba le réconciliera avec sa famille de sang qui se rapprochera de lui à cause des qualités qu'il aura acquises et de l'aide qu'il leur procurera ».

Être un *murid sadikh,* c'est l'état de l'annihilation totale de soi en Dieu (*fanaa*) où il n'y a plus aucune existence en dehors de Dieu.

Dans le soufisme, la notion de continuité ou la chaine de transmission du maitre au disciple est très importante. Cheikh Ibrahima disait : « *Goor japp ci goor, japp ci goor, japp ci goor agg ci Yalla* (main dans la main, main dans la main, jusqu'à ce que la Main de Dieu soit au-dessus de nos mains) ».

La Main de Dieu est au-dessus de leurs mains

Sourate 48 **La Victoire Éclatante** :10

Il dira aussi dans <u>Une Exhortation Au Mouride Pour Se Mettre Au Service Des Saints</u> : « Puisque le Prophète Mouhammad (Paix et salut sur lui) s'est éteint, ses héritiers sont les saints éminents. Dès lors, la dette due au Prophète devra être remise aux saints. En effet ces saints sont les réceptacles de la grâce divine tout comme les martyrs de l'Islam et les compagnons du Prophète qui pourront à leur tour l'accorder à leurs disciples. Si vous n'avez pas vécu à l'époque du Prophète et que vous n'avez pas fait allégeance à un saint, sachez que si vous manquez de faire la prière de l'aube (*fajr*) vous pouvez la rembourser après la prière du crépuscule (*maghrib*). Puisque le Prophète a quitté cette vie, la dette que vous lui devez doit être remise à ses héritiers. Approchez les saints dans l'intention de plaire à Dieu. Cependant, considérez votre dévotion envers eux comme quelqu'un qui sèmerait une graine dans l'espoir de récolter ce qu'il a semé. L'intention vaut l'action, telle qu'enseignée par le Prophète Mouhammad (Paix et Salut sur Lui) ». Souvenez-vous du verset qui dit :

> Demandez donc aux érudits du Livre si vous ne savez pas
>
> Sourate 21 **Les Prophètes** : 7

Et cet autre verset qui dit :

> Certes nous te voyons tourner le visage en tous sens dans le ciel
>
> Sourate 2 **La Vache** : 144

Et celui qui n'a pas d'eau pour faire ses ablutions qu'il se purifie avec une terre pure :

> Si vous ne trouvez pas d'eau alors recourez à une terre pure
>
> Sourate 4 **Les Femmes** : 43

Celui qui se trouve dans un endroit quelconque sans pouvoir s'orienter et qui n'aurait pas une boussole pour lui indiquer la direction de la Kaaba, qu'il ait l'intention de se diriger vers la Kaaba et qu'il fasse sa prière. Cela s'applique aussi avec les saints. Si les mourides n'ont pas eu le moyen de se rapprocher du Prophète Mouhammad (Paix et salut sur lui) ils doivent alors cherchez le moyen de se rapprocher des saints :

> Ô Croyants ! Craignez Dieu et cherchez le moyen de vous rapprocher de Lui Et luttez pour Sa cause
> Peut-être serez - vous de ceux qui réussissent !
>
> Sourate 5 **La Table** : 35

La majorité des gens se sont détournés des saints et des privilèges qui leur proviennent de Dieu. Ils se consacrent plutôt aux délices et aux vanités de ce monde à la quête d'un bonheur mondain. Ils ne se préoccupent que de ce qui remplirait leurs ventres et non de ce qui remplirait les justes balances (où nulle âme ne sera lésée en rien). Un ventre plein ne leur sera d'aucune utilité pendant le retrait de l'âme encore moins quand on les mettra dans leurs tombes ou le Jour de la Résurrection. Dieu dit :

Le Jour, où ni les biens, ni les enfants ne seront d'aucune utilité

Sauf celui qui vient à Dieu avec un cœur pur

Sourate 26 **Les Poètes** : 88-89

Celui qui n'a pas les moyens d'aller à la Mecque pour y faire le pèlerinage qu'il se contente de la mosquée la plus proche de lui tout en ayant l'intention de faire le pèlerinage à la Mecque. Celui qui n'a pas de chameau qu'il se contente de son âne. La majorité des gens se sont détournés des saints, de celui qui a la capacité d'illuminer les cœurs. Ils ne se préoccupent que des femmes et du pouvoir tentés par Satan. Ils s'empressent dans l'acquisition de la richesse et dans l'acquisition de postes clefs au sein de la société dans laquelle ils vivent, mais ils ne se soucient guère d'acquérir la grâce de Dieu et de Son Prophète. Ils se contentent de la compagnie de leur famille, des conseils de leurs proches et des sermons de la mosquée. Ils ne se préoccupent guère des recommandations des saints. Si les sermons suffisaient, Dieu n'aurait pas envoyé les prophètes et les messagers pour servir d'exemples à l'humanité. Il nous aurait tout simplement donné le Saint Coran et les traditions prophétiques. Mais Dieu nous a gratifié des saints qui sont investis d'un pouvoir spirituel qui leur permettent de guider ceux qui lisent le Livre, leur famille et les disciples qui les suivent. Ces saints sont les dépositaires de la grâce divine. Ils ont bénéficié de l'agrément de Dieu au même titre que les martyrs morts sur le champ de bataille pour la cause de l'Islam et les compagnons du Prophète Mouhammad (Paix et salut sur Lui). La plupart des gens se sont détournés des saints car ils ignorent que ces derniers pourraient leur venir en aide dans leurs tombes. Ils sont seulement intéressés par les femmes, les plaisirs mondains et la nourriture. Ils ont ainsi délaissé la corde qui mène aux saints se livrant aux boissons enivrantes et à la nourriture qui ne deviendra que déchets et gaz. Cependant ils n'obéissent pas aux recommandations des saints, ni ne se mettent à leur service alors que ces recommandations perdureront jusqu'au Jour du Jugement. Ils n'écoutent pas ceux qui les sermonnent, ni ceux qui les mettent en garde contre les afflictions de Demain. Tout au contraire, ils préfèrent écouter la musique profane, le son des percussions, le chant des femmes frivoles et des égarés au lieu d'écouter les saints aux vertus nobles qui préconisent le bien et interdisent le mal. Ils ne s'intéressent qu'aux profits générés par le commerce, la compagnie des femmes légères évitant ainsi la compagnie des musulmans et des croyants de condition modeste. Ils ne pensent pas à leurs dernières demeures. Ils ne se préoccupent que de richesse qui sera l'héritage de leur progéniture. Richesse qui ne leur sera d'ailleurs d'aucun recours le Jour du Jugement. Allez à la recherche des saints qui se sont cramponnés à une corde incassable et qui vous mèneront dans la voie droite. Si vous ne sortez pas de vos demeures pour aller à la recherche d'un saint, vous en sortirez un jour pour aller à vos tombes. Dieu dit :

> C'est un guide pour les pieux
> Qui croient à l'invisible, accomplissent la salat
> Et dépensent de ce que Nous leur avons attribué

Sourate 2 **La Vache** : 3

Donc ils vous incombent de suivre l'exemple des saints qui intercèderont pour l'expiation de vos péchés puisque vous n'avez pas vécu à l'époque du Prophète Mouhammad (Paix et salut sur lui). Comment pouvez-vous construire alors que vous avez été vous-mêmes façonnés et créés par Dieu ? Pourquoi porterez-vous un fardeau alors que vous êtes vous-mêmes portés comme un fardeau ? Ne ployez pas sous le poids d'une lourde charge. Déchargez-vous de votre fardeau. Ne vous en préoccupez pas. Croyez à l'expiation de vos péchés de la part de votre Seigneur. Pourquoi vous faire des soucis alors que vous êtes entre les mains d'un guide spirituel ? Pourquoi devriez-vous vous nourrir de pensées vaines et obscures ? Sachez que vos espoirs ne sont pas en dehors du voile d'honneur et des décrets de votre Seigneur. Les clefs qui ouvriraient les portes de vos aspirations sont entre les mains de votre guide spirituel. Adossez-vous donc à sa porte pour l'amour de Dieu. La porte de

Dieu ne s'est jamais fermée. En effet Dieu parle de hiérarchie parmi les humains :

> C'est Lui qui a fait de vous les successeurs sur terre
> Et qui vous a élevés en rangs les uns au-dessus des autres
>
> Sourate 6 **Les Bestiaux** : 165

> Certes nous ne sommes que des humains comme vous
> Mais Dieu favorise qui Il veut parmi Ses serviteurs
>
> Sourate 14 **Ibrahim** : 11

Quelqu'un avait une fois dit à Dhu an Nun al-Misri[108] : « Ô Dhu an Nun ! Je t'aime ». Dhu an Nun lui répondit : « Connais-tu le Seigneur Très-Haut ? Si tu le connais, aime le car l'amitié que tu as pour Lui doit suffire. Si tu ne le connais pas, cherche quelqu'un qui te fasse arriver jusqu'à Lui et te fasse connaître de Lui[109] ». Cheikh Ibrahima Fall de confirmer ces propos toujours dans Une Exhortation Au Mouride Pour Se Mettre Au Service Des Saints en disant : « Si vous ne sortez pas de vos demeures pour aller à la recherche d'un saint vous en sortirez pour aller vers les femmes. Si vous ne sortez pas de vos demeures pour aller à la recherche d'un saint vous en sortirez pour satisfaire vos exigences mondaines. Si vous ne sortez pas de vos demeures pour aller à la recherche d'un saint vous en sortirez pour acquérir la richesse. Si vous ne sortez pas de vos demeures pour aller à la recherche d'un saint vous en sortirez pour assouvir votre faim ou satisfaire vos besoins naturels ; vos familles ne vous en empêcheront pas ».

> Mais s'ils ont le droit en leur faveur ils viennent à lui soumis
>
> Sourate 24 **La Lumière** : 49

---

[108] Dhu an Nun Al-Misri : Un saint originaire de la Haute-Égypte. Nombreuses étaient ses mortifications. À sa mort on observa un écrit sur son front qui disait : « Celui-ci est l'ami du Seigneur. Il est mort avec la passion qu'il avait pour Lui et c'est pour cela qu'il s'est jeté de son plein gré au-devant des coups mortels du glaive de Dieu ». Il mourut en l'an 245 hégire.

[109] Extrait du Mémorial des Saints par Farid-ud-Attar

La plupart des gens sont plus enclins à vous éloigner de Dieu qu'à vous rapprocher de Lui. Si vous n'allez pas vers Dieu, Dieu Lui pourrait venir à vous. Si vos familles et vos proches vous éloignent de Dieu nul parmi eux ne pourrait vous venir en aide quand la mort adviendra, ni ne pourrait vous préserver des décrets divins quand vous serez atteints de cécité, de maladie ou de toute autre forme d'infirmité encore moins vous préserver du supplice de l'enfer ou d'intercéder en votre faveur le Jour du Jugement. En effet, nul ne pourra intercéder pour quiconque ce Jour sans la permission de Dieu :

Qui peut intercéder auprès de Lui sans Sa permission?

Sourate 2 **La Vache** : 255

Ce verset du Coran nous informe donc qu'avec la permission de Dieu, les prophètes et les saints pourraient intercéder en faveur des êtres humains. Le Prophète Mouhammad n'avait-il pas dit à Omar de dire à Veis Qarni : « Qu'il prie pour ma *oumma* et qu'il intercède en leur faveur ». Ibn Arabi[110] ne raconte-il pas sa vision du Jour de l'Intercession dans Le Livre des Visions où Dieu lui dit : « Si tu m'avais demandé que tu voulais intercéder pour toute l'humanité Je te l'accorderais ». Ibn Arabi dit alors : « Je me suis rappelé de l'intercession des anges et des prophètes et par respect pour eux je n'ai emmené avec moi que ceux qui sont tombés sous mon regard (Seul Dieu connait leur nombre) que je les connaisse ou pas. Je les ai mis en avant et je marchais derrière eux pour qu'ils ne se perdent pas en route ». Ces propos de Ibn Arabi rappellent les propos tenus par Cheikh Ahmadou Bamba et Cheikh Saliou Mbacké[111]. En effet, à la naissance de Cheikh Abdou Khadre Mbacké,[112] Cheikh Ahmadou Bamba envoya son frère cadet Cheikh Ibra Faty Mbacké pour aller lui donner son nom au septième jour après la naissance

---

[110] Ibn Arabi (Murcie 26 Juillet 1165 - Damas 16 Novembre 1240) : C'est un ouléma, théologien, poète soufi, juriste, métaphysicien et philosophe Andalou. Auteur de 845 ouvrages présumés, ses œuvres dominent la spiritualité islamique depuis le 13e siècle
[111] Cheikh Saliou Mbacké (1915 – 2007) : Fils de Cheikh Ahmadou Bamba et son cinquième khalife de 1990 à 2007
[112] Cheikh Abdou Khadre Mbacké (1914 -1990) : Fils de Cheikh Ahmadou Bamba qui fut l'imam de la mosquée de Touba pendant vingt et un ans et occupa le khalifat de Cheikh Ahmadou Bamba brièvement de 1989 à 1990

comme cela est de coutume en Islam. Cheikh Ahmadou Bamba dit alors à Cheikh Ibra Faty : « Cheikh Ibra Faty ! Je te fais l'honneur d'aller nommer le nouveau-né. Durant ton voyage, tous ceux qui tomberont sous ton regard que tu les connaisses ou pas seront sauvés. Tous ceux que tu verras, qu'ils te voient ou pas et tous ceux qui te verront, que tu les vois ou pas seront sauvés ». Après que Cheikh Ibra Faty ait donné au nouveau-né le nom de Cheikh Abdou Khadre, il fit tous les détours possibles au retour de son voyage pour que le plus grand nombre de personnes bénéficient de cette miséricorde. Cheikh Saliou Mbacké avait lui aussi dit dans un discours émouvant : « Cheikh Ahmadou Bamba m'a choisi pour que je vous guide. Malgré le fait que je sois choisi pour être devant vous pour vous montrer la voie, je ne cesserais de me retourner pour veiller sur vous. Si je ne vous vois plus, je vous attendrais et si vous mettez du temps à venir, je reviendrais sur mes pas pour vous chercher. Lorsque je vous trouverais, je vous mettrais devant et je marcherais derrière vous pour que vous ne vous perdiez pas en chemin. Quoi qu'il advienne nous ne nous séparerons plus jamais (jusqu'à ce qu'on arrive à notre destination finale) ».

Cheikh Ibrahima Fall interpellent ceux qui persistent à ne pas se lier aux saints dans <u>Une Exhortation Au Mouride Pour Se Mettre Au Service Des Saints</u> en leur disant : « Si vous vous contentez de la compagnie de vos familles et de vos proches vous serez alors seuls en compagnie de vos péchés et vous ne les verrez pas intercéder en votre faveur. La plupart des gens incitent aux péchés plutôt qu'à l'adoration de Dieu. Ils ne vous incitent pas à abandonner les plaisirs mondains, mais ils vous incitent plutôt à abandonner l'adoration en Dieu. Ils vous incitent à l'avarice et à thésauriser votre richesse plutôt qu'à la générosité. Richesse qui sera après votre mort l'héritage des veuves et des orphelins. Si vous suivez de tels conseils vous le regretterez amèrement une fois dans vos tombes car cette richesse ne vous sera hélas d'aucune utilité. Ils ne vous incitent pas à donner votre richesse dans la voie de Dieu, mais plutôt vous incitent à faire fructifier vos affaires et vos biens et ils s'en réjouissent car cela leur donne un semblant de sécurité et de bonheur rêvant d'une vie éternelle comme s'ils étaient immortels. Ces mêmes familles et proches sont dévastés si vous adorez Dieu et sacrifiez vos biens pour Sa gloire. Mais ils ne se plaignent pas et ne sont point dévastés par ceux qui vivent dans le péché et l'ostentation. Ils ne s'offusquent pas si vous vous vantez de vos possessions, mais lorsque vous êtes humbles et que vous versez des larmes quand vous entendez la parole de Dieu ils s'en offusquent et évitent dès lors votre compagnie. Comment voulez-vous aller au paradis sans les enseignements du Prophète ou d'un saint ? Comment celui qui voyage tardivement le soir peut-il accompagner celui qui a voyagé très tôt le matin et de surcroit sans avoir pris la direction prise par ce dernier ? Comment voyagerez-vous sans provisions et sans guide ? Si vous n'avez pas de chameau pour porter votre charge alors mettez la sur le dos de votre âne car toutes les bêtes de somme proviennent de Dieu ».

La relation entre Cheikh Ahmadou Bamba et Cheikh Ibrahima Fall rappelle l'histoire du prophète Moise (Paix et salut sur lui) et celle de Al Khidr (Paix et salut sur lui). Pour lui permettre de voyager avec lui, Al Khidr posa une condition sine qua non au Prophète Moise (Paix et salut sur lui), celle de ne lui poser aucune question sur ce qu'ils verront tout au long de leur chemin, les sciences étant diverses.

> Ils trouvèrent l'un de Nos serviteurs à qui Nous avions donné une grâce de Notre part, et à qui nous avions enseigné une science émanant de Nous
>
> Moise lui dit : « Puis-je te suivre à condition que tu m'apprennes de ce qu'on t'a appris concernant une bonne direction ? »
>
> L'autre dit : « Vraiment tu ne pourras jamais être patient avec moi
>
> Comment endurerais-tu sur des choses que tu n'embrasses pas par ta connaissance ? »
>
> Moise lui dit : « Si Dieu veut, tu me trouveras patient
> Et je ne désobéirai à aucun de tes ordres »
>
> « Si tu me suis dit l'autre, ne m'interroge sur rien
> Tant que je ne t'aurais pas fait mention »
>
> Sourate 18 **La Caverne** : 65-70

Cheikh Ibrahima Fall n'a jamais remis en question encore moins désobéi aux ordres de Cheikh Ahmadou Bamba qui a été investi de la splendeur du savoir comme il le dit lui-même : « J'ai été couronné de la splendeur du savoir (*Akramanil ilmu*) ».

La seule parole des croyants, quand on les appelle vers Dieu et Son Messager pour que celui-ci juge parmi eux est :
« Nous avons entendu et nous avons obéi ».

Sourate 24 **La Lumière** : 51

En Islam un *hadith* dit que le paradis est sous les pieds de la mère. Cheikh Ibrahima Fall dit alors : « De quelle mère parlez-vous ? De celles qui ne savent pas avec certitude si le paradis sera leur dernière demeure ou l'enfer leur dernière demeure. La mère à laquelle l'Islam fait allusion est le saint. Il dit alors aux disciples : « Comment est-ce qu'une mère peut allaiter un bébé qu'elle ne voit pas ? Venez à moi ! J'ai suffisamment de lait pour vous tous, et si je vous allaite vous serez bien portant, fort et intelligent. Mais une fois sevrés n'allez pas vous gaver de sable car cela pourrait causer des maladies qui pourraient entrainer la mort ». Ces propos de Cheikh Ibrahima Fall se retrouvent dans bien de spiritualité quel que soit la religion dans laquelle elle s'exprime. En effet, ceux qui se sont engagés dans la voie mystique retrouve le même type d'itinéraire spirituel, la recherche de la même quiétude inébranlable même si elle revêt toujours un caractère personnel et pourtant quasi universel dans les étapes vécues et la nature de l'expérience traversée. Claire d'Assise,[113] une chrétienne de l'ordre saint François d'Assise raconte un rêve qu'elle s'était vu portant à saint François une cuvette d'eau chaude avec une serviette pour s'essuyer les mains. Elle montait une échelle très haute, mais elle le faisait avec autant d'aisance et de légèreté que si elle avait marché sur un terrain plat. Lorsqu'elle fut arrivée à saint François, celui-ci sorti de sa poitrine un sein, lui dit : « Viens, reçoit et tète ». Elle fit ce à quoi saint François l'invitait puis il la pria de téter une deuxième fois et ce quelle goûtait ainsi lui paraissait si doux et délectable qu'elle

---

[113] Claire d'Assise (1193/1194 -1253) : Née à Assise dans la noblesse, c'est une disciple de saint François d'Assise et fonde l'Ordre des Pauvres Dames. Elle a été déclarée sainte par l'Église catholique romaine

n'aurait pu l'exprimer en aucune manière.[114] Cependant, certaines personnes pensent qu'il n'y a pas une plus grande autorité sur les enfants que celle de leurs parents. Beaucoup de personnes qui réfutent l'autorité des saints se targuent de dire que leurs parents leur suffisent de guides spirituels. Il n'y a aucun doute que la révérence due au parent est une obligation telle que mentionnée par Cheikh Ibrahima Fall dans <u>Une Exhortation Au Mouride Pour Se Mettre Au Service Des Saints</u> en disant : « La révérence due aux parents est une obligation telle que mentionnée dans le Saint Coran, reconnue par la tradition prophétique et unanimement reconnue par les Docteurs de la jurisprudence. Suivez leurs recommandations si celles-ci sont conformes aux recommandations divines. Cependant ne suivez pas leurs recommandations si celles - ci sont répréhensibles ou interdites par Dieu. Ayez de la compassion envers vos parents. Priez pour eux s'ils se sont soumis à Dieu et traitez-les de votre mieux avec respect. Soyez dévoués envers eux comme le serait un serviteur envers son maitre puisque Dieu recommande qu'on les respecte et que l'on prie pour eux :

Abaisse pour eux l'aile de l'humilité et dis :
« Ô mon Seigneur ! Fais-leur à tous deux miséricorde
Comme ils m'ont élevé tout petit »

Sourate 17 **Le Voyage Nocturne** : 24

Et ton Seigneur a décrété : « N'adorez que Lui et montrez de la bonté envers vos parents. Si l'un d'eux ou tous deux doivent atteindre la vieillesse auprès de toi, alors ne leur dis point 'Oufi' et ne les brusque pas, mais adressez-leur des paroles respectueuses »

Sourate 17 **Le Voyage Nocturne** : 23

Adressez-leur des paroles douces et soyez courtois avec eux à tout moment et à tout endroit. Ne les traitez pas respectueusement devant les gens et lorsque vous êtes seuls avec eux vous cessez de les traiter ainsi. Vous hériterez d'eux si vous êtes toujours en vie après leurs décès. Ils vous ont éduqué pour apprécier le travail. Quiconque vous fait apprécier le travail pour l'amour de Dieu vous

---

[114] Extrait de livre <u>Les Femmes Mystiques</u> de Robert Laffont sous la direction de Audrey Fella

a rendu service. Quiconque vous éduque pour travailler pour quelqu'un d'autre en dehors de Dieu est en réalité ingrat :

L'homme est certes ingrat envers son Seigneur

Et pourtant Il est certes témoin de cela

Et pour l'amour des richesses il est certes ardent

Sourate 100 **Les Coursiers:** 6-7-8

Dieu admet que les parents aussi se lassent. Vouloir du bien à leurs enfants est une tâche exigeante. Tel un serviteur qui contrôle sa colère pour éviter d'être puni par son maître telle doit être l'attitude à adopter par les enfants envers leurs parents. Cependant, aucun parent ne désire hériter de sa progéniture due à l'amour qu'ils ont pour eux. Tout au contraire, ils souhaiteraient que leurs enfants reçoivent l'héritage qui leur revient de droit au moment venu. Si vous travaillez pour vos parents et non pour Dieu parce que vous désirez les biens de ce monde et une place dans la société ils ne s'en plaindront pas. Mais dès que vous vous mettez au service de Dieu ils pourraient s'en plaindre alors que Dieu est Celui à qui on doit se dévouer. Dieu est votre Créateur et le Souverain de vos actions. Dieu dit : « Je Suis votre Créateur où que vous soyez et Je suis le Souverain de vos actions ». S'il plaisait à Dieu Il vous prendrait tous, vous et vos parents dans un accident. S'il plaisait à Dieu Il vous prendrait vous et laisserait vos parents en vie. S'il plaisait à Dieu Il prendrait vos parents et vous laisserait en vie.

Il n'y a point de créatures sur terre dont la subsistance n'incombe à Dieu qui connaît son gîte et son dépôt.
Tout est dans un Livre Explicite

Sourate 11 **Hud** : 6

Cependant comparer les saints aux parents serait une maladresse car en tout état de cause tous les deux servent une fonction dans la formation de l'être humain. Les parents sont en charge de la bonne santé et du bien-être physique de la personne qui leur est confiée par Dieu tandis que le saint se charge d'embellir l'âme de la personne que Dieu lui a confié. Cheikh Ahmadou Bamba dit à ce sujet dans le recueil intitulé Les Sagesses De Cheikh Ahmadou Bamba, (*Hikmatu Sheikh Ahmadu Bamba)* : « Suivre les recommandations d'un saint est bien meilleur que suivre les recommandations des parents parce que le saint éduque l'âme et l'élève vers Dieu et une telle âme est destinée au paradis. Les parents quant à eux prennent soin de la santé et du bien-être de leurs enfants. Ces mêmes parents ne savent pas s'ils sont eux-mêmes destinés au paradis ou voués à l'enfer. Celui qui décède sans s'être soumis à un saint, celui-ci est décédé en infidèle et celui qui meurt en infidèle sa dernière demeure sera l'enfer. Que Dieu nous en préserve ». Cheikh Ibrahima Fall d'ajouter dans Une Exhortation Au Mouride Pour Se Mettre Au Service Des Saints : « Faites allégeance aux saints qui sont les héritiers du Prophète Mouhammad (Paix et salut sur lui) et soumettez-vous à eux en bons musulmans tel que mentionné dans ce verset du Saint Coran :

> Certes Dieu vous a choisi la religion
> Ne mourrez donc point autrement qu'en soumis

> Sourate 2 **La Vache** : 132

Une fois on avait demandé à Cheikh Ahmadou Bamba qu'elle était la relation entre le saint et le disciple. Il répondit : « Leur relation est celle de deux âmes qui ont tous deux entendus l'appel de Dieu. La première âme (celle du disciple) ne sait pas d'où vient l'appel, alors que la deuxième âme (celle du saint) sait d'où vient l'appel. Le disciple demande alors au saint de l'emmener à l'endroit où l'appel a été donné. C'est alors qu'ils cheminent ensembles, se reposent de temps à autre et si le disciple veut se laisser-aller, le saint l'encourage à continuer et le protège contre tout ce qui pourrait lui nuire. C'est ainsi qu'ils voyagent ensembles jusqu'à ce qu'ils atteignent leur destination finale, le paradis ».

La relation entre Cheikh Ibrahima Fall et Cheikh Ahmadou Bamba avait été scellée bien avant la création. Cheikh Ahmadou Bamba raconta que Dieu l'avait choisi pour appeler les Hommes à Dieu et en allant pour accomplir sa mission il entendit Dieu dire à Cheikh Ibrahima Fall : « Accompagne Cheikh Ahmadou Bamba pour montrer aux Hommes comment répondre à l'appel de Dieu ».

*Déglul ma wax la mbir yu xôt té batin*
*Zahir bala mëen taxaw am batin*

Écoute que je te dise des choses profondes et cachées
L'exotérique ne pourrait tenir sans l'ésotérique

*Seex Ibra Faal jayantek na Seex Bamba*
*Ci kun fa ya kun laka mishli Bamba*

Cheikh Ibrahima Fall fit son allégeance à Cheikh Ahmadou Bamba
Au commencement quand fut le verbe *kun fa ya kun.*
Nul n'est comme Cheikh Ahmadou Bamba

<u>Serigne Moustafa Séne Yaba-Yaba</u>

Cheikh Ibrahima Fall raconta la mission que Dieu leur avait confié : « Nous ne sommes point venus (Cheikh Ahmadou Bamba et moi) dans ce monde pour créer une confrérie religieuse ou inciter à une guerre sainte quelconque. Nous sommes venus pour consolider les principes enseignés par le Prophète Mouhammad (Paix et salut sur lui) et nous aligner avec ceux qui adhérent à ces principes. Nous sommes donc venus veiller à ce que la loi immuable de Dieu prescrite au Prophéte Mouhammad (Paix et salut sur lui) soit respectée en combattant toute forme d'innovation et d'hypocrisie ».

Lutte contre les mécréants et les hypocrites et sois rude avec eux

Ils jurent par Dieu qu'ils n'ont pas dit (ce qu'ils ont proféré) alors qu'en vérité ils ont dit la parole de la mécréance et ils ont rejeté la foi après avoir été musulmans

Sourate 9 **Le Repentir** : 73-74

Cheikh Ibrahima Fall avait une fois dit à Gébou Fall : « Les hypocrites se sont associés aux musulmans concernant les cinq piliers de l'Islam tels que les cinq prières quotidiennes et le jeûne durant le mois de ramadan. Quand ils se sont rendus compte que cela ne leur avait été d'aucun avantage, ils avaient déjà établi un système d'adoration basé sur des paroles sans connaître la condition préalable avant d'adorer Dieu exprimée par un *hadith qudsi* : « Connaissez-Moi avant de m'adorer. Si vous ne Me connaissez pas comment pourrez-vous m'adorer ? » Alors je me suis dit : « A quoi cela sert d'établir un système d'adoration basé sur de vaines paroles ? »

> Ils veulent éteindre avec leurs bouches la lumière de Dieu
> Alors que Dieu ne veut que parachever Sa lumière
> Quelque répulsion qu'en aient les mécréants

Sourate 9 Le Repentir : 32

C'est alors que j'ai dit à Cheikh Ahmadou Bamba : « Dis-leur la vérité pour qu'ils l'entendent et je manifesterai la vérité pour qu'ils la voient ». C'est pour cela que dans la voie mouride nous avons modéré l'adoration de Dieu basée sur la connaissance livresque et renforcé l'adoration de Dieu basée sur l'action à travers le *tarbiya* pour le perfectionnement de l'âme (*nafs*) en luttant pour la cause de Dieu avec nos biens et nos personnes. Cette forme d'adorer Dieu demande plus de sacrifices. Bien qu'elle fût recommandée par Dieu, nul n'avait réussi avant nous (Cheikh Ahmadou Bamba et moi) d'asseoir une telle forme d'adoration en Dieu. A cet effet, Cheikh Ibrahima Fall disait : « Ma voie n'est pas une voie qui n'avait pas été prescrite par Dieu mais seulement il n'y avait personne jusque là qui pouvait asseoir une telle voie ». Cheikh Maa-al Aynayn confirmera ces propos dans son poème dédié à Cheikh Ibrahima Fall en disant :

> *Tariqatul mutaharah*
> *Haqiqatul munawarah*
> *Fa kullu sahat harafa*
> *Wa lam yakun mustamila*

> Sa voie est une voie pure
> Sa voie est une vérité pure
> Tous les saints la connaissaient
> Mais ils s'en détournèrent tous

<u>Cheikh Maa-al Aynayn</u>

Vous n'atteindriez la vraie piété
Que si vous faites largesses de ce que vous chérissez

**Sourate 3 La Famille d'Imran : 92**

Croyez en Dieu et Son Messager et combattez avec vos biens et
vos personnes dans le chemin de Dieu
Et cela est bien meilleur si vous saviez !

**Sourate 61 Rangs : 11**

Certes Dieu a acheté des croyants
Leurs personnes et leurs biens en échange du paradis

**Sourate 9 Le Repentir : 111**

Les vrais croyants sont ceux qui croient en Dieu et Son Messager,
qui par la suite ne doutent point et qui luttent avec leurs biens et
leurs personnes dans le chemin de Dieu.
Ceux-là sont les véridiques

**Sourate 49 Les Appartements : 15**

Cheikh Ahmadou Bamba quant à lui dira : « Touba est un lieu destiné au mouride sincère qui exprime sa dévotion dans le travail (au maitre), l'amour (au maitre) et en faisant des dons pieux (au maitre). Sachez que la connaissance et l'action constituent toutes les deux l'accès à la félicité. Dévouez-vous résolument à faire les deux ».

La voie initiée par Cheikh Ahmadou Bamba et Cheikh Ibrahima Fall qui consiste à donner tout ce que l'on possède n'est pas la voie la plus facile que l'on puisse emprunter pour atteindre Dieu. Pour s'en assurer, il suffit de se rappeler du compagnon du Messager de Dieu à la générosité légendaire Uthman Ibn Affan. En effet, son frère de lait Abdallah Ibn Abu Sarh lui avait une fois dit : « Uthman Ibn Affan ! Que fais-tu là ? Il ne te restera bientôt plus rien ». Et Uthman Ibn Affan de répondre : « J'ai commis bien des péchés et en faisant largesses de ce que j'ai j'espère obtenir la clémence et l'absolution de Dieu ». Abdallah Ibn Abu Sarh lui dit alors : « Donne-moi ta chamelle avec ses harnais et je prends en charge tous tes péchés ». Le compagnon du Messager de Dieu Uthman Ibn Affan accepta. Il donna sa chamelle avec ses harnais à Abdallah Ibn Abu Sarh qui devant témoins prit à charge tous ses péchés. Après quoi Uthman Ibn Affan se montra moins généreux en aumône. Alors Dieu révéla,

As-tu vu celui qui fait volte-face

Qui donne peu et même s'arrête ?

Détient-il la science du mystère au point d'y voir clair ?

Ne sait-il pas ce qu'enseignent les pages de Moise

Et celles du très fidèle Abraham ?

Que nul ne porte le fardeau d'autrui

Que l'homme n'obtienne que le fruit de son effort

Que son effort soit apprécié

Pour ensuite recevoir sa pleine récompense

Que c'est vers ton Seigneur que tout revient

Lui qui fait rire et pleurer

Lui qui fait vivre et mourir

Sourate 53 **L'Étoile** : 33 - 44

Dès que ces versets furent révélés, Uthman Ibn Affan revint à sa pratique précédente faisant même plus et mieux.[115] Dans son service à Cheikh Ahmadou Bamba, Cheikh Ibrahima Fall fit face à de nombreuses réflexions destinées à le décourager comme ce fut le cas avec Abdallah Ibn Abu Sarh et Uthman Ibn Affan. « Pourquoi le suis-tu ? il ne vaut pas mieux que toi. Pourquoi lui donnes-tu de ta

---

[115] Extrait du livre Al-Sira de Mahmoud Hussein

richesse ? Il ne fait que t'exploiter. Pourquoi acceptes-tu de faire tout ce qu'il t'ordonne ? Il ne te respecte pas ».

La relation entre Cheikh Ahmadou Bamba et Cheikh Ibrahima Fall serait semblable à deux voyageurs qui chemineraient ensembles et quand vint l'heure de la prière ils se dirigèrent tous les deux vers l'est et prièrent. Quand deux personnes prient ensembles côte à côte elles sont à égale distance de la Kaaba qui est le point d'orientation de la prière pour les musulmans. Cependant, de nombreuses personnes étaient perplexes dans sa relation au Cheikh. Comment Cheikh Ahmadou Bamba dans sa sainteté pouvait-il être complaisant avec un homme qui ne faisait ni les prières quotidiennes, ni ne jeunait pendant le mois de ramadan. Un Cheikh de la Mauritanie alla un jour rendre visite à Cheikh Ahmadou Bamba, et lui demanda pourquoi Cheikh Ibrahima Fall ne faisait pas les prières quotidiennes. Quant vint l'heure de la prière, Cheikh Ahmadou Bamba appela Cheikh Ibrahima Fall et lui dit : « Cheikh Ibrahima Fall ! Nous avons un hôte de la Mauritanie. Je voudrais qu'il dirige la prière et je voudrais que tu y assistes ». Quand commença la prière, Cheikh Ibrahima Fall se mit dans les rangs. Après les deux premières *rakats*,[116] Cheikh Ibrahima Fall sorti des rangs et se mit à faire des va-et-vient en disant : « Quel lien existe-t-il entre la prière et le fait d'aller en Mauritanie ? » Il se mit à le répéter continuellement tout en faisant des allers-retours. Quand la prière fut terminée, le Cheikh de la Mauritanie alla voir Cheikh Ibrahima Fall et lui dit : « Cheikh Ibrahima Fall ! Peux-tu me dire pourquoi tu es sorti des rangs avant la fin de la prière ? Je connais chaque chapitre du Coran et je n'ai fait aucune erreur qui pourrait justifier ton attitude ». Cheikh Ibrahima Fall lui répondit : « Je me demande quel lien existe-t-il entre la prière et le fait d'aller en Mauritanie ? Quand tes pensées allèrent vers un livre que tu avais oublié en Mauritanie que tu voulais offrir à Cheikh Ahmadou Bamba, je sortis des rangs. Une prière dont la méditation est sur autre chose en dehors de Dieu n'est pas faite pour moi ». Il sortit alors le livre oublié en Mauritanie par le Cheikh de sa poche et le lui remit. Le Cheikh de Mauritanie très surpris alla directement voir Cheikh Ahmadou Bamba et lui dit : « Je jure par Dieu qu'il n'y a pas plus digne que Cheikh Ibrahima Fall. S'il avait dévoilé ce dont

---

[116] Rakats : C'est une itération des mouvements et supplications prescrits pendant la prière

il avait été béni tout le monde t'aurait quitté pour lui ». Un autre Cheikh du même endroit avait écrit tout le Coran de mémoire et décida de le céder pour trois cent cinquante francs (une somme substantielle à l'époque) à Cheikh Ahmadou Bamba qui était connu pour chérir le Livre Saint. Il pensa aussi que ce serait l'occasion de savoir un peu plus sur un de ses disciples qui ni ne prie, ni ne jeûne pendant le mois de ramadan et malgré tout Cheikh Ahmadou Bamba s'associe à lui. Comment un tel saint pouvait-il s'associer à quelqu'un qui ternirait sa sainteté ? Quand le Cheikh de Mauritanie salua Cheikh Ahmadou Bamba, avant qu'il ne dise quoique ce soit, Cheikh Ahmadou Bamba demanda à quelqu'un de l'emmener chez Cheikh Ibrahima Fall. Quand ils s'approchèrent de Cheikh Ibrahima Fall ce dernier dit : « Cet hôte vient de mon maitre bien-aimé. Je peux voir mon maitre dans la pupille de ses yeux ». Après les salutations d'usage, Cheikh Ibrahima Fall demanda : « Hôte ! Que me vaut cet honneur ? » L'hôte dit : « J'ai emmené le Coran que j'ai écrit de mémoire pour le céder en raison de trois cent cinquante francs à Cheikh Ahmadou Bamba. Mais dès que je l'ai vu, il m'envoya à toi ». Cheikh Ibrahima Fall appela un de ses disciples dénommé Cheikh Yaram Mbaye et lui dit : « Cheikh Yaram Mbaye ! Amène l'horloge et à chaque coup de cloche qui marque l'heure donne à l'hôte les trois cent cinquante francs qu'il demande. Quand Cheikh Ahmadou Bamba demande une chose, on ne devrait pas se limiter à ce qu'il demande, mais on devrait plutôt donner ce qu'il demande à chaque heure de la journée ». Chaque fois que l'horloge annonçait l'heure, on donna à l'hôte trois cent cinquante francs. Après un moment, le Cheikh de Mauritanie dit à Cheikh Ibrahima Fall : « Je jure devant Dieu qu'il n'existe personne comme toi dans le service à un saint. Je n'en ai jamais entendu parler nulle part. Cependant, quelque chose m'intrigue à propos de toi et de tes disciples. Je n'ai vu personne faire la prière quotidienne et je n'ai pas vu ce qui vous exempterait légalement de la faire ». Cheikh Ibrahima Fall lui dit : « Je n'ai pas d'*imam* qui pourrait me diriger pour la prière. Si tu m'en trouves un, je ferais la prière ». L'hôte lui dit : « Je jure devant Dieu, que Dieu m'a accordé le don de choisir l'*imam* parfait. En effet, ce doit être quelqu'un qui n'a jamais offensé Dieu et qui ne l'offensera jamais ». Cheikh Ibrahima Fall lui dit : « Cherche parmi mon entourage et regarde si tu pourrais voir un tel homme ». Après avoir fait le tour de la concession, l'hôte exclama le nom de Dieu, prit la main d'un jeune homme et dit : « Dieu m'a révélé que ce jeune homme n'a jamais offensé Dieu et n'offensera jamais Dieu ». Cheikh Ibrahima Fall demanda : « Qui est-ce ? » et l'hôte dit : « On m'a dit que c'est ton fils Cheikh Mouhammad Moustafa Fall ». Cheikh Ibrahima Fall dit alors : « Hôte ! un *imam* ne suffit pas. Il aura besoin d'un assistant ». Après avoir fait le tour de la concession, l'hôte exclama le nom de Dieu, prit la main d'un autre jeune homme et dit : « Dieu m'a révélé que ce jeune homme n'a jamais offensé Dieu et n'offensera jamais Dieu ». Cheikh Ibrahima Fall demanda : « Qui est-ce ? » et l'hôte dit : « On m'a dit que c'est ton fils Serigne Mortalla Fall ». Cheikh Ibrahima Fall dit alors à l'hôte : « Laisse-moi te faire gagner du temps. Si tu continues à chercher tu trouveras plusieurs qui sont comme ces deux. Sache que je ne cesserai jamais de faire ce qui m'a permis d'avoir de tels hommes dans ma demeure, en d'autres termes être au service de Cheikh Ahmadou Bamba et obéir au *ndigal* ». Un autre jour, quelques étudiants de Cheikh Ahmadou Bamba perplexes se demandèrent pourquoi Cheikh Ibrahima Fall n'étudierait-il pas avec eux. Cheikh Ahmadou Bamba mit une écuelle devant eux et leur dit : « Faites ce que vous avez à faire et laissez-le faire ce qu'il a à faire. Récitez quant à vous les différentes sourates du Coran et à la fin de chaque sourate soufflez dans l'écuelle que j'ai mise devant vous les paroles de Dieu ». Ils commencèrent à réciter avec ardeur, mais au fil du temps, pendant que leurs gorges se desséchaient, la récitation se faisait de plus en plus lente. La journée leur parut longue quand tout d'un coup Cheikh Ibrahima Fall apparut avec un grand bol de nourriture et le leur présenta. Après qu'ils furent rassasiés, les étudiants se mirent à remercier Dieu. C'est alors que Cheikh Ahmadou Bamba leur dit : « Vous devriez plutôt remercier Cheikh Ibrahima Fall. Vous avez passé toute la journée à réciter le Coran et à la fin de chaque sourate vous avez soufflé les paroles de Dieu dans l'écuelle que je vous ai donnée et cela n'a pas assouvi la faim de l'un d'entre vous à plus forte raison assouvir votre faim à tous ».

Les vies de Cheikh Ahmadou Bamba et de Cheikh Ibrahima Fall étaient identiques. Ils passèrent le même nombre d'années sur terre. Ils avaient tous les deux chacun soixante-quinze ans quand ils quittèrent ce monde. Ce fut aussi le cas pour leurs deux fils respectifs, Cheikh Mouhamadou Moustafa Mbacké et Cheikh Mouhamadou Moustafa Fall qui avaient tous les deux chacun cinquante-sept ans quand ils quittèrent ce monde. Cela en fut de même pour leurs deux petits-fils respectifs, Serigne Cheikh Mbacké

Gayndé Fatma et Serigne Cheikh Fall Bayoub Goor qui avaient tous les deux chacun soixante-six ans quand ils quittèrent ce monde. Ce parallélisme avait été exprimé par Cheikh Ibrahima Fall qui disait : « Jusqu'à la fin du monde, chaque fois qu'on mentionnera le nom de Cheikh Ahmadou Bamba mon nom sera mentionné à côté du sien. Chaque fois que la lignée de Cheikh Ahmadou Bamba sera mentionnée ma lignée sera mentionnée à côté de la sienne ».

*Seex Bamba tawlo Mustafa*
*Seex Ibra taw, bay Mustafa*
*Digganté Marwa ak Saffa*
*Kuy hajji war na fa doxé*

Cheikh Ahmadou Bamba a Moustafa
Cheikh Ibrahima Fall a Moustafa
Entre Marwa et Saffa
Quiconque va en pèlerinage doit aller à ces deux endroits

*Seex Bamba am na Fadilu*
*Seex Ibra am na Fadilu*
*Ku xam na fallé Fadilu*
*Kon at bunu jëem dun toroxi*

Cheikh Ahmadou Bamba a Fadilou
Cheikh Ibrahima Fall a Fadilou
Quiconque est averti considérera Fadilou
Et dans les années à venir ne connaitra point la misère

*Seex Bamba béglé na Bashir*
*Seex Ibra béglé am Bashir*
*Ndab lo ca dem lékk ba suur*
*Jigéen Makka toggay joxé*

Cheikh Ahmadou Bamba fut satisfait de Bachir
Cheikh Ibrahima Fall fut satisfait de Bachir
Quiconque va chez l'un d'entre eux mangera à sa faim
Des mets délicieux préparés
Et servis par les femmes vertueuses de la Mecque

*Seex Bamba am na Abdulaay*
*Seex Ibra am ab Abdulaay*
*Abdu bu nékk matna waay*
*Bul wéddi cay bokkay téxé*

Cheikh Ahmadou Bamba a Abdoulaye
Cheikh Ibrahima Fall a Abdoulaye
Tout Abdou (serviteur) est un frère
Ne le conteste pas et soit parmi les sauvés

*Seex Bamba am na Salihu*
*Seex Ibra am na Salihu*
*Néen jéema roy ci Salihu*
*Ba ñibi Aljanay téxé*

Cheikh Ahmadou Bamba a Saliou
Cheikh Ibrahima Fall a Saliou
Suivons l'exemple de Saliou
Jusqu'à ce que l'on retourne au paradis

*Seex Bamba am na Murtada*
*Seex Ibra am na Murtada*
*Mey nu Rahmata mey nu rida*
*Ba kén dottul tiit di yox-yoxi*

Cheikh Ahmadou Bamba a Mourtada
Cheikh Ibrahima Fall a Mourtada
Gratifie- nous de la miséricorde et de la grâce divine
Pour que nous n'ayons plus peur
Et que nous n'hésitions plus dans notre foi

## Cheikh Moussa Ka

Quand Cheikh Ahmadou Bamba s'éteignit une confusion totale régna au sein de la confrérie et plusieurs cheikhs se battirent pour acquérir du prestige et de l'autorité. Cheikh Issa Diène, un grand érudit et disciple de Cheikh Ahmadou Bamba alla voir Cheikh Ibrahima Fall et lui dit : « Cheikh Ibrahima Fall ! Tu es ma mère spirituelle et Cheikh Ahmadou Bamba, mon père spirituel. Quand nul ne savait où aller, tu nous montras la voie et jusqu'à ce jour tu n'as jamais cessé de nous guider. Quand tout le monde était perdu tu fus celui qui nous montra la voie. Dis-nous que devons-nous faire ? » Cheikh Ibrahima Fall répondit : « Ô Cheikh Issa Diène ! Tu as raison, mais retourne à ta demeure et sois à mon écoute. Dans peu de temps tout rentrera dans l'ordre. Cheikh Ahmadou Bamba nous a laissé des recommandations formelles et si nous les suivons il n'y aura pas à s'inquiéter. Cheikh Ahmadou Bamba avant de s'en aller m'avait dit : « Je vais rentrer à Touba ». Je lui dis alors : « Emmène-moi avec toi ». Cheikh Ahmadou Bamba me répondit : « Si nous allons ensemble il y aura une confusion totale que nul ne pourra rétablir. Laisse-moi aller seul car tu seras le seul à pouvoir régler la confusion qui régnera après mon départ ».

*Bamba khêy na sakki pékhé*
*Mboléem murid yëpp gëlam*
*Kén xamatul kuy sëriñam*
*Kuné guéj daldi dem*

Quand Cheikh Ahmadou Bamba quitta ce monde
Tous les mourides étaient aveuglés
Nul ne savait où donner de la tête
Et tout le monde s'en alla

*Aduna sëppiy jax-jaxi*
*Mu daldi ngooy ci Mustafa*
*Ngir xamni yor na listifa*
*Magg ñëpp dem moom mu né fa*
*Mëssula toxk ak yox-yoxi*

Le monde était dans une confusion totale
Cheikh Ibrahima Fall s'aligna à Cheikh Moustafa
Sachant qu'il détenait l'héritage spirituel.
Tous les mourides des premières heures s'en allèrent excepter lui
Il n'a jamais abandonné, ni douté

<u>Cheikh Moussa Ka</u>

Cheikh Ibrahima Fall fut le seul qui fit preuve d'humilité en tant que disciple et qui désigna l'ainé de Cheikh Ahmadou Bamba, Cheikh Mouhammad Moustafa Mbacké comme le premier khalife de Touba et lui dit : « Cheikh Moustafa ! Fais tout ce qui est en ton pouvoir pour mener à bien ta mission et si tu as besoin de conseils concernant quoique ce soit je serai là ». A aucun moment de sa vie Cheikh Ibrahima Fall n'a voulu être au-dessus de Cheikh Ahmadou Bamba et de sa sainte lignée. La majorité des premiers mourides dont l'amour pour Cheikh Ahmadou Bamba était si intense ne pouvait voir personne d'autre comme pouvant être leur guide spirituel et ils ne renouvelèrent pas leur allégeance à Cheikh Mouhammad Moustafa Mbacké. Mais Cheikh Ibrahima Fall avec son sens élevé d'unification alla chez chacun d'entre eux et à chacun il demanda s'ils avaient déjà reçu un cadeau de Cheikh Ahmadou Bamba. Tous répondirent fièrement : « Oui ». Cheikh Ibrahima Fall demanda alors à voir le cadeau. Ils le lui apportèrent, gardé dans un endroit seulement connu d'eux. Cheikh Ibrahima Fall leur dit alors : « Vous chérissez ce don de Cheikh Ahmadou Bamba avec un tel soin que vous l'aviez mis dans un endroit seulement connu de vous tellement il vous est précieux et vous ne voulez pas suivre son don le plus précieux que constitue Cheikh Mouhammad Moustafa Mbacké ». Dès qu'ils eurent entendu ses paroles, tous les mourides des premières heures retrouvèrent leurs esprits et suivirent Cheikh Mouhammad Moustafa Mbacké. Les recommandations de Cheikh Ibrahima Fall après que Cheikh Ahmadou Bamba quitta ce monde furent condensées en un mot : *JAKAJAHADUN* où chaque lettre représente l'héritage laissé par Cheikh Ahmadou Bamba que tout mouride devrait chérir.

*J*uuma            La Mosquée de Touba
*K*itab             Le Saint Coran
*J*igéenu *B*arzakh    Les Femmes de Barzakh[117]
*H*assaides         Les Poèmes de Cheikh Ahmadou Bamba
*D*oom            Les Fils de Cheikh Ahmadou Bamba

<u>Cheikh Ibrahima Fall</u>

À ce jour au Sénégal la famille de Cheikh Ibrahima Fall consolide l'héritage laissé par lui vis-à-vis de la famille de Cheikh Ahmadou Bamba tel qu'enseigné par Cheikh Ibrahima Fall qui leur avait dit :

---

[117] Les Femmes de Barzakh : Nom donné aux épouses de Cheikh Ahmadou Bamba

« Quand vous ne me verrez plus, unissez-vous et faites allégeance à l'aîné de ma famille qui lui à son tour fasse allégeance à l'aîné de la famille de Cheikh Ahmadou Bamba. Chaque fois que vous serez avec la famille de Cheikh Ahmadou Bamba faites en sorte que tout ce qui pourrait ternir leur réputation vous ternisse vous pour que la famille de Cheikh Ahmadou Bamba soit lavée de toutes rumeurs malsaines. Donnez à la famille de Cheikh Ahmadou Bamba la gouverne et quant à vous soyez constamment dans la soumission ».

Toutes les tâches requises dans la communauté mouride sont ordonnées par le khalife de Touba au khalife des Baye Fall. Le premier khalife de Cheikh Ibrahima Fall fut Cheikh Mouhammad Moustafa Fall de 1930 à 1950. Le second khalife fut Cheikh Mortalla Fall de 1950 à 1954. Le troisième khalife fut Cheikh Abdoulaye Fall Ndar de 1954 à 1975. Le quatrième khalife fut Chérif Assane Fall connu aussi sous le sobriquet de *Naaru Kawsara* de 1975 à 1980. Le cinquième khalife fut Cheikh Abdou Sakor Fall de 1980 à 1984. Ces cinq khalifes furent tous les fils de Cheikh Ibrahima Fall et une nouvelle génération de khalife eut lieu avec le premier petit-fils de Cheikh Ibrahima Fall comme sixième khalife, Cheikh Mouhammad Fadilou Fall aussi connu sous le nom de Serigne Modou Aminata Fall de 1984 à 2007. Serigne Cheikh Dieumb Fall, le septième khalife de Cheikh Ibrahima Fall, de 2007 à 2021. L'actuel khalife des Baye Fall est Serigne Amdy Modou Mbenda Fall qui prit la relève pour assurer la fonction de khalife après la disparition de Serigne Cheikh Dieumb Fall le 31 août 2021 à Mbacké.

Pendant tout le mois de ramadan les Baye Fall se rassemblent à Touba et à Diourbel pour préparer chaque jour des mets copieux. Quand l'heure de rompre le jeûne approche, les Baye Fall marchent avec les bols de nourriture sur la tête tout en faisant le *zhikr La ilaha il Allah,* pour l'emmener aux concessions de la famille sainte de Cheikh Ahmadou Bamba Mbacké. Ces mets copieux pour rompre le jeûne sont appelés en wolof *ndogou*. Un jour, alors que Cheikh Ibrahima Fall était assis en compagnie de quelques disciples, quelqu'un vint le voir ne comprenant pas pourquoi il ne jeûnait pas ainsi que ses disciples et au lieu de cela se livrait aux *ndogou*. Cheikh Ibrahima Fall lui demanda alors d'écrire à même le sable *ndogou,*[118] ce que ce dernier fit. Il lui demanda alors qu'elle était la valeur numérique du *del* (première lettre du mot *ndogou*) et celui-ci de répondre que c'était quatre (4). Il lui demanda ensuite qu'elle était la valeur numérique de *kef* (deuxième lettre du mot *ndogou*) et celui-ci de répondre que c'était vingt (20). Il lui demanda finalement qu'elle était la valeur numérique de *alsakhér* (la dernière lettre du mot *ndogou)* et celui-ci de répondre que c'était cinq (5). Cheikh Ibrahima Fall lui demanda la somme totale que composait la valeur numérique des différentes lettres et la personne de répondre qu'elle équivalait à vingt-neuf (29). Cheikh Ibrahima Fall de lui dire alors : « C'est ce secret que m'a révélé Dieu et chaque fois que j'emmène mes *ndogou* à la demeure de Cheikh Ahmadou Bamba, pour chaque jour que vous jeûnez, j'ai quant à moi la récompense d'un mois entier de jeûne alors que vous doutez si vos vingt-neuf jours de jeûne durant le mois ramadan vous ont été agréé par Dieu ou pas, moi j'ai la certitude que Dieu m'a agréé la récompense qui incombe à vingt-neuf mois de jeûne durant ce mois béni du ramadan ». Cheikh Abdul Qadir al-Jilani[119] ne disait-il pas : « J'ai évalué les différentes œuvres spirituelles et je n'ai rien trouvé de mieux que de donner la nourriture aux gens. Si ce monde avait été entre mes mains je n'aurais rien fait d'autre à part nourrir l'affamé ». Un homme était un jour venu voir Cheikh Ibrahima Fall et lui dit : « J'ai vieilli et je n'ai plus autant de force et cependant j'aimerai pouvoir rattraper (*dabé* en wolof) les hommes de Dieu qui m'ont devancé dans la voie de Dieu ». Cheikh Ibrahima Fall dit alors à l'homme d'écrire à même le sable le mot *ndab* (bol en wolof) et ensuite d'écrire le mot *dabé* qui sont tous les deux constitué de la lettre *del* (ou d de l'alphabet) et *ba* (ou b de l'alphabet). Il lui demanda ensuite de le lire à haute voix. Ce que fit l'homme qui en lisant à haute voix dit : « *Ndab – Dabé* ». Cheikh Ibrahima Fall lui dit alors : « Ta réponse est celle-ci. En donnant des bols de nourriture aux personnes tu pourras ainsi rattraper les hommes de Dieu qui t'avaient devancé dans la voie de Dieu ».

---

[118] Ndogou bien qu'étant un mot wolof s'écrit en utilisant le scripte arabe. En effet le mouridisme a su codifier la langue wolof en utilisant le scripte arabe de la même manière qu'en Perse le farsi s'écrit en utilisant le scripte arabe.
[119] Cheikh Abdul Qadir al-Jilani (1077-1166) est né à Niff en Perse et s'est éteint à Bagdad. Il est considéré comme le fondateur de la plus vieille confrérie soufi, L'ordre Qadriyya

A propos du jeûne Cheikh Ibrahima Fall fait mention de ce que devrait être la véritable attitude du musulman durant ce mois dans son livre intitulé <u>Une Exhortation Au Mouride Pour Se Mettre Au Service Des Saints</u> : « Le jeûne n'est seulement bénéfique que s'il est fait dans le but de célébrer la grandeur de Dieu. Préservez votre cœur, vos yeux, vos oreilles, votre esprit ainsi que tous vos membres des tentations de ce monde. Assurez-vous ensuite de vous abstenir de manger et de boire ». Ce passage du livre de Cheikh Ibrahima Fall est condensé dans l'expression wolof très répandue au Sénégal exprimée par Cheikh Ibrahima Fall qui disait :

*Mandu mo gëen koor*

Retenir ses membres face aux tentations
à tout moment est bien meilleur
que retenir ses membres face aux tentations
qu'au mois du ramadan

Dhu an Nun al-Misri ne disait-il pas : « Il y a pour chacune des parties du corps humain une pénitence qui lui est propre. La pénitence du cœur consiste à renoncer à la concupiscence et aux désirs illicites ; la pénitence de l'œil consiste à le fermer quand il aperçoit quelque chose qu'il ne lui est pas permis de voir ; celle de l'oreille à se refuser aux mauvaises paroles et aux propos de la médisance ; celle de la main à s'abstenir de prendre ce qui lui est défendu ; celle du pied à ne pas être capable de se mouvoir pour une mauvaise action ; celle du ventre à ne pas être disposé à manger ce qui est illicite ; celle de la personne sensuelle à ne pas se laisser aller à l'adultère ». Aussi surprenant que cela puisse paraitre lorsque Cheikh Ahmadou Bamba envoyait ses propres fils à la concession de Cheikh Ibrahima Fall dans la journée durant le mois de ramadan, ce dernier leur offrit des mets copieux pour le déjeuner que ces derniers n'hésitèrent pas à accepter. A leur retour, lorsqu'ils informèrent Cheikh Ahmadou Bamba des mets qui leur avaient été offerts au déjeuner par Cheikh Ibrahima Fall, celui-ci s'empressa de leur demander s'ils n'avaient pas refusé d'y manger et lorsqu'ils répondirent qu'ils avaient acceptés de manger les mets copieux que leur avait offerts Cheikh Ibrahima Fall, Cheikh Ahmadou Bamba soulagé leur dit qu'ils avaient bien fait. Ainsi chaque fois que Cheikh Ahmadou Bamba les envoyait dans la journée durant le mois du ramadan dans la concession de Cheikh Ibrahima Fall, ce dernier, comme à l'accoutumée leur offrait des mets copieux que ces derniers n'hésitaient pas à accepter et une fois de retour à la concession de Cheikh Ahmadou Bamba continuaient leur jeûne jusqu'au moment de la rupture. En effet, Cheikh Ahmadou Bamba savait que refuser les dons d'un homme de Dieu pouvait mener à la perdition. Cheikh Bayezid Bestami avait une fois reçu deux invités chez lui, en l'occurrence Chaqiq Balkhiy et Touraboun Naqshabi connu aussi sous le nom de Abou Tourab Naqshabi. Cheikh Bayezid Bestami demanda à un de ses disciples de leur servir un met copieux, ce qu'il fit. Abou Tourab Naqshabi interpella alors le disciple et l'invita à se joindre à eux. Le disciple déclina l'invitation en prétextant qu'il avait jeûné. Abou Tourab Naqshabi lui dit alors : « Pourquoi ne viendrais-tu pas manger avec nous et tu auras la récompense de quelqu'un qui aurait jeûné tout un mois ? » Le disciple persista dans son refus en prétextant toujours qu'il avait jeûné. Chaqiq Balkhi lui dit alors : « Pourquoi ne pas rompre ton jeûne en t'associant à nous et tu auras la récompense de quelqu'un qui aurait jeûné toute une année ? » Le disciple persista dans son refus en prétextant toujours qu'il avait jeûné. Cheikh Bayezid Bestami dit alors à ses invités : « Laissez-le. Dieu l'a exclu de Sa miséricorde et il est dorénavant sorti du regard protecteur de Dieu ». Quelques jours plus tard, ce même disciple fut accusé de vol et on lui coupa ses deux mains.[120]

Cheikh Ahmadou Bamba a toujours fait la prière à temps, qu'il pleuve ou qu'il vente, au point de prier sur l'océan pendant qu'il était prisonnier des Français qui lui dirent : « Tu as dit que tu n'offenserais point Dieu et que tu n'offenserais point ton prochain. Si tu pries sur notre navire tu nous offenseras car il est à nous et si tu ne pries pas à l'heure requise tu offenseras Dieu ». Quand l'heure de la prière approcha, Cheikh Ahmadou Bamba s'adressa à l'océan à partir du pont du navire en ces mots :

> Ô Océan ! Tu as été créé par Dieu tout comme moi
> Tu es un océan et j'en suis un
> Un océan ne peut en noyer un autre.
> J'accomplirai la volonté de Dieu
> Autant que tu es entrain d'accomplir Sa volonté

---

[120] Extrait du livre Le Mémorial Des Saints par Farid-Ud-Din Attar

La mer s'éleva jusqu'au niveau du pont, Cheikh Ahmadou Bamba jeta son tapis sur l'eau, se mit debout, fit sa prière et retourna ensuite dans le navire pour se mettre au service du Messager de Médine.

*Alamani Rahmanu Fi Safina*
*Bi Anani Khadimou Zil Madina*

A bord du navire Dieu le Clément
Me fit savoir que je suis le serviteur du Messager de Médine

<u>Cheikh Ahmadou Bamba</u>

Cependant, il est important de souligner que dans sa compassion illimitée pour l'humanité, Cheikh Ahmadou Bamba en priant sur l'océan, déversait sa miséricorde aux milliers de personnes qui moururent dans les eaux de l'Atlantique durant la traite de l'esclavage. Miséricorde qui s'étendra aussi à toutes les personnes qui se sont noyées en empruntant les barques de fortune pour rejoindre l'Europe dans l'espoir d'améliorer leurs conditions de vie précaires dans leurs pays d'origine ; ce phénomène n'a pas épargné le Sénégal qui en a payé un prix excessif en perdant de nombreuses vies. Si Cheikh Ibrahima Fall avait prédit un tel phénomène, il ne serait pas surprenant que Cheikh Ahmadou Bamba ait prié pour ceux qui seraient engloutis par l'océan. Cheikh Ahmadou Bamba qui n'a jamais omis de faire la prière fit de Cheikh Ibrahima Fall qui ne s'acquittait pas des prières quotidiennes son compagnon le plus loyal. Toute personne sage dirait simplement : « En ce qui me concerne je m'abstiendrais de juger les Hommes de Dieu. Je suis qui je suis et ils sont qui ils sont. Ils savent mieux ». Qui critiquerait Cheikh Ibrahima Fall à moins qu'il ne veuille critiquer Cheikh Ahmadou Bamba, celui qui accepta sa pratique spirituelle ? Serigne Modou Diaw Pakha, un grand érudit qui était aussi connu sous le sobriquet de *Sultanu Arafina* ou le Sultan des Mystiques savait tout ce qui a été inscrit sur la Tablette Préservée (*Lawh'l Mahfuz*) depuis l'aube du temps jusqu'à nos jours. Serigne Modou Diaw Pakha avait été béni de pouvoir voyager entre ce monde et l'autre. Il alla une fois voir Cheikh Ahmadou Bamba et lui dit : « Quand je vais visiter le paradis, j'y vois de très belles demeures et dans la plupart d'entre elles, j'y vois le nom de Cheikh Ibrahima Fall inscrit aux portes de ces demeures. Est-ce que la plupart des demeures sont pour lui et ses disciples ? J'aimerais être comme lui et bénéficier des mêmes faveurs ». Cheikh Ahmadou Bamba lui dit : « Serigne Modou Diaw Pakha ! Ce serait impossible pour quiconque d'être comme Cheikh Ibrahima Fall et d'obtenir ce dont il a été gratifié. Celui qui le verra ce Jour sera chanceux. Cependant, je te permettrais d'apercevoir le nuage de poussière soulevé par ses pieds quand il entrera au paradis avec ses disciples ». Après son entretien avec le Cheikh, quelques jours plus tard, Serigne Modou Diaw Pakha annonça publiquement : « Le Jour du Jugement toute rétribution que je pourrais avoir pour mes actions pieuses, quiconque les veut pourra les prendre. Je ne demande qu'une chose, le Jour où les prophètes, les anges, les djinns et toute l'humanité seront rassemblés devant Dieu, que Cheikh Ibrahima Fall déclare à haute voix : « Serigne Modou Diaw Pakha ici présent est mon ami ».

*Ëllëk la lëpp di léer nu kham la*
*Waju la gantu kham Yalla Buur la*
*Añaan dafay lékk lu baax ni sawara*
*Di lékk matt, sobbuna Sheex Ibra*

Demain tout sera évident et tout le monde te connaitra
Ceux qui te dénigrent sauront que Dieu est le Souverain
La jalousie dévore les bonnes actions comme le feu dévore le bois.
Je te prête serment d'allégeance Cheikh Ibrahima Fall

### Serigne Touba Lo

Il est évident que Cheikh Ahmadou Bamba n'a jamais été complaisant vis-à-vis d'une innovation quelconque en ce qui concerne l'Islam à plus forte raison laisser Cheikh Ibrahima Fall faire ce qu'il veut pour rassembler plus de disciples et accroitre sa notoriété. Au contraire, un bon nombre de ses disciples avaient choisi de s'en aller n'étant pas accoutumés à ce que Cheikh Ibrahima Fall imposait. Cheikh Ahmadou Bamba n'était pas le seul guide musulman quand les Français vinrent au Sénégal, mais il fut le seul qui fut déporté pour son adhésion totale à l'Islam refusant de se conformer aux Français. Cheikh Ahmadou Bamba porta à lui seul le lot d'afflictions pour réhabiliter l'Islam dans sa forme pure et originelle. Il déclara : « Je n'ai point créé une confrérie religieuse. J'ai seulement trouvé la voie qu'avait prise le Prophète et ses compagnons enfouie sous les décombres, je l'ai déblayée pour qu'elle réapparaisse dans sa splendeur originelle et j'ai lancé l'appel : « Où sont ceux qui veulent emprunter la voie qui mène à Dieu (*Muridullah*) ? »

*Ilaya qada lahu ma lam yakuni*
*Wala yakunu abadan li mumkini*

Dieu m'a gratifié de faveurs jamais octroyées
A quiconque avant moi
Et qui ne seront plus jamais octroyées
A quiconque après moi

*Lastu ashuku abadan fi kawni*
*Jaral badihi hajaban lil kawni*

Je ne doute pas de ma position en tant que voisin intime du Créateur de l'Univers. Quel merveilleux état !

*Ina lazi minal ilahi huztu*
*Haba anil kawni wa fihi fuztu*

Les faveurs que j'ai obtenues de Dieu sont indénombrables
Dans cet univers et en cela est mon bonheur

*Dalaniya lahu ala lahi bila*
*Taharurin wa humuri taqabala*

Dieu m'a guidé vers Lui sans me décevoir
Et accepta toutes mes actions

*Habat qulatiya maha husadi*
*Muz shamani huztu bila kasadi*

Ceux qui le contestent et le jaloux sont voués à l'échec
Je l'ai mérité et cela pour toujours

*Nazahali nuzihali nurul lisan*
*Al arabi wal kitabi fi zaman*

J'ai été gratifié du secret ésotérique de la langue arabe
Et du secret ésotérique du Livre Saint de notre époque

*Tuba li man nazarani fil qawmi*
*Tuba li man jalasani fil yawmi*

Seront sauvés ceux qui se sont assis en ma compagnie
Seront sauvés ceux qui m'ont vu

*Hataqa lahu kulla man ra'ani*
*Harama lahu jismahu nirani*

Dieu a sauvé ceux qui sont en ma compagnie
Et les préservera de l'enfer

*Fa kullu man hadamani awzara*
*Fa najihi wahfir lahu awzara*

Préserve ceux qui se sont mis à mon service
Et pardonne-leur leurs péchés

*Akrama rabbi kulla man tahalaqa*
*Biya wa kulliya bi amnin atlaqa*

Dieu a accepté ceux qui sont en ma compagnie
Et Il a honoré mon tout

*Naja humul baqin mina nirani*
*Dunya wa Uhraya wa minal husrani*

Il m'a préservé, l'Éternel (Dieu) de l'enfer
Et de la destitution dans ce monde et dans l'autre

*Li kulli man biya tahalaqa naja*
*Min kadari dunya wa fi yawmi naja*

Ceux en ma compagnie seront sauvés des épreuves de ce monde
Et au Jour du Jugement

*Shaqahu man lam yahwani qad kutiba*
*Fi lam hika lazi yuhidul kutuba*

La malédiction de celui qui me tourne le dos
A été inscrite dans la Tablette Sacrée

*Darajati tahlu wa laysat tanhafid*
*Wa man naha minal wara hafdi hufid*

Ma position a été élevée et ne sera point abaissée
Ceux qui veulent ma destitution
Seront ceux-là même qui seront destitués

### Cheikh Ahmadou Bamba

*Seex Ibra Faal ya tax nu tabbi Al Janan*
*Ya nu khamal nun doomi Jarra Porokhaan*

Cheikh Ibrahima Fall, tu es celui qui nous emmena au paradis,
Tu nous révélas le fils de Mame Diarra de Porokhane

*Seex Ibra Faal sant la war na abada*
*Té sant Seex Bamba ak Muhamada*

Cheikh Ibrahima Fall, on te doit reconnaissance pour toujours
Ainsi qu'a Cheikh Ahmadou Bamba et au Prophète Mouhammad

### Serigne Touba Lo

Nul ne connaît Cheikh Ahmadou Bamba comme Cheikh Ibrahima Fall le connait et nul ne connaît Cheikh Ibrahima Fall comme Cheikh Ahmadou Bamba le connait. Quand deux enfants courent autour d'un arbre, celui qui n'a pas assisté au commencement de la poursuite ne pourrait pas savoir qui est celui qui suit qui. Cheikh Ibrahima Fall avait une fois dit à Cheikh Moussa Ka : « Cheikh Moussa ! Approche que je te dise qu'elle est ma relation avec Cheikh Ahmadou Bamba. Je voudrais que tu saches que lorsque les cieux et la terre ne formaient qu'une masse compacte, mon âme et celle de Cheikh Ahmadou Bamba ne faisaient qu'un. Lorsque Dieu sépara la masse compacte et en fit les cieux et la terre, c'est à ce moment que nos âmes furent séparées ».

*Déglul ma wax la waxi Seex Ibra Faal*
*Ci diggam ak Seex Bamba moy boroom hâll*

Écoute que je te raconte les propos de Cheikh Ibrahima Fall
Dans sa relation avec Cheikh Ahmadou Bamba. C'est un extatique

*Moma wax ruuh bi gëem na Seex Bamba*
*Lu tol junni at worna Yalla Buur ba*

Il m'a dit que son âme a cru en Cheikh Ahmadou Bamba
Pendant des milliers d'années. Dieu en est témoin

*Té bobu Maam Yalla bindagul Maam Adama*
*Sakantuma di bind doomu Adama*

Dieu n'avait pas encore créé notre ancêtre Adam
A plus forte raison la descendance d'Adam

<u>Cheikh Moussa Ka</u>

Un jour, Cheikh Ahmadou Bamba surprit les disciples en train de se plaindre de l'attitude de Cheikh Ibrahima Fall. Cheikh Ahmadou Bamba se retourna vers eux et leur demanda : « Qui parmi vous le connait ? » en pointant son doigt vers Cheikh Ibrahima Fall. Ils restèrent muets. Tout d'un coup, Cheikh Ibrahima Fall quitta le coin où il s'était assis, s'approcha de Cheikh Ahmadou Bamba et lui dit : « Ô Cheikh Ahmadou Bamba ! Ne leur demande pas s'ils me connaissent. Ils ne se rappellent même pas ce qu'ils ont eu pour dîner hier soir à plus forte raison se rappeler le Jour où l'on s'est vu pour la première fois. Il n'y avait pas d'enfants là où notre union a été scellée. Tu avais promis d'accomplir ta mission et j'avais promis d'accomplir la mienne. Tiens ta promesse et je tiendrais la mienne et Demain ceux qui ne seront pas satisfaits de ce que nous leur avons apporté seront voués à la perte ». Cheikh Modou Fatma Fall massait une fois les pieds de Cheikh Ibrahima Fall qui lui dit : « Cheikh Modou Fatma Fall ! Tu es entrain de masser des pieds qui sont venus dans ce monde bien des fois. Ces mêmes pieds que tu masses, depuis l'aube du temps à ce jour ont accompagnés des Hommes de Dieu à qui On avait donné la gouverne de leur époque incluant Cheikh Ahmadou Bamba. Cheikh Ahmadou Bamba et moi étions ensembles dans les royaumes de Dieu et nous sommes à nouveau ensembles dans ce monde. Savez-vous ce qui emmena Cheikh Ahmadou Bamba vers vous ? Sauver tous ceux qui lui rendront visite dans ses deux demeures que sont la Mecque et Touba ».

Cheikh Ahmadou Bamba et Cheikh Ibrahima Fall ne sont pas deux êtres distincts, mais un seul et même être révélant les deux dimensions du Prophète Mouhammad (Paix et salut sur lui).

Ô Prophète ! Nous t'avons envoyé pour être témoin
Annonciateur de bonnes nouvelles, avertisseur

Appelant les gens à Dieu par Sa permission
Et comme une lampe éclairante

Sourate 33 **Les Coalisés** : 45 -46

Un jour Cheikh Ahmadou Bamba discutait de l'au-delà avec les disciples quand tout d'un coup il fut pris d'un dégoût pour ce monde et de ce qu'il comportait, traça un trait sur le sable et dit aux disciples : « A partir de maintenant je ne veux plus vous voir ainsi que tout ce qui est en rapport avec ce monde. Quiconque dépasse ce trait, l'enfer sera sa dernière demeure ». Et il s'en alla pour une retraite. Les disciples confus ne savaient pas quoi faire. Cheikh Ibrahima Fall vint plus tard, salua les disciples et quand il s'apprêta à aller voir Cheikh Ahmadou Bamba, ils l'arrêtèrent et lui dirent : « Cheikh Ibrahima Fall ! Cheikh Ahmadou Bamba a tracé ce trait et il a dit que quiconque dépasserait ce trait l'enfer sera sa dernière demeure ». Cheikh Ibrahima Fall, après avoir entendu leurs remarques, enjamba le trait et l'effaça de son pied. Une fois devant la porte de Cheikh Ahmadou Bamba il s'annonça. Le Cheikh demanda qui c'était et Cheikh Ibrahima Fall répondit : « C'est moi Cheikh Ibrahima Fall ». Cheikh Ahmadou Bamba lui dit alors : « Cheikh Ibrahima Fall ! N'as-tu pas entendu ce que je leur ai dit ? » Cheikh Ibrahima Fall répondit : « Oui, je l'ai entendu en effet, mais ils désirent le paradis et craignent l'enfer. En ce qui me concerne je ne désire ni le paradis, ni ne craint l'enfer. Je préférerais vous voir et aller en enfer plutôt que de ne pas vous voir et aller au paradis. Mon amour pour vous est tel que où que vous soyez je vous trouverai pour être à vos côtés ». Cheikh Ahmadou Bamba lui dit alors : « Cheikh Ibrahima Fall ! Enseigne-leur ». Quand Cheikh Ibrahima Fall quitta Cheikh Ahmadou Bamba il trouva les disciples toujours en train d'attendre. Il leur dit : « Vous êtes toujours ici à attendre apeurés. Pourquoi ne m'aviez-vous pas suivi quand j'ai effacé le trait pour que vous puissiez être affranchis de la peur à jamais ? Puisque vous ne m'avez pas suivi la peur sera votre compagnon ».

La peur semble être un facteur prédominant dans notre société de nos jours. La peur des autres, la peur de la pauvreté, la peur d'échouer, la peur de tomber malade, la peur de la mort, la peur de l'enfer… Cheikh Ibrahima Fall a tracé la voie de l'amour qui transcende la peur et garantit la sécurité et la paix intérieure pour toujours. Cheikh Ibrahima Fall a dévoué à Cheikh Ahmadou Bamba un amour inconditionnel dans sa forme la plus pure (*bëgg*) qui s'est manifesté dans l'action (*jëf*) dans son service au maitre tout au long de sa vie avec comme force motrice la foi (*gëem*). Cheikh Ibrahima Fall représente la véritable nature des Hommes de Dieu (*Rijaalulah*) qui n'adorent Dieu que pour l'amour qu'ils Lui porte et non pas parce qu'ils désirent le paradis, ni parce qu'ils ont peur de l'enfer. De ces Hommes Dieu dit : « Si le paradis était à donner Je le donnerais à ceux qui ne m'ont adoré que pour Moi et quand viendront ceux qui ne M'ont adoré que pour l'amour du paradis ils constateront que Je l'ai donné á ceux qui ne m'ont adoré que pour Ma Face ».

Un jour quelqu'un alla voir Cheikh Ahmadou Bamba et lui dit : « Cheikh Ahmadou Bamba ! Je t'aime comme nul autre ». Cheikh Ahmadou Bamba resta silencieux. Après que l'homme l'eut répété pour la troisième fois, Cheikh Ahmadou Bamba lui dit : « Je t'ai entendu. Maintenant j'aimerais que tu ailles le dire à Cheikh Ibrahima Fall ». Dès que l'homme arriva à la concession de Cheikh Ibrahima Fall, celui-ci lui dit : « Je peux voir Cheikh Ahmadou Bamba dans la pupille de tes yeux ». L'homme lui dit : « Je viens de chez lui ». Après les salutations d'usage, Cheikh Ibrahima Fall lui demanda la raison de sa visite. L'homme commença à faire part de son amour pour Cheikh Ahmadou Bamba tout en écrivant son nom sur le sable. A peine avait-il commencé d'écrire le nom de Cheikh Ahmadou Bamba sur le sable que Cheikh Ibrahima Fall prit d'une poignée de main le sable sur lequel le nom de Cheikh Ahmadou Bamba avait été écrit, le mit dans sa bouche et l'avala. Il dit alors à l'homme : « Comment peux-tu écrire le nom de l'honorable Cheikh Ahmadou Bamba sur le sable ? » L'homme ne termina pas sa phrase et prit congé de Cheikh Ibrahima Fall. Cheikh Ahmadou Bamba parlait une fois à Cheikh Abdou Karim Touré[121] de Cheikh Ibrahima Fall pendant un bon moment. Tout d'un coup, il s'arrêta de parler, prit son index droit, le mit devant l'œil droit de son interlocuteur et lui dit : « Cheikh Abdou Karim Touré ! Qui que tu puisses voir et que l'on compare à Cheikh Ibrahima Fall, sache que ce dernier le surpasse de loin ». Ensuite, il prit son index droit et le mit sur l'oreille droite de son interlocuteur et lui dit : « Cheikh Abdou Karim Touré ! Qui que tu puisses entendre et que l'on compare à Cheikh Ibrahima Fall, sache que ce dernier le surpasse de loin ».

Serigne Mbacké Bousso[122] trouva une fois Cheikh Ahmadou Bamba assis, la tête entre ses deux mains entrain de répéter : « Dieu soit témoin que je suis satisfait de Cheikh Ibrahima Fall ». Serigne Mbacké Bousso demanda alors à Cheikh Ahmadou Bamba ce qu'avait fait Cheikh Ibrahima Fall pour mériter une telle grâce de sa part. Cheikh Ahmadou Bamba répondit : « Cheikh Ibrahima Fall fut le seul à m'avoir donné la considération que Dieu m'a donnée. Il n'y a rien que Cheikh Ibrahima Fall ait emmené dans ma demeure qui ne m'ait jamais été donné auparavant par Serigne Ahmadou Ndoumbé Mbacké,[123] mais il fut le premier à me donner la révérence que les gens me donnent à ce jour ».

Il serait intéressant de souligner que le mot soufi a la même racine que le mot *suuf*[124] en wolof qui désigne la terre. Selon les enseignements de Cheikh Ahmadou Bamba, le véritable soufi aurait trois caractéristiques qui mèneraient à une quatrième. La première serait celle de la voie ouverte à tout le monde sans aucune discrimination. La deuxième celle de la fontaine donnant de son eau à l'assoiffé sans aucune discrimination. La troisième celle de l'arbre donnant de son ombrage à qui en a besoin sans aucune discrimination. Un tel soufi sera alors naturellement en contact avec tout genre d'être humain aussi bien le juste que le mauvais, l'ivrogne que la prostituée. Les animaux ne seront pas non plus en

---

[121] Cheikh Abdou Karim Touré : disciple de Cheikh Ahmadou Bamba. On dit que l'Archange Djibril prenait l'apparence de ce dernier quand il venait voir Cheikh Ahmadou Bamba
[122] Serigne Mbacké Bousso (1864 – 1946): cousin et disciple de Cheikh Ahmadou Bamba
[123] Serigne Ahmadou Ndoumbé Mbacké (1859 -1933): cousin et disciple de Cheikh Ahmadou Bamba
[124] Suuf: Lire souf

reste. C'est alors que la quatrième caractéristique intervient en l'occurrence la terre. Cela nous permettra de comprendre pourquoi Cheikh Ibrahima Fall disait : « Je suis la terre *(may suuf)*. La raison pour laquelle Dieu accepte que toutes formes d'opprobres me soient jetées, c'est parce que rien ne peut altérer la terre et que tout ce qui est jeté sur la terre finit par devenir terre ». Il faisait allusion au compost qui est fait de déchets organiques qui améliorent la fertilité du sol. Plus les déchets sont variés, plus le compost est riche. Cheikh Ahmadou Bamba dira dans <u>Les Itinéraires du Paradis </u>: « Pour le véritable soufi une poignée d'or dans la main droite et une poignée de sable dans la main gauche ont la même valeur à ses yeux. Un compliment ou une insulte équivaut à la même chose pour lui ». C'est la raison pour laquelle Cheikh Ibrahima Fall n'a jamais rejeté qui que ce soit et disait souvent : « Ma demeure est une demeure ouverte à l'hôte et non une demeure fermée à l'hôte ». Sa considération pour l'hôte était telle qu'une fois alors qu'il était assis en compagnie de quelques hôtes, tout d'un coup il se leva le visage perlant de sueur et il se rassit. Une fois que les hôtes partirent Cheikh Ibrahima Fall dit aux disciples : « O Mes Enfants ! Vous vous demandez surement pourquoi je me suis levé tout d'un coup et que je me suis rassis transpirant du visage ? » Ils répondirent : « Oui en effet ». Cheikh Ibrahima Fall dit alors : « Pendant que j'étais avec les hôtes un scorpion s'était immiscé dans mes habits et me piqua. Je me suis levé pour aller à l'intérieur afin de secouer mes habits pour me débarrasser du scorpion mais quand j'ai pensé á la place que Dieu donne á l'hôte je me suis rassis en sachant que tout hôte provient de Dieu ».

*Ina xaala dayfun salamun hinda babika zhaa*
*Mey yadi safuwanté ak moom Yaram bi naam Faal*

Dès que l'hôte se présente à ta porte et dit : « Salam »
Il est recouvert de dons *Yaram bi naam Faal*

*Ahlu hawa idji jahu wala zimiina buka*
*Fi yaw ku dellusi déy rée Yaram bi naam Faal*

Les nécessiteux viennent à toi en supplication
Et retournent satisfaits *Yaram bi naam Faal*

### Cheikh Samba Diarra Mbaye

La *sharia* est la loi sacrée qui a pour but d'emmener le voyageur à sa destination finale qui est le *haqiqa* ou l'ultime réalité. Une fois arrivé à destination, le voyageur n'a plus besoin de la voie. Si ce monde a été conçu en sept jours, Cheikh Ibrahima Fall vint le sixième jour. Mais ceux qui arrivèrent à destination après avoir marché dès le premier jour, inlassablement nuit et jour sans repos, trouvèrent Cheikh Ibrahima Fall installé au centre de l'ultime réalité (*Haqiqatul Mutaharah*). Pour Cheikh Ibrahima Fall et ses disciples l'Islam n'est pas une simple religion confinée entre les quatre murs d'une mosquée ou mesurée par la longueur de l'habit que l'on porte ou par le nombre de lectures coraniques faites ou le nombre de *zhikr* faits. Être musulman est un comportement qui doit être exprimé à tous les niveaux avec soi-même et avec les autres en polissant constamment le miroir du cœur et ainsi embellir ses actions. Certains disciples de Cheikh Ibrahima Fall discutaient une fois sur la meilleure manière de faire la grande ablution après les rapports intimes. Quand Cheikh Ibrahima Fall les surprit en train de discuter à ce sujet il leur dit : « Laissez-moi vous dire que si la femme avec qui vous étiez intime est votre femme légitime quelle que soit la manière dont vous faites la grande ablution celle-ci sera légale. Si la femme avec qui vous étiez intime vous est illégitime quelle que soit la manière dont vous faites la grande ablution celle-ci sera illégale ». Ferez-vous vos ablutions pour purifier votre corps tout en oubliant de purifier votre cœur ? Ne buvez-vous pas d'alcool, ni ne mangez de la viande illicite alors que vous passez votre vie à vous nourrir de la chair des gens en médisant sur eux ? Allez-vous à la mosquée parce que cela parait bien aux yeux de la société et non pour l'amour de Dieu ? Priez-vous pour que vos désirs mondains soient réalisés et non pour glorifier votre Seigneur ? Jeûnez-vous en vous abstenant de manger et de boire alors que vos membres ne font pas pénitence ? L'Islam est-il un vêtement que vous portez dans certaines occasions alors que le reste du temps vous forniquez avec ce monde d'illusion ? A quoi cela sert-il de suivre tous les rituels si celui qui les suit ne devient pas une meilleure personne avec des valeurs et des qualités sublimes ? Le poème de Serigne Mbaye Diakhaté[125] exprime avec éloquence les valeurs nobles que doivent avoir le musulman pour être à proximité de Dieu.

*Xarit Yalla yombul té mo am njeriñ*
*Wutal Yalla yaw mi ba dé mba nga am*

Ô Frère! Dieu n'est pas facile à atteindre
mais Il est celui qui est plein de bienfaits
Va à la quête de Dieu et essaie de l'atteindre quitte à en mourir

*Li tax Yalla yombul kukey wuut*
*Té am ci lëf soxla do am ci moom ngëram*

La raison pour laquelle Dieu
n'est pas facile à atteindre si tu Le cherches
Tout en étant intéressé par autre chose que Lui
tu ne recevras point sa grâce

*Daley won meyam yëpp té yërr sa khol*
*Moyul dëgg muy gis ci sa khol mbéñam*

Il te montre toutes Ses faveurs et observe ton cœur
Enfreins la vérité et Il voit alors dans ton cœur ce qu'Il abhorre

*La ngey sangé séy kém, du wërsëk wu yaa*
*Du mboloo, du am juddu, li farr ko kham*

Ce qui permet de surpasser tes pairs
ce n'est ni la richesse, ni la célébrité
Ni ton appartenance à une famille honorable, sache-le!

---

[125] Serigne Mbaye Diakhaté (1875-1954) : Fils de Khali Madiakhaté Kala, juge musulman dans la cour royale du royaume du Kajoor avec Mame Mor Anta Sali Mbacké, père de Cheikh Ahmadou Bamba. Il a à son actif une production littéraire très prolifique en wolof.

*Ci ab yar ak dëddu ak jëfi yiw*
*La nit di rawantek sangé ay kémam*

C'est en étant bien éduqué, détaché de ce monde d'illusion
Et en agissant en bien que l'on surpasse ses pairs

*Di dox ci ndox ak japp suuf si taxañ*
*Ak sëlbu aw nit du mey nit ngëram*

Marcher sur l'eau, retourner la terre dans tous les sens
Manquer de respect aux gens ne te donnera pas la grâce de Dieu

*Laley mey ngëram, muñ, léwét, aw ndigal*
*Jégal kula moy faf ko yérëm*

Ce qui te donnera la grâce de Dieu
c'est la patience, la douceur, obéir au *ndigal*
Pardonner à celui qui t'offense
et avoir de la compassion pour lui

### Serigne Mbaye Diakhaté

Cela fut aussi exprimé par le Prophète Mouhammad (Paix et salut sur lui) dans une de ses dernières recommandations faites à un de ses compagnons Muath Ibn Diabal qui avait été choisi pour aller au Yémen en lui disant : « Ô Muath Ibn Diabal ! Aie une crainte révérencielle en Dieu qui est le Seigneur de l'univers et respecte la loi immuable de Dieu qui m'a été prescrite par Lui quand tu seras au Yémen. Sache que le Jour de l'Affliction ceux qui subiraient le plus dur châtiment sont ceux qui verront leurs langues coupées pour n'avoir cessé de médire sur les gens, enseigne-le aux gens de Yémen. Ne mange pas à ta faim alors que tes proches ont faim et quand tu auras mangé à ta faim, ne garde pas la nourriture, ni ne la jette. Trouve plutôt quelqu'un à qui la donner au Yémen. Celui qui nourrit l'affamé, Dieu le nourrira de la nourriture céleste. Celui qui étanche la soif d'un musulman boira à la source de *kawthar*.[126] Celui qui couvre d'une couverture son frère musulman Dieu le couvrira d'honneur et ainsi connaitra-t-il le succès. Celui qui met le voile sur

---

[126] Kawthar. Un fleuve qui se trouve au paradis donné au Prophète Muhammad (PSL) par Dieu

les parties intimes de son frère musulman Dieu fera de lui Son ami et mettra le voile d'honneur sur ses parties intimes pour qu'il soit préservé du déshonneur le Jour du Jugement, dis-le aux gens de Yémen. Celui qui expose les défauts d'un musulman Dieu lui exposera ses propres défauts le Jour du Jugement. Celui qui critique ou dénigre un musulman sera enchaîné et jeté dans le Feu par les anges et cela n'en valait pas la peine. Tous ses péchés seront exhibés devant les hommes et les djinns. Ne passe pas ton temps à dormir car ton âme quittera bientôt ton corps alors que ta famille y assistera impuissante. Tu ne sais pas si ta dernière demeure sera le paradis ou l'enfer, donc ne te moque pas de ceux dont la dernière demeure serait l'enfer. Ne mange pas de nourriture illicite. Ne boit pas de boisson illicite. Ne te couvre pas de vêtement illicite. La première chose que Dieu voudra savoir c'est si l'être humain a passé sa vie de manière licite et si c'était le cas Dieu ne l'interrogera plus mais si sa vie a été passée dans l'illicite, il ne pourra pas entrer au paradis ainsi que ses compagnons et ce Jour plusieurs verseront des larmes de regret. Cherche la compassion de Dieu et aie de la compassion vis-à-vis de tes semblables. N'aie pas peur de ton semblable si tu ne l'as pas offensé. Sois patient car Dieu a gardé pour les patients une énorme récompense. N'oublie pas ton Seigneur où que tu sois et ne méprise pas tes semblables qui témoigneront de tes actes au Yémen. Chaque fois que tu jugeras des litiges entre personnes soit certain de pouvoir jurer d'avoir jugé équitablement entre eux. Passe ton temps dans l'évocation du nom de Dieu chez toi ou hors de chez toi et les endroits où tu as évoqué le nom de Dieu témoigneront en ta faveur le Jour du Jugement, dis-le aux gens du Yémen. Ne sois pas du côté du transgresseur et ne prends pas la vérité pour mensonge. Ne méprise pas ceux qui ont la foi et cherche la compagnie des soufis et des démunis et enseigne le Coran à ceux qui voudraient le connaître. Rappelle-toi que le Jour Dernier adviendra ».

Cheikh Ibrahima Fall était loin d'être un fou qui ne savait ni lire, ni écrire, ni se conformer aux différents rituels recommandés par l'Islam. Il était au-delà de l'approche dogmatique. Il était dans l'essence même pour lesquels ces rituels étaient conçus. En effet, l'idolâtrie n'est pas seulement le fait de vénérer des idoles quelconques mais aussi le fait de s'accrocher aux dogmes avec une telle rigidité que l'on stagne au point de ne pas pouvoir se libérer de ses chaines mentales et atteindre son véritable potentiel spirituel. Ceux qui n'étaient donc pas habitués à la façon de pratiquer l'Islam tel que conçu par Cheikh Ibrahima Fall eurent pour seule réponse à leur refus de le suivre ce que répondirent ceux qui étaient réticents à l'appel du Prophète Mouhammad (Paix et salut sur lui) :

> Nous avons trouvé nos ancêtres sur une religion
> Et nous nous guidons sur leurs traces

Sourate 43 **L'ornement** : 22

Au Sénégal de nombreuses personnes qui sont des adeptes de Cheikh Ibrahima Fall diront que celui qui le cherche dans les livres ne saurait l'y trouver. Bien que d'une certaine perspective cela puisse être vrai, il n'en reste pas moins que tel que démontré tout au long de ce livre Cheikh Ibrahima Fall se trouve aussi dans le Saint Coran. Cheikh Maa-al Aynayn dira en parlant de la voie de Cheikh Ibrahima Fall :

> *Haqiqatul munawarah*
> *Fi Lawhi Mahfuz sabat*
> *Shariatul mutaharah*
> *Fi kutubil munazala*

> Sa voie est une vérité pure
> Qui se trouve consignée dans la Tablette Préservée
> Sa voie est une *sharia* pure
> Qui se trouve dans les Livres révélés

Cheikh Maa-al Aynayn

Cependant pour mieux comprendre cette assertion, on pourrait se référer aux propos de Cheikh Mountakha Mbacké qui dit : « L'Islam comporte la *sharia* et la *haqiqa*. La *sharia* comporte tout ce qui se trouve dans le Saint Coran alors que la *haqiqa* comporte tout ce qui se trouve dans la Tablette Préservée (*Lawh al Mahfuz*). Même si certains décrets divins qui sont consignés dans la Tablette Préservée se trouvent dans le Saint Coran, la plupart des décrets divins sont quant à eux exclusivement réservés à la Tablette Préservée. Il y a aussi les privilégiés tel que Cheikh Ibrahima Fall. Quant à eux, laissons-les avec leurs privilèges. Cela ne nous concerne en rien ».

C'est ce même privilège dont a été gratifié le prophète Abraham (Paix et salut sur lui) qui dans sa quête de Dieu n'a pas reçu de livre pour le guider. En effet, ce ne fut ni grâce au livre, ni grâce aux écrits, que le prophète Abraham (Paix et salut sur lui) a réalisé la grandeur de Dieu mais dans les signes guidé par Dieu. De ce point de vue, se limiter au Livre Saint pour connaitre Cheikh Ibrahima Fall serait se condamner à ne pas le connaitre.

Nous élevons en haut rang qui Nous voulons

Sourate 6 **Les Bestiaux** : 83

Cheikh Ibrahima Fall avait une fois dit : « L'arène des Hommes de Dieu a été convoqué un vendredi, la compétition eut lieu un samedi et elle prit fin un dimanche. Ne me demandez-vous pas qui a triomphé ? Cela n'est d'ailleurs pas nécessaire. Ce serait même indécent d'exulter. Mais quand la compétition prit fin, Dieu me félicita trois fois, le Prophète Mouhammad (Paix et salut sur lui) me félicita trois fois, Cheikh Ahmadou Bamba me félicita trois fois. C'est à partir de ce jour que j'ai transcendé l'œil et l'esprit des hommes. Quiconque me regarde avec ses yeux ne pourrait me voir et quiconque médite sur moi avec son esprit ne pourrait me cerner. Seuls ceux aux cœurs éveillés me connaitront ». Il ajouta : « Cheikh Ahmadou Bamba fut si satisfait de moi qu'il m'a ouvertement dit que dorénavant tout ce sur quoi se porteraient mes yeux m'appartiendrait désormais. C'est alors que je lui ai demandé de retourner la pupille de mes yeux pour que je ne puisse voir que lui et rien d'autre ».

Qui donc aura en aversion la religion d'Abraham sinon celui qui sème son âme dans la sottise ? Car très certainement Nous l'avons choisi en ce monde et dans l'au-delà.
Il est certes du nombre des gens de bien

Quand son Seigneur lui avait dit : « Soumets-toi »
Il dit : « Je me soumets au Seigneur de l'Univers »

Sourate 2 **La Vache** : 130-131

L'amour inconditionnel que Cheikh Ibrahima Fall avait pour Cheikh Ahmadou Bamba était exagéré selon la majorité des gens qui pensait qu'une telle dévotion ne devrait être donnée qu'à Dieu. Cheikh Ibrahima Fall était alors considéré comme quelqu'un qui associait à Dieu des partenaires en vénérant un être humain tout comme lui. Cheikh Ibrahima Fall était 'perdu' ou 'égaré' puisqu'il commettait le pire des péchés, le *shirk* (associer à Dieu des partenaires).

> Parmi les hommes, il en est qui prennent en dehors de Dieu
> Des égaux à Lui en les aimant comme on aime Dieu

Sourate 2 **La Vache** : 165

Adorez Dieu et ne lui donnez aucun associé

Sourate 4 **Les Femmes** : 36

Les mourides étaient alors considérés comme une secte déviante en croyant que leurs guides spirituels avaient une connaissance de l'invisible, qu'ils pouvaient accorder la miséricorde qui n'était que du seul ressort de Dieu et ainsi donnaient leur miséricorde comme Dieu le ferait, pardonnaient les péchés et négligeaient les mauvaises actions de leurs disciples. À ceux-ci, Cheikh Ahmadou Bamba dira dans Les Itinéraires du Paradis : « Évitez de critiquer les saints, de les réfuter ou de contester leurs déclarations concernant les affaires cachées et les secrets de Dieu dont Il leur en a confié le soin. Seuls l'ignorant et le jaloux réfutent et contestent leurs privilèges. Pourquoi critiquer un serviteur de Dieu qui s'est détaché de la société pour mieux servir le Maitre de l'Univers avec ferveur et dévotion ? Comment critiquer quelqu'un qui a une réelle crainte révérencielle en Dieu et qui a renoncé à toutes ses passions pour l'amour de Dieu le Très-Haut ? Comment mépriser celui dont Dieu le Créateur de l'Univers prend soin de son destin et de toutes ses affaires d'une manière particulière ? Dieu éloigne Satan de son entourage et le protège de l'anxiété et des inquiétudes. Dieu lui donne le pouvoir de contrôler son âme charnelle pour qu'il n'ait pas d'emprise sur lui le préservant ainsi de commettre des péchés. On lui dévoilera ainsi les sciences cachées et les secrets qui lui sont destinés. Il se peut que l'un d'entre eux semblent transgresser la *sharia* et les gens le détestent pour cette raison ». En effet, Cheikh Bayezid Bestami disait : « Quand nous nous cachons de vous vos langues nous atteignent et ne nous épargnent pas le blâme et si nous vous faisons voir nos miracles vous n'avez pas la force d'en supporter la vue ». On raconte qu'il allait voir sa mère et lorsqu'il arriva à Bestam les habitants sortirent à sa rencontre. Cheikh Bayezid Bestami entra dans la ville avec toute cette foule en se disant : « Ces gens-là vont me demander de parler et me feront négliger le saint nom de Dieu ». C'était pendant le mois de Ramadan. Cheikh Bayezid Bestami acheta alors du pain chez le boulanger et commença à le manger ce que voyant la foule qui l'accompagnait le laissa et se dispersa. Il s'adressa alors à ses compagnons en leur disant : « Avez-vous vu lorsque nous avons posé devant eux une question de formalité légale comme ils m'ont tous réfuté ?[127] » Toujours dans <u>Les Itinéraires Du Paradis</u> Cheikh Ahmadou Bamba étaye les propos de Mouhammad Al Galawi qui disait : « Quiconque critique les poèmes des saints concernant la grammaire ou la prosodie est une personne éprouvée pour le Feu. Croire aux saints est un signe de sainteté, les critiquer un signe d'égarement ». Cheikh Ahmadou Bamba dans cette même lancée avertit les non-initiés en leur disant : « Si jamais leur langage hermétique vous rend perplexes, ô vous qui n'êtes pas initiés, évitez de critiquer en vous contentant de faire comme le sage Abdou Wadoud qui disait : « Quant à moi, je ne comprends pas le langage hermétique des saints puisque je suis qui je suis et ils sont qui ils sont ». Cheikh Bayezid Bestami ne disait-il pas : « Quand les Hommes me voient ils voient en moi un être semblable à eux mais s'ils étaient témoins du rang que j'occupe dans le monde invisible ils seraient stupéfaits. Je ressemble à une mer dont on n'aperçoit ni le commencement, ni la fin, ni le fond[128] ». Cheikh Ibrahima Fall quant à lui disait : « Quand je me trouvais dans les royaumes de Dieu, chaque fois que je parlais ma voix résonnait à l'instar du tonnerre et chaque fois que je parlais les anges étaient si effrayés qu'ils s'enfuyaient pour se cacher derrière le Trône de Dieu. Si on m'avait dit qu'un jour je parlerais aux humains et qu'ils ne seraient pas frappés de stupeur en entendant mes propos cela m'aurait étonné ».

---

[127] Extrait du livre <u>Le Mémorial Des Saints</u> par Farid-Ud-Attar
[128] Extrait du livre <u>Le Mémorial Des Saints</u> par Farid-Ud-Attar

La doctrine de l'unicité de Dieu (*tawhid*) en ce qui concerne les attributs de Dieu et Son essence ont le seul et même sens et non de multiples et divers sens. Les attributs divins sont les mêmes que Son essence sans aucune dualité entre Son essence et Ses attributs. Ce concept doit être clairement distingué du fait que Dieu le Tout-Puissant et l'Exalté ait appliqué certains de Ses noms à Ses créatures et bien que les noms soient à la fois communs au Créateur et à la créature, leur connotation est totalement différente. Par exemple, nous avons parmi les noms de Dieu, Ar-Rahman (Le Miséricordieux), Ar-Rahim (Le Très –Miséricordieux), As-Salam (La Source de Paix). Nous aurons comme attributs de Dieu, Abdoul Rahman (le serviteur du Miséricordieux), Abdoul Rahim (le serviteur du Très-Miséricordieux), Abdoul Salam (le serviteur de la Source de Paix). Si nous considérons les attributs de Dieu comme étant des qualités indépendantes de Dieu comme ils le sont avec ses créatures, alors la notion du *shirk* est complètement fausse. Du point de vue que Dieu a fait de l'Homme Son successeur sur terre, il est facilement compréhensible que les voies et moyens de gérer le monde lui seront donnés par Dieu. Cheikh Ibrahima Fall disait : « Un monde sans Cheikh Ahmadou Bamba et sans moi Cheikh Ibrahima Fall sera un monde plongé dans l'obscurité. Quand ce jour arrivera, suivez les recommandations des fils de Cheikh Ahmadou Bamba qui vous guideront car ils auront les voies et moyens de gérer le monde ».

Lorsque Ton Seigneur confia aux anges : « Je vais établir sur la terre un successeur ». Ils dirent : « Vas-tu désigner un qui y mettra le désordre et répandra le sang quand nous sommes là à Te sanctifier et à Te glorifier.
Il dit : « En vérité Je sais ce que vous ne savez pas ! »

Sourate 2 **La Vache** : 30

Quiconque obéit au Messager obéit certainement à Dieu

Sourate 4 **Les Femmes** : 80

Cheikh Ibrahima Fall en se référant au verset ci-dessus dira à ceux qui réfutent les saints dans <u>Une Exhortation Au Mouride Pour Se Mettre Au Service Des Saints</u> : « Comment pouvez-vous être reconnaissants au Prophète Mouhammad (Paix et salut sur lui), à ses successeurs tels que ses compagnons qui devinrent ses khalifes (après sa disparition) et ne pas être reconnaissants envers votre guide spirituel, votre berger ? Ceux qui se sont détournés de Dieu après avoir reçu Sa grâce le regretteront ayant troqué le bien contre le mal. Tel sera le sort de ceux qui se sont détournés des saints qui sont les héritiers du Prophète Mouhammad (Paix et salut sur lui). Ne les sous-estimez pas, parce que si vous n'avez pas eu l'opportunité de vous mettre au service du Prophète vous avez maintenant l'opportunité de vous racheter en vous mettant au service des saints. D'ailleurs comment rembourserez-vous une dette à celui qui vous l'a prêté s'il décède avant que vous n'ayez honoré votre dette ? N'attendez pas jusqu'au Jour Dernier pour obéir aux saints sinon vous le regretterez amèrement. Les opportunités de faire le bien seront alors révolues. Celui qui a l'intention d'agir, qu'il le fasse maintenant car toute intention sans action est vaine. Cela serait similaire à un nuage sans eau. Si vous ne pouvez pas accéder à la Kaaba, allez donc à la mosquée la plus proche de vous avec l'intention d'aller à la Kaaba ». Cheikh Ahmadou Bamba dans les Itinéraires Du Paradis dira : « Chaque saint s'accroche à un pan de l'habit du Prophète envoyé par l'Unique, la Vérité, Dieu. Les prophètes font des miracles alors que les saints font des prodiges étant les héritiers des prophètes. Les prophètes constituent la preuve de l'existence de Dieu envers les créatures pour qu'ils puissent croire en Lui alors que les saints sont les preuves vivantes de l'authenticité de Sa religion et de Sa vérité permanente. Les prophètes du Très-Haut sont irréprochables alors que les saints sont protégés et honorés. Les prophètes et les saints ont tous deux la garantie absolue de Dieu le Miséricordieux telle que mentionnés par les différents maitres. Cependant, contrairement aux saints dont la garantie divine peut être temporaire celle des prophètes est permanente ». Cheikh Ibrahima Fall de renchérir dans Une Exhortation Au Mouride Pour Se Mettre Au Service Des Saints : « Dieu requiert de vous que vous sacrifiez vos biens dans Sa voie, que vous les mettiez au service du Prophète Mouhammad (Paix et salut sur lui), de ses différents khalifes et des saints. Cependant, les gens au pouvoir et les mécréants refusent de suivre les recommandations du Prophète, de ses différents khalifes, des saints et s'attachent aux plaisirs mondains. Les gens au pouvoir et les mécréants sont aux antipodes du Prophète, de ses différents khalifes, et des saints de la même manière que l'eau est aux antipodes du feu. Ceux-ci sont les ennemis du Prophète Mouhammad (Paix et salut sur lui) qui incarne la pureté, l'Élu qui n'éprouve ni haine, ni hostilité envers l'ennemi ».

La profession de foi (*Shahada*) en Islam est sans aucun doute l'antithèse du *shirk*.

*Ashadu An La ilaha illa-llah Waḥdahu La Sarika Lahu*
*Wa Ashadu Anna Muḥammadan Abduhu Wa Rasuluhu*

Je témoigne qu'il n'y a de dieu que Dieu
Il est Unique et n'a point d'associés
Et je témoigne que Mouhammad est Son Serviteur et Messager

Alors comment est-ce que le soufi qui témoigne de l'unicité de Dieu pourrait-il en même temps réfuter l'unicité de Dieu ? On avait une fois demandé à Cheikh Ibrahima Fall si Cheikh Ahmadou Bamba était Dieu. Il répondit :

« Dis : « Il est Dieu Unique

Dieu Le Seul à être imploré pour ce que nous désirons

Il n'a jamais engendré, n'a pas été engendré non plus

Et nul n'est égal à Lui

Sourate 112 **Le Monothéisme Pur** : 1-4

Cependant sachez que Dieu et moi Cheikh Ibrahima Fall, obéissons tous deux aux ordres de Cheikh Ahmadou Bamba. Quand Cheikh Ahmadou Bamba m'ordonne de faire une chose je le fais et quand il ordonne à Dieu de le faire, Dieu le fait ». Cheikh Ahmadou Bamba était une fois assis auprès d'un feu quand des maures qui se réclamaient d'être des descendants du Prophète Mouhammad (Paix et salut sur lui) allèrent le voir et lui dirent qu'ils entendaient ses disciples l'appeler Dieu. Ils voulaient des éclaircissements à ce sujet. Le Cheikh demanda à un disciple de lui donner une lance qui se trouvait contre la clôture et quand on la lui remit, il la mit au feu. Quelques instants plus tard, le Cheikh sortit la lance du feu, tendit aux maures la pointe de fer qui était au feu, mais ils refusèrent de la prendre pour ne pas se brûler. Le Cheikh leur demanda qu'est-ce qui leur faisait penser que la pointe de fer les brûlerait. Ils répondirent que la lance avait été au feu pendant un bon moment et que la pointe de fer avait pris les attributs du feu. Cheikh Ahmadou Bamba leur dit alors qu'il avait vécu à proximité de Dieu pendant un bon moment et qu'il avait lui aussi pris certains de Ses attributs et que c'était la raison pour laquelle les disciples l'appelaient Dieu. Une autre fois, Cheikh Ahmadou Bamba était assis avec les disciples lorsque l'un d'eux lui dit : « Tu es Dieu ». Un maure témoin d'une telle déclaration dit à Cheikh Ahmadou Bamba : « N'as-tu pas entendu ce qu'il a dit ? Tu devrais le châtier pour un tel blasphème ». Cheikh Ahmadou Bamba dit alors au maure : « Je l'ai très bien entendu. D'ailleurs il devrait le dire tout haut pour que tout le monde l'entende car tout ce qu'il a obtenu de Dieu c'est de moi qu'il l'a reçu ». Cheikh Mouhammad Mustafa Mbacké (le premier khalife de Cheikh Ahmadou Bamba) et Cheikh Fadilou Mbacké (son second khalife) allèrent une fois chez Cheikh Ahmadou Bamba et lui dirent qu'ils voulaient savoir ce que c'était d'être *talibé* et où se trouvait Dieu. Cheikh Ahmadou Bamba leur répondit : « Si vous voulez savoir ce que c'est que d'être *talibé* demandez-le à Cheikh Ibrahima Fall. Si vous voulez savoir où se trouve Dieu, demandez-le à Serigne Mahtar Diop ici présent ». Serigne Mahtar Diop leur dit : « En toute honnêteté je ne sais rien de Dieu mais je sais que là où se trouve Cheikh Ahmadou Bamba, là se trouve Dieu ».

Mon serviteur essaye toujours de se rapprocher de Moi par tous les moyens jusqu'à ce que Je l'aime. Si Je l'aime, Je suis les oreilles avec lesquelles il entend, ses yeux avec lesquels il voit, ses mains avec lesquelles il travaille et ses jambes avec lesquelles il marche.

<u>Raconté par Boukhari et Mouslim</u>

Cheikh Ahmadou Bamba pris une fois Serigne Mahtar Binta Lo par les épaules et lui dit : « N'adorerez-vous pas des idoles après que je sois parti ? » Serigne Mahtar Binta Lo répondit : « Non. D'ailleurs nul ne peut vous connaître et ensuite adorer des idoles après que vous soyez parti ». Cheikh Ahmadou Bamba lui dit alors : « Savez-vous ce que c'est que d'adorer les idoles ? » Serigne Mahtar Binta Lo répondit : « S'il vous plait, enseignez-le-nous ». Cheikh Ahmadou Bamba lui dit alors : « Quand vous enlèverez vos chapeaux et vos sandales, donnerez des dons pieux et que vous vous prosternerez devant ceux qui portent mon nom et vivent de ma *baraka* en prétendant être des dévots alors qu'eux-mêmes n'obéissent pas aux recommandations divines et ne s'abstiennent pas des proscriptions, sachez alors que vous pratiquerez l'idolâtrie et l'idolâtrie mène en enfer ».

Le *shirk* peut être donc vrai que si le disciple suit un guide qui est aux antipodes des recommandations divines et donc qui n'incarne pas du tout les attributs divins.

> Certes Dieu ne pardonne pas qu'on lui donne quelque associé
> A part cela Il pardonne à qui Il veut
>
> Sourate 4 **Les Femmes** : 48

Lorsqu'on a demandé à Cheikh Ahmadou Bamba la signification du verset ci-dessus il dit : « Dieu pardonne tous les péchés sans nécessairement le repentir du serviteur. Mais le péché d'associer des partenaires à Dieu ne peut être pardonné au serviteur que s'il se repent ». Cheikh Ibrahima Fall avait lui-même dit : « Un jour viendra où les associations religieuses seront nombreuses, les mosquées seront comme des marchés, partout le nom de Dieu résonnera, cependant leurs guides spirituels ne sauront pas se justifier devant Dieu le Jour du Jugement. Cela aurait été mieux s'ils avaient trouvé leur propre voie de salut au lieu de rassembler des gens sans savoir comment les sauver du châtiment de Dieu. Chacun se proclame être le guide parfait sans en être un. Ô Mourides ! Ne vous prosternez pas devant celui qui vit dans le péché, ne vous prosternez pas devant celui qui n'obéit pas aux recommandations divines, ne faites pas allégeance et ne vous mettez pas au service de celui qui n'a pas reçu la grâce divine, ne le suivez pas celui qui est trompeur et plein de ruses ». Cheikh Ibrahima Fall réitère ces paroles dans <u>Une Exhortation Aux Mourides de Se Mettre Au Service Des Saints</u> en disant : « Un homme ne peut être honoré que s'il craint son Seigneur. N'honorez donc un homme que s'il adore son Seigneur. Sous-estimer ses bénédictions serait sous-estimer les bénédictions de Dieu. Celui qui passe du temps en compagnie des vertueux sera certainement honoré. Méditez sur l'histoire des hommes de la caverne et de leur chien Qitmir connue des érudits.

Ils diront: « Ils étaient trois et le quatrième était leur chien »

Sourate 18 **La Caverne** : 22

Le plus noble d'entre vous auprès de Dieu est le plus pieux

Sourate 49 **Les Appartements** : 13

Quelqu'un dit un jour à Cheikh Ibrahima Fall : « Pourquoi dit-on que celui qui suit Cheikh Ahmadou Bamba ira au paradis alors que le paradis ne lui appartient pas ? » Cheikh Ibrahima Fall lui répondit : « Pourquoi dit-on que celui qui suit Iblis ira en enfer alors que l'enfer ne lui appartient pas ? » Et Cheikh Ibrahima Fall de continuer : « Iblis se rebella contre les recommandations divines et donc celui qui le suit ira en enfer alors que Cheikh Ahmadou Bamba n'est jamais aller à l'encontre des recommandations divines et donc celui qui le suit ira au paradis ».

# CHEIKH IBRAHIMA FALL

# LA PORTE DU SÉNÉGAL VERS LE DEVELOPPEMENT

Cheikh Ibrahima Fall ne doit pas seulement être considéré comme la porte du mouride (*Bab'ul Muridin)*, mais plutôt la porte du Sénégal vers le développement. Pourquoi est-ce que le Sénégal doit toujours emprunter à l'occident sa langue, sa culture, ses traditions et ses visions économiques et politiques qui ne s'appliquent pas aux réalités sénégalaises ? Quand est-ce que les Sénégalais se débarrasseront enfin de leurs complexes, pour donner à Cheikh Ibrahima Fall la place réelle qu'il mérite en tant que visionnaire, éducateur, environnementaliste, diplomate, acteur de développement hors pair ? En effet Cheikh Ibrahima Fall montra une voie pour l'émergence dans bien des domaines en déclenchant les leviers économiques nécessaires pour un développement viable basé sur une éthique spirituelle *jëf-jël* (on ne récolte que ce que l'on a semé) d'une part, et d'autre part en puisant sur notre propre système de valeurs.

Cheikh Ibrahima Fall disait : « Le wolof n'est pas une langue, c'est une philosophie (*wolof du lakk, xam-xam la)* ». Une langue n'est pas seulement un moyen de communication, mais l'expression d'idées, de sentiments et de pensées. Il sert aussi de marqueur identitaire d'un individu en révélant son appartenance à un groupe social bien défini. Le mouridisme a développé une vaste littérature en wolof connu sous le nom de *wolofal*. De grands écrivains et poètes, tels que Cheikh Moussa Ka, Serigne Mbaye Diakhaté, Cheikh Samba Diarra Mbaye et Serigne Mor Kayré parmi tant d'autres, pourraient être considérés comme les quatre principaux courants philosophiques de la littérature mouride. Le mouridisme a redonné au wolof ses lettres de noblesse en en faisant une langue écrite en utilisant les lettres arabes préservant ainsi l'histoire, la culture et le riche héritage d'une nation. En un mot, sa civilisation. Le mouridisme n'aurait pas connue une telle dynamique spirituelle, économique, politique et culturelle sans l'utilisation de sa propre langue.

A quand le jour où nos gouvernements réhabiliteront nos langues, nos cultures pour que nous puissions enfin nous libérer totalement des chaînes mentales qui ne cessent de nous aliéner et de nous rendre serviles ?

*Budul kon ak niy bind ngiir yi raaf na*
*Budul kon ak niy taari xam-xam daay na*

Si ce n'eut été les écrivains les civilisations disparaitraient
Si ce n'eut été les historiens la mémoire se perdrait

*Budul kon ak niy yéeté gaa yi yandoor*
*Dootunu yéewu abadan ba xêy buur*

Si ce n'eut été les révolutionnaires
les gens auraient sombré dans le sommeil
Et ne se seraient jamais réveillés jusqu'à ce qu'ils meurent

Cheikh Moussa Ka

Mais encore plus important, le *wolofal* a donné au mouride un réel sens de son africanité n'ayant ainsi aucun complexe vis-à-vis des Arabes. Tous les enseignements religieux écrits en arabe provenant du Saint Coran ou des livres écrits par de grands érudits dans tous les domaines de la connaissance ont été rendus accessibles aux mourides dans la langue la plus parlée au Sénégal en l'occurrence le wolof. En effet, Farid-ud-Din Attar[129] disait parmi les raisons qui l'ont poussé à écrire en persan ce classique indéniable du soufisme qui est Le Mémorial Des Saints : « On pourrait lire une grande quantité de livres arabes sans pouvoir pénétrer, ni le sens du Coran, ni celui des *hadith* d'où il suit qu'on demeure impuissant à en tirer un avantage spirituel or ces sentences étant tout à fait conformes à l'enseignement contenu dans le Coran et dans les *hadith,* quiconque étudiera cet ouvrage, Le Mémorial Des Saints (écrit en farsi) sera comme s'il avait pris sa part en toute connaissance de cause des vérités enseignées par le Coran et les *hadith* ». Cheikh Moussa Ka exprime la même idée dans un de ses poèmes :

---

[129] Farid-ud-Din Attar (Nishapur 1145- Nishapur 1221) : Est un poète mystique Persan, un théoricien du soufisme et un hagiographe de Nishapur qui a eu une très grande influence sur la poésie perse et le soufisme

*Mënoon nama wooy ci yaram*
*Wayé kon ku xamul xamtil*
*Lu tax tag Yonen war na Yallahu*

J'aurais pu écrire en arabe
Mais si je le faisais celui qui ne comprend pas arabe
Ne saurait pas pourquoi faire les éloges
Du Prophète est une obligation

*Mawlid ya gaaya wésar*
*Laay wooy mbiruum wolofal*
*Ndax yén jaayil ya xam maana ya Yallahu*
*Xam Yalla xam fa mu ték Yonen ba war na kuné*
*Ku léen xamul Yalla banu xam kooka Yallahu*

Les livres écrits en arabe par les érudits
Je les rends accessible en wolof
Pour que les ignorants puissent saisir
La quintessence de l'enseignement
Connaître Dieu et connaître la place qu'Il a donnée au Prophète
Doit être connu de tout le monde.
Celui qui ne connait pas Dieu et Son Prophète,
Puissions-nous ne pas le connaître

<u>Cheikh Moussa Ka</u>

Aux détracteurs du *wolofal* par certains savants sénégalais qui sous-estiment cette langue écrite étant eux-mêmes plus enclins à la langue arabe Cheikh Moussa Ka dira :

*Ma yée gaa ni béña déglu wolofal*
*Banu xam ni Yalla mo di Buur bi mana fal*
*Ngir wolofal moy wonni tooli xol yi*
*Di yokk gëem yi far di wubbi xél yi*

J'interpelle ceux qui ne veulent pas entendre parler des *wolofal*
Qui ne veulent pas savoir que c'est Dieu qui élit
Les *wolofal* guident les cœurs
Raffermissent la foi et ouvrent les esprits

*Mo sakk nay lakk di lakki soosé*
*Ak tukuloor yaak peul yaak majoose*
*Peul ya nga naa 'Mbiimi' Wolof naa 'Dama né'*
*Té Yalla xam na séeni wax funu mëena né*

Dieu est celui qui créa ceux qui parlent mandingue
Qui parlent foula, qui parlent français.
Les Foulani disent *mbiimi*[130], les Wolofs disent *Dama ni*[131]
Et Dieu sait ce qu'ils disent où qu'ils soient

*So ko gëemul séetal ku ndox-suuf matt*
*So ko luggul dey faatu faf ni fatt*
*Té lugg ay jat la du baati yaram*
*Du ay wolof, du lakk, Yalla moka xam*

Si tu ne le crois pas regarde celui qui a été mordu par un serpent
Si on ne lui insuffle pas les incantations il mourra
Et ses incantations sont des formules.
Ce n'est ni de l'arabe, ni du wolof, seul Dieu les comprend

*Té téréwul lo jang-jang Al Quran*
*So ko luggul do waccé jaani saamaan*
*Saalaali Waalaali tëena ko tooké*
*Waaju ko ñaan Yalla xam na kooké*
*Te loolu rekka mëena waccé ñangoor*
*Ku sétlu yooyi xam ni Yalla moy Buur*

Quelle que soit la maitrise que l'on ait du Coran
Si les incantations ne sont pas faites
On ne peut rendre le venin du serpent inoffensif
*Saalaali Waalaali* est une formule qui rend le venin inoffensif
Dieu comprend celui qui prononce ses paroles
Et seule ces formules peuvent rendre le venin inoffensif
Celui qui médite sur cela saura que Dieu est le Souverain

---

[130] Mbiimi: J'ai dit en peulh
[131] Dama ni: J'ai dit en wolof

*Bu Yawmal Qiyaamé*
*Ba Arab puukaré waxam*
*Danaa wax Seriñ Tuba*
*Lu tax ab Arab wédam*
*Tërub wolof ak bu Yaram*
*Ak wax yi yëpp yém*
*Lu jôg ngir Rasoolu Laahi*
*Baatin ba saf xorom*

Le Jour du Jugement
Quand les Arabes seront fiers de leur langue
Je ferai l'éloge de Cheikh Ahmadou Bamba en arabe
Jusqu'à ce qu'ils soient sans voix
La langue wolof et la langue arabe
Ainsi que toutes les autres langues sont pareilles
Celle qui mentionne le Prophète Mouhammad
Celle-ci sera pleine de saveur

<u>Cheikh Moussa Ka</u>

Cheikh Ahmadou Bamba a écrit un poème intitulé <u>Sois Discret</u> (*Kun Katiman*) qui aurait dû être la déclaration universelle des écoles et des universités. Tout écolier, étudiant ou chercheur qui se conformerait à une telle déclaration réussira sans aucun doute à acquérir la connaissance et le succès. Malgré tout, le système éducatif sénégalais persiste à imiter le système éducatif français qui ne cesse d'aliéner les soi-disant intellectuels qui sortent de ses universités. Pendant plus d'un demi-siècle, le Sénégal ignore toujours le riche héritage laissé par nos illustres maitres qui ont façonné des hommes et des femmes de valeurs qui n'ont rien à envier aux occidentaux.

Ô Toi qui est à la quête du savoir !
Cache tes malheurs et tes peines pour pouvoir atteindre ton objectif
Et ainsi tu surpasseras les gens de ta génération

Ne te plains pas et comporte-toi comme si tu ne manquais de rien
La connaissance n'est pas donnée
A celui qui a peur de la difficulté
Mais Dieu enseigne plutôt Sa connaissance à celui qui persévère

Sois constant dans l'acquisition du savoir et révise régulièrement
Malheur à celui qui a peur des difficultés
Ne te préoccupe pas de ta nourriture quotidienne puisque Dieu
Est le pourvoyeur de celui qui est à la quête du savoir

Aie une crainte révérencielle envers Dieu
Et suis Ses recommandations.
Quiconque transgresse la loi divine et offense les Hommes
N'est pas digne de recevoir la connaissance

Évite la compagnie des adolescentes et des femmes d'âge mûr
Les fréquenter ne t'apportera que mépris
Désobéissance et destruction.

Ne troque pas ton avenir pour aujourd'hui
Quiconque troque sa lumière contre l'obscurité
Le regrettera certainement

### Cheikh Ahmadou Bamba: Sois Discret

Aux jeunes Cheikh Ibrahima Fall leur conseillera de se soumettre à la volonté de Dieu, d'être patients et de partager le peu qu'ils ont avec leurs familles en prenant exemple sur le vautour. Il leur enseignera aussi de ne pas se presser et de ne pas être avides de pouvoir en ce monde puisque cela pourrait causer une mort soudaine. Il leur dira : « Imitez la patience du vautour. Bien qu'il vive de cadavres, si l'animal est sur le point de mourir, le vautour ne l'achèvera jamais pour s'en nourrir. Une fois que l'animal trépasse, le vautour appelle ses semblables et leur chef. Après que ce dernier ait mangé, tous ensembles, les vautours se nourrissent du reste. Celui qui ne partage rien avec son guide spirituel, ses parents, sa famille et ses proches sera soudainement pris de court par la mort ».

Cheikh Ibrahima Fall disait aussi à l'endroit des jeunes : « Priez pour que votre richesse vienne à vous comme l'urine vient au chameau. Le chameau peut rester longtemps sans uriner jusqu'à ce qu'on ait l'impression que le chameau n'urine jamais. Mais une fois que le chameau commence à uriner on a l'impression que cela ne s'arrêtera plus. Celui à qui la richesse tarde à venir jusqu'à ce qu'il pense qu'il n'aura jamais rien peut tout d'un coup voir sa richesse lui parvenir en abondance. Toute personne qui voit ces deux cycles s'alterner ainsi est une personne destinée à une longue vie. Obtenir sa richesse tardivement et au compte-goutte vaut mieux que de l'obtenir hâtivement et d'un seul coup ».

Si nos gouvernements prenaient sérieusement les propos des guides spirituels, des mesures adéquates pourraient être prises pour anticiper certaines situations auxquelles sont confrontés nos pays face à l'émigration clandestine poussant les jeunes à embarquer dans des pirogues pour aller à l'aventure. En effet, Cheikh Ibrahima Fall avait prédit le phénomène de l'immigration clandestine en disant : « Je vois des tombes au loin. La plupart des jeunes de ce pays (Sénégal) flairant l'odeur de l'argent dans des contrées lointaines essaieront de traverser l'océan en quête de fortune ». En économiste avéré et entrepreneur hors-pair, Cheikh Ibrahima Fall donnera une porte de sortie aux dirigeants africains face à la crise économique que subissent les pays en voie de développement en leur disant : « En temps de crise économique, Faites comme moi. Travaillez dur et ayez peu de besoins ». Avec une telle devise, il n'y a aucune raison pour que le continent Africain ne s'élève pas au rang des pays développés. Cette déclaration faite par Cheikh Ibrahima Fall est la définition même de la croissance économique. Dans les écoles sénégalaises, le développement du Japon était enseigné comme 'Le miracle japonais'. Ce n'était pas du tout un miracle mais l'aboutissement de grands sacrifices basés sur ce même principe énoncé par Cheikh Ibrahima Fall. Winston Churchill en tant que premier ministre de la Grande Bretagne qui comprenait ce même principe pour reconstruire la Grande Bretagne dit au peuple britannique : « Je n'ai rien à vous offrir si ce n'est du sang, de la labeur, de la sueur et des larmes (de douleur) ». Ces paroles de Winston Churchill pourraient s'appliquer à la façon dont Cheikh Ibrahima Fall formait les adultes de demain dans les *daaras* qu'on pourrait considérer comme des pépinières pour former un grand nombre de personnes qualifiés, qui en plus d'une éducation spirituelle bien ancrée deviendraient des citoyens avec un sens très élevé du travail qui leur garantirait ainsi une autonomie économique.

Cheikh Ibrahima Fall était très actif dans tous les secteurs qui génèrent des revenus. L'agriculture était sa principale activité. En effet Cheikh Ibrahima Fall avait de nombreuses terres cultivables à travers le pays. En dehors des cultures de rentes (arachide) et le mil, il s'adonnait aussi aux cultures maraîchères (fruits et légumes). Une fois que la récolte était faite, Cheikh Ibrahima Fall remettait à Cheikh Ahmadou Bamba son don pieux en nature. Le reste était destiné à la vente ce qui lui permettait de remettre à Cheikh Ahmadou Bamba un don d'ordre financier. L'élevage des animaux n'était pas en reste. Cheikh Ibrahima Fall poussait les gens à respecter la nature en leur disant : « Ne marchez pas comme des transgresseurs sur cette terre ». Il était en avance sur son temps en investissant dans l'achat de terres et en fit des titres fonciers. Cheikh Ibrahima Fall pourrait être considéré comme l'un des plus riches propriétaires terriens du Sénégal. On peut lire dans les Archives Nationales que Cheikh Ibrahima Fall était propriétaire de treize propriétés à Saint-Louis, Louga, Géwoul, Ndande, Thies et Diourbel. Les produits de ses fermes qui augmentaient chaque année lui apportaient des sommes colossales d'argent. La spoliation foncière est un problème crucial au Sénégal. Un lopin de terre peut être vendu à plusieurs personnes ou on peut assister à la simple confiscation des terres par les autorités qui abusent de leur pouvoir. Cheikh Ibrahima Fall appela une fois ses petits-fils, Cheikh Fall Bayoub Goor et Mouhamadou Fadilou Fall à Médina Fall à Thies. Ils trouvèrent Cheikh Ibrahima Fall entrain de creuser deux trous, prenant du sable du premier trou pour le mettre dans le second trou et ensuite prenant du sable du second trou pour le mettre dans le premier trou. Ne comprenant pas trop où Cheikh Ibrahima Fall voulait en venir, il leur dit : « Je garde ma terre. Je ne voudrais pas qu'on me la vole. D'ici peu au Sénégal il n'y aura que des voleurs de terre ».

Cheikh Ibrahima Fall investissait aussi dans la pêche ayant des pirogues qu'il confiait à ses disciples. Il faisait de même avec les machines à coudre pour qu'ils puissent confectionner des habits et des draps pour lits à vendre. Cheikh Ibrahima Fall faisait aussi confectionner des matelas qu'on appelait *padiass* que ses disciples revendaient. Il finançait aussi des gens pour qu'ils aillent dans les pays voisins du Sénégal y acquérir des produits divers pour être revendus au Sénégal. Cheikh Ibrahima Fall fut un précurseur du commerce Sud-Sud en encourageant la fluidité des biens et des personnes au sein du continent Africain, facilitant ainsi les rapports commerciaux et l'entraide mutuelle des différents pays engagés en commerce. On pourrait dire sans aucun doute que le commerce informel, pratiqué au Sénégal par les mourides qu'on appelle les *Baol-Baol* ou les *Modou-Modou* qui ont conquis l'Europe, les États-

Unis, l'Asie et l'Afrique ont été inspiré par Cheikh Ibrahima Fall qui avait un sens élevé de l'entreprenariat.

Cheikh Ibrahima Fall était en compagnie de ses disciples qui lui racontaient les différents pays qu'ils avaient parcourus durant la première guerre mondiale. L'un d'entre eux mentionna l'Amérique. Cheikh Ibrahima Fall dit alors au disciple : « Ne gâche pas le nom de ce pays. Le nom n'est pas Amérique mais plutôt *Ayemurid* ou la terre des mourides ». Le principe qui dit au Sénégal *majaal motaha falu,* (La quête de porte à porte élit celui qui la fait) a été mis en pratique par Barack Obama durant la campagne présidentielle de 2008. Les innovations sans précédent dans la collecte de fonds pour cette campagne rappellent la quête de porte à porte initiée par Cheikh Ibrahima Fall telle que rapporté par Cheikh Moussa Ka : « Cheikh Ibrahima Fall fut le premier à faire la quête de porte à porte, pendant que les gens se moquaient de lui ». Non pas que Barack Obama eût littéralement prit son écuelle pour aller de porte à porte pour recevoir des donations, mais en allant vers les gens à travers les réseaux sociaux pour collecter les fonds nécessaires pour sa campagne électorale. Combien de personnes prirent Barack Obama en dérision, mais avec une telle stratégie il fut élu le premier président noir des États-Unis. Le principe qui consiste à travailler nuit et jour aux États-Unis rappelle aussi la façon de travailler de Cheikh Ibrahima Fall initiée par lui au Sénégal.

*Yéndo liggey, fanaani root*
*Gaaya kharan ba na khuurét*
*Baluy ganaar ne khuur-khuurét*
*Mo ka khéwal dawul doxi*

Travaillant le jour et puisant l'eau la nuit
Pendant que les gens dormaient à poings fermés
Jusqu'au chant du coq
Cheikh Ibrahima Fall fut le premier à l'initier
Il ne perdait pas de temps

<u>Cheikh Moussa Ka</u>

Selon cette perspective on peut facilement comprendre pourquoi Cheikh Ibrahima Fall appelait l'Amérique '*Ayemurid*'.

Il est grand temps pour les Sénégalais d'aller au- delà des symboles et comprendre les enseignements et les méthodes pour déclencher les dynamiques nécessaires pour un développement viable basé sur une éthique spirituelle et sur nos propres systèmes de valeurs. Il n'y a aucune nation qui pourrait se développer en empruntant des formules dictées par les autres, mais plutôt en croyant en son propre système de valeurs. Il est grand temps pour le Sénégal de se réveiller et de se mettre sur la voie de développement à travers les enseignements de Cheikh Ahmadou Bamba et de Cheikh Ibrahima Fall au lieu d'attendre qu'il soit trop tard pour tâtonner la porte de sortie dans la pénombre de stratégies obscures et occultes des politiques étrangères imposées à l'Afrique, comme le dit si bien Cheikh Ibrahima Fall dans <u>Une Exhortation Au Mouride Pour Se Mettre Au Service Des Saints</u> : « Comment celui qui voyage tardivement le soir peut-il accompagner celui qui a voyagé très tôt le matin et en plus de cela sans suivre la direction prise par ce dernier ? » En effet, tous les pays développés se sont construits sur leurs propres systèmes de valeurs qu'ils défendent avec toute l'énergie possible pour exister dans l'échiquier international et à ce titre, nous en tant qu'Africains, en tant que Sénégalais devrions avoir la même résolution que ces derniers pour enfin nous affirmer en une nation indépendante qui traitera d'égale à égale avec toutes les nations du monde où nulle nation ne sera plus lésée au profit d'une autre.

# BAYE FALL ET ZHIKR

## *LA ILAHA IL ALLAH FAAL*

*La ilaha il Allah Faal* résonne de la poitrine des hommes de Dieu
Il n'y a ni début ni fin. Il y a Lui, L'Unique Dieu

Vibrations remplissant le temps et l'espace
Dans ce voyage intense certains sont transportés
Larmes… Cris… Des corps convulsifs
D'autres aux regards lointains et méditatifs, silence…

*La ilaha il Allah Faal* résonne de la poitrine des hommes de Dieu
Il n'y a ni début ni fin. Il y a Lui, L'Unique Dieu

Vibrations remplissant le temps et l'espace
Dans ce voyage intense certains sont emportés
Se poignardant et se lacérant le corps avec des couteaux
Et des sabres refusant de couper ou de pénétrer leur peau

Vibrations remplissant le temps et l'espace
Dans ce voyage intense certains sont emportés
Se martelant le corps avec de lourds gourdins
Corps dansant harmonieusement au rythme, le rythme cosmique

*La ilaha il Allah Faal* résonne de la poitrine des hommes de Dieu
Il n'y a ni début ni fin. Il y a Lui, L'Unique Dieu

Vibrations remplissant le temps et l'espace
Pas de discontinuité. Une ascension nocturne vers L'Unique Dieu
*La ilaha il Allah Faal* résonne de la poitrine des hommes de Dieu
Il n'y a ni début ni fin. Il y a Lui, L'Unique Dieu

Baye Demba Sow

La pratique du *zhikr La ilaha il Allah* est omniprésente chez le Baye Fall. Il est au cœur de toutes leurs activités. Du *zhikr,* Cheikh Ahmadou Bamba dira dans <u>Les Itinéraires du Paradis</u> : « Le *zhikr* est le plus méritoire des actes d'adoration auquel le mouride peut se livrer. Quiconque abandonne le *zhikr La ilaha il Allah* pour évoquer quelqu'un d'autre en dehors de Dieu serait aussi insensé qu'un fou. Comment est-ce que les êtres humains pourraient oublier ou négliger d'évoquer Celui qui les a créés et conçus ? Le *zhikr La ilaha il Allah* constitue le début de la sainteté et son renoncement le plus haut degré d'arrogance. La formule *La ilaha il Allah* contient des secrets ésotériques qui pourraient être comparés à la profondeur de l'océan. Quiconque veut pénétrer ses secrets devrait définitivement répudier ce monde d'illusion. Ces secrets sont obtenus par la 'pointe de l'épée' avec une foi absolue et non par la controverse ou la paresse. Ces secrets sont obtenus par l'annihilation du *nafs* (ego) et en s'abstenant de juger ceux qui sont favorisés par Dieu. Le meilleur de tous les actes d'adoration est la profession de foi (*Shahada*) qui consiste à affirmer qu'il n'ya pas d'autre être à adorer seulement Dieu. Quiconque la proclame convaincu de son essence ira au paradis. On l'appelle aussi 'le prix du paradis' ou 'la forteresse de Dieu le Très-Haut contre tout mal'. Proclamez-le continuellement. Tous les noms de Dieu sont condensés et contenus dans la seule et unique formule obligatoire *La ilaha il Allah Mouhammadou Rasoulou Lahi* (Il n'ya pas d'autre être à adorer seulement Dieu et le Prophète Mouhammad est l'Envoyé de Dieu). Son essence constitue le début et la fin de tous les itinéraires. C'est l'étape ultime des gens bien guidés ». Ibn Joubayr raconta que le Prophète disait : « Le meilleur *zhikr* est *La ilaha il Allah* ». Abou Al Darda quant à lui raconta que le Prophète Mouhammad (Paix et salut sur lui) demanda une fois à ses compagnons : « Devrais-je vous parler de la meilleure de toutes les actions, le meilleur des actes de piété aux yeux de votre Seigneur qui élèverait votre statut à l'au-delà et qui comporterait plus de valeur que de dépenser de l'or et de l'argent au service de Dieu ou de prendre part à une guerre sainte en tuant ou en se faisant tuer dans la voie de Dieu ? Il leur dit alors : « C'est le *zhikr* ». Dans un des livres les plus célèbres sur l'histoire islamique qui s'intitule : <u>Le Début et la Fin</u> (*Al Bidaya Wal Nihaya*), Abdoul Fida Ibn Kathir raconte : « Le Prophète Insa (Paix et salut sur lui) demanda à Dieu de lui parler de Touba ». Dieu lui dit alors : « Touba est un arbre paradisiaque que j'ai planté de Ma Main. Ses fruits ont l'odeur du musc et la saveur du gingembre. Quiconque en mange sera rassasié à jamais ». Le Prophète Insa (Paix et salut sur lui) demanda alors à Dieu s'il pouvait goûter aux fruits de Touba. Dieu lui dit alors : « Nul n'y goûtera avant le messager pour qui il a été destiné et ses disciples. Mais en ce qui te concerne Insa (Paix et salut sur lui), Je ne te tuerai pas. Je te ramènerai à Moi et quand la fin du monde s'approchera, Je te descendrai sur terre pour que tu puisses rencontrer certains disciples de ce messager. Tu seras séduit par leurs vertus et tu les aideras à combattre les ennemis de l'Islam. Quand les musulmans feront leurs prières quotidiennes tu ne les verras pas les faire puisqu'ils en sont exemptés ». Le Prophète Insa (Paix et salut sur lui) demanda alors à Dieu : « Pourrais-tu me parler d'eux ? » Dieu lui dit : « Le nom de leur messager est Ahmadou. Ils sont humbles et respectueux. Je les élèverais aux mêmes grades que les prophètes. Ils seront les plus nombreux aux paradis parce qu'ils honorent constamment mon nom en faisant le *zhikr La ilaha il Allah*[132] ». Boukhari et Mouslim racontèrent que Ali bin Abi Talib a dit : « J'ai une fois dit au Prophète : « Ô Messager de Dieu ! Guide-moi vers le chemin le plus court pour accéder en présence de Dieu et le chemin le plus facile pour adorer, et qui serait ce que Dieu le Tout-Puissant, l'Exalté préfère ». Le Prophète dit : « Ô Ali ! Tu devras continuellement faire le *zhikr* silencieusement ou à voix haute ». J'ai dit : « Ô Prophète ! Tous les êtres humains font le *zhikr*. Donne-moi quelque chose de spéciale ». Le Prophète dit : « Ô Ali ! Le meilleur de ce que moi et tous les autres prophètes avant moi disait est *La ilaha il Allah*. Si les cieux et la terre étaient placés sur un côté de la balance et *La ilaha il Allah* sur l'autre côté de la balance, ce dernier pèsera plus lourd. Le Jugement Dernier ne viendra jamais aussi longtemps qu'il y aura des gens sur terre qui diront *La ilaha il Allah* ». J'ai alors demandé : « Comment devrais-je le dire ? » Le Prophète dit : « Ferme les yeux et écoute moi dire trois fois *La ilaha il Allah* et ensuite tu le diras trois fois et je t'écouterais ». Ali bin Abi Talib dit : « Le Prophète le dit et je le répétais à voix haute ».

Tout comme Ali, chez les Baye Fall le *zhikr* est généralement fait à haute voix. Cheikh Ahmadou Bamba dans les <u>Les Itinéraires du Paradis</u> dira : « Il y a différentes opinions selon lesquelles il serait mieux de faire le *zhikr* à haute voix ou silencieusement parmi les

---

[132] Extrait d'un discours de Serigne Moustafa Mbacké fils de Cheikh Saliou Mbacké, cinquième khalife de Touba

maitres spirituels. Certains préfèrent le faire silencieusement pour éviter toute ostentation ou pour mieux se concentrer pour le faire alors que d'autres préfèrent le faire à haute voix projetant leurs voix vers ceux qui seraient tentés de les imiter et ainsi ils seront récompensés deux fois pour avoir inspiré autrui à faire le bien ». Le *zhikr* est quelques fois fait individuellement. Dieu ne dit -il pas : « Rappelez-vous donc de Moi, je me rappellerai de vous (S2, V152) » ou en assemblée. En effet Dieu dans un *hadith qudsi* dira : « Ceux qui se souviennent de Moi en assemblée, Je me souviendrais d'eux dans des assemblées bien meilleures que les leurs ». Ibrahim Adham ayant vu un ivrogne qui gisait à terre dans son vomissement la bouche toute souillée de ce qu'il avait vomi alla chercher de l'eau pour lui laver la bouche en disant : « Une bouche qui a fait mention du Seigneur il n'est pas permis de la laisser ainsi souillée ». Lorsque cet ivrogne se releva ON lui dit : « Ô Ibrahim Adham ![133] Tu as lavé la bouche en déclarant intolérable qu'une bouche qui avait prononcé le saint nom de Dieu restât ainsi souillée ». Cette nuit -là même Ibrahim Adham entendit en songe une voix qui disait : « Ô Ibrahim Adham ! Si tu as lavé la bouche d'un homme parce qu'elle avait fait mention de Nous, à notre tour Nous avons lavé ton cœur et Nous l'avons purifié[134] ».

Quand les Baye Fail font le *zhikr*, ils le font debout et tournent dans le sens antihoraire formant un cercle. C'est la clef pour pénétrer l'autre temps, le temps mystique. Le cercle est un voyage à la découverte de soi. Au début le disciple s'adonne au *zhikr* et pendant que le *zhikr* continue il n'y a plus de différence entre l'invocateur et l'invoqué. En effet, Dieu qui est plus proche de nous que de notre propre veine jugulaire devient à la fois l'Invocateur et l'Invoqué. Cependant, les Baye Fall sont très souvent considérés comme des hérétiques. Ils ont les cheveux hirsutes, portent des haillons rapiécés et toute sorte de chapelets et d'amulettes. Ils utilisent des gourdins, des couteaux et des sabres se martelant et se lacérant le corps durant les cérémonies de *zhikr*. Non seulement ils ne prient pas cinq fois par jour, mais en plus de cela ils associent à Dieu des partenaires en ajoutant *Faal* à la fin de la *formule La ilaha il Allah*. Ces gens

---

[133] Ibrahim Adham : Un soufi des premières générations, originaire de Balkh. Extrêmement riche, il renonça à toute sa fortune pour se consacrer exclusivement à Dieu.
[134] Extrait du livre Le Mémorial des Saints par Farid-ud-Din Attar

doivent être fou. Ce n'est pas l'Islam, c'est de la magie noire. Les non-initiés condamnent *La ilaha il Allah Faal comme* étant du *shirk,* n'étant pas habitués au mot *Faal* à la fin du vocable *La ilaha il Allah*, cependant d'une perspective mystique les deux lettres *Fa* et *Lam* représentent :

**FA***dilou Ilahi*        L'Élu de Dieu
**AL** *Aminou ilahi*      Le Confident de Dieu

Tous les musulmans s'accorderont sur le point que l'élu de Dieu et le confident de Dieu n'est nul autre que le Prophète Mouhammad (Paix et salut sur lui). La mystique est beaucoup plus puissante que la magie noire. Le *zhikr* est la plus haute forme de communication avec Dieu. Il emmène le mouride dans les stations divines sans avoir à faire le *khalwa,* une retraite spirituelle qui peut s'étendre à quarante jours. De telles profondeurs dans les secrets ésotériques sont au-delà de toute sonde d'exploration pour ceux qui n'ont pas encore atteint l'étape ultime des gens bien guidés. Dieu donne plus de valeur à Son rappel qu'à la prière en faisant de la prière la voie et le rappel le but.

> Rappelle donc où le rappel doit être utile
>
> Quiconque craint s'en rappellera
>
> Sourate 87 **Le Très-Haut** : 9-10
>
> Réussit certes celui qui se purifie
>
> Et se rappelle le Nom de Son Seigneur puis célèbre la salat
>
> Sourate 87 **Le Très-Haut** : 14-15

Certaines personnes pourraient toujours argumenter que les Baye Fall peuvent toujours s'acquitter de la *salat* tout en faisant le *zhikr*. Cependant un malade à qui le médecin prescrit une ordonnance de médicaments à prendre cinq fois par jour serait-il toujours dans le besoin de les prendre une fois guéri ? Qui sait mieux que le médecin (Cheikh Ahmadou Bamba) qui n'insista pas pour que le patient (Cheikh Ibrahima Fall) continue à prendre ses comprimés cinq fois par jour ? En effet, la *salat* est le comprimé à prendre cinq fois par jour par le musulman pour l'empêcher de commettre des actes immoraux et blâmables alors que le *zhikr* est l'état de bien-être en Islam.

> Récite ce qui t'est révélé du Livre et accomplis la *salat*
> En vérité la *salat* préserve de la turpitude et du blâmable
> Le *zhikr* est certes ce qu'il y a de plus grand.
> Et Dieu sait ce que vous faites
>
> Sourate 29 **L'araignée** : 45

Le *zhikr* étant le plus haut degré de dévotion, Serigne Cheikh Fall Bayoub Goor dira : « Tout acte de dévotion auquel se livre le serviteur Dieu y envoie les anges pour qu'ils y assistent. Mais pour les séances de *zhikr* Dieu y assiste Lui-même. Mais si jamais Il voit ne serait - ce qu'un atome de vanité dans l'évocation de Son Nom Il se retire ». Dieu réside dans le cœur de ceux qui n'ont pas un grain de sable dans leur cœur, et ceux-ci sont ceux dont l'œil du cœur ou le troisième œil est grandement ouvert. Ceux-ci sont les soufis dont le cœur est poli par le rappel et l'amour de leur Seigneur. Abdallah Ibn Oumar raconta que le Prophète disait : « Pour tout il y a un raffinement et le raffinement des cœurs est le *zhikr* ». Un cœur dans lequel Dieu réside sait tout ce qui est manifeste et caché. Les soufis ne désirent rien de cette vie et détachés de la société leur seul bonheur est de servir Dieu et Son Prophète à travers les saints éminents.

> *Ku dunya bu bóon bi né danab ci kholam*
> *Amul sax barab bu aw yiw di dem*
> *Té kuy woo Boroom Arash*
> *wor nga ko xaaro khol bu laab bu dotul tilim*

> Celui dont le cœur est envahi par ce monde d'illusion
> Il n'y a nul endroit où pourrait se loger la lumière divine
> Et celui qui appelle le Seigneur
> Doit l'attendre avec un cœur pur
> Dépourvu de toutes pensées négatives

*Ku fôttagul kholam ci mbolém*
*Ludul coofelug Boromam*
*Du am mukk ndam*

Celui qui ne purifie pas son cœur des vanités de ce monde
Pour n'y laisser entrer que l'amour de Dieu
Ne connaitra jamais le succès

*Bu sa khol di set Yalla daldi ci dal yiwam yëpp*
*Ngey waaju kham lëppam*

Celui dont le cœur est pur Dieu y gardera tous Ses secrets
Et il sera celui qui connait Son tout

### Serigne Mbaye Diakhaté

Celui qui s'engage au *zhikr* a le plus haut rang devant Dieu. C'est pour cela que Cheikh Ibrahima Fall fit du *zhikr* son hymne dans tous les endroits où il vécut. Les Baye Fall le font à ce jour où qu'ils soient.

*Yaw liggeyal nga Bamba té saxo sikar*
*Fi layli wa nahari tool ya ak sa kër*

Tu fus au service de Cheikh Ahmadou Bamba
Faisant le *zhikr* nuit et jour
Dans tes fermes et dans tes lieux de résidence

### Serigne Touba Lo

*Lamp ni La ilaha il Allahu*
*Doy na ma ab liggey ilal ilahu*

Lamp dit : « *La ilaha il Allah* »
Me suffit comme dévotion en Dieu

*Li tax ba La ilaha il Allahu*
*Lamp saxo ko faw ngir Mawlahu*

C'est pour cela que *La ilaha il Allah*
Lamp en fit son hymne pour l'amour de Dieu

*Digal ko mbolém talubé murid ya*
*Baay Faal ya sax ca faw béñ marid ya*

Il le recommanda aux mourides
Les Baye Fall s'y conformèrent
Contrairement aux marides (scélérats)

*Yonen ba néwoon na léen ci fathu Makata*
*Ku tuddu Yalla kén du réy fi Makata*

Le Prophète avait dit à leur entrée à la Mecque
Celui qui professe l'Unicité de Dieu que nul ne le tue

*Salla wa salam ala yonen ba,*
*Wa alihi wa sahbihi wa Bamba*

La paix soit sur notre Prophète
Sa famille, ses compagnons et Cheikh Ahmadou Bamba

*Wa Seex Ibra Faal wa kulli Baay Faal*
*Bijahi wajahi saru Anfal*

Et sur Cheikh Ibrahima Fall et les Baye Fall
Par considération pour la sourate *Al Anfal*

*Kilmatu La ilaha il Allahu*
*Hiya lazi ahla lada afzahu*

La formule *La ilaha il Allah*
Est la plus grande louange que l'on puisse exprimer

*Kilmatu La ilaha il Allahu*
*Yalla ka jox Lamp bilan tiha'u*

La formule *La ilaha il Allah*
Dieu l'a octroyée à Lamp éternellement

*Tafsinu La ilaha il Allahu*
*Laza hinan an kulli masiwahu*

La richesse contenue dans *La ilaha il Allah*
Est plus riche que n'importe quelle richesse

*Fala tahbudu man ra aytum fahu*
*Yuhridju La ilaha il Allahu*

En tant que serviteur de Dieu ne fait pas un ennemi
Celui qui professe *La ilaha il Allah*

*Ku sax ci La ilaha il Allahu*
*Dun la mbuggal, dun la halak fa lahu*

Celui qui se conforme à *La ilaha il Allah*
Ne sera ni puni, ni châtié par Dieu

*Kum sax ci saw lamiñ ba wuyji Yalla*
*Do gis hisab, do gis hazab ngir Yalla*

Celui qui le professe continuellement
Jusqu'à ce qu'il retourne à Dieu
Ne connaitra ni correction
Ni affliction grâce à Dieu

*Lamp ko diglé ku ci sax ba faatu*
*Do tabbi naru lahi ci ayatu*

Lamp le recommanda et quiconque le professe constamment
N'ira pas en enfer parmi Ses signes

*Li tax murid ya sax jëem ba faatu*
*Li yatubu jinani min ayati*

C'est pour cela que les mourides le professent constamment
Pour aller au paradis parmi Ses signes

*Yawmal Qiyamati nu dem Jinani*
*Bi iznihi wa lan yura nirani*

Le Jour du Jugement ils iront au paradis
Sous l'ordre de Dieu et ne subiront pas les affres de l'enfer

<u>Serigne Moustafa Séne Yaba-Yaba</u>

Ô Vous qui croyez ! Évoquez Dieu d'une façon abondante

Sourate 33 **Les Coalisés** : 41

Et glorifiez-Le à la pointe et au déclin du jour

Sourate 33 **Les Coalisés** : 42

Ils s'arrachent de leurs lits pour invoquer
Leur Seigneur par crainte et espoir

Sourate 32 **La Prosternation** : 16

Cheikh Ibrahima Fall de dire dans <u>Une Exhortation Au Mouride Pour Se Mettre Au Service Des Saints</u> : « Remplacez votre sommeil par des prières nocturnes tout comme le font les vertueux » et Cheikh Ahmadou Bamba dans son texte intitulé <u>Faut-Il Les Pleurer</u> ? (*Huqqal Bukkau*) faisant allusion aux saints qui se sont éteints dira : « Quand la nuit de ses ténèbres opaques couvrait la face du monde, ils se levaient en sursaut pour invoquer leur Seigneur dans la pénombre de l'obscurité. Ils vainquirent leur ego (*nafs*) en invoquant leur Seigneur par crainte et espoir sacrifiant leur sommeil pour être en intimité avec Dieu. La nuit, ils fuyaient leurs lits abandonnant ainsi Salma et Layla, trouvant leur plaisir dans l'évocation du nom de Dieu. La femme la plus belle apparaissait-elle dans toute sa beauté, ils lui tournaient le dos pour s'adonner corps et âme à leur Seigneur sans faiblir dans leur foi ne serait-ce qu'un instant. Ils oubliaient Layla et Sawda étant perdus dans leurs prières et incantations. Leurs sujets de conversation ne portaient que sur la mention de leur Seigneur. On entendait guère Hind ou Lubna dans leurs propos ».

La véritable définition des Baye Fall pourrait se résumer au dialogue entretenu par le célèbre soufi égyptien Dhu an Nun al-Misri avec une femme qu'il avait rencontrée sur les côtes de la Syrie. Il lui demanda : « D'où viens-tu ? » Elle répondit : « Je viens de ceux qui s'arrachent de leurs lits pour invoquer le Seigneur par crainte et espoir (S32, V16) ». Il lui demanda ensuite : « Où vas-tu ? » Elle répondit : « Je vais chez ceux que ni le négoce, ni le troc ne distraient de l'invocation de Dieu (S24, V37) ». Dhu an Nun al-Misri lui dit alors : « Peux-tu me les décrire ? » Elle répondit en disant : « Ce sont ceux qui ont placé toutes leurs aspirations en Dieu et qui n'aspirent à rien d'autre en dehors de Lui. Leur seul objectif est d'atteindre leur Seigneur et Maitre. Ô qu'il est noble leur objectif pour Celui qui est au-dessus de toute comparaison. Ils ne rivalisent pas dans l'acquisitions des biens de ce monde et des honneurs qu'il procure, que ce soit la nourriture, le luxe ou les enfants, les habits raffinés et chers, l'aisance et le confort des villes. Tout au contraire ils se hâtent vers la promesse des stations exaltées sachant qu'à chaque enjambée ils se rapprochent de Ses signes dans les horizons (S41, V53). Ceux-là sont les otages des eaux usées et des rigoles, mais ils se trouvent aussi au sommet des montagnes[135] ».

Dans bien des traditions soufies, les confréries expriment leur dévotion à travers les chants et la danse. En effet, que ce soit pour le *zhikr* dans le soufisme ou pour 'la prière du cœur' dans le christianisme, la répétition inlassable de certaines formules ou incantations sont accompagnées de mouvements réguliers du corps et d'une respiration rythmée qui renforcent l'effet d'intériorisation de la formule. La danse participe également à l'effort mystique tendant à provoquer un état de transe ou de possession par l'Ultime. Les soufis appellent ces mouvements réguliers du corps *altamayélou* en arabe ou *jaayu*[136] en wolof. Dans certaines confréries la danse est très bien structurée avec des chorégraphies bien élaborées ce qui est le cas dans la communauté Baye Fall. A l'arrivée du Prophète Mouhammad (Paix et salut sur lui) à Médine en provenance de la Mecque quand les femmes l'aperçurent en compagnie de son fidèle compagnon Abu Bakr au loin sur les dunes elles se mirent à chanter <u>Quand La Pleine Lune S'est Levée</u> (*Tala Al Badru Aleyna*) en jouant sur leurs tambourines. A l'image des femmes des premières heures

---

[135] Anecdote extrait de Rkia Cornell dans Early Sufi Women
[136] Jaayu : Lire diayou

de l'Islam, les femmes de la communauté Baye Fall chantent aussi le *zhikr* accompagnées des percussions sacrées appelées *khines* et du *pakatiat* qui est un instrument percussif en métal. Serigne Cheikh Fall Bayoub Goor disait à propos des chants et de la danse : « La musique sacrée durant les cérémonies de *zhikr* sera toujours une tradition dans les demeures de Cheikh Ibrahima Fall. Les femmes et les enfants sont l'épine dorsale de la religion et ils sont tous les deux attirés par la musique sacrée ». Dieu se réfère à ceux qui se rappellent de Lui sans aucune distinction de genres puisque les hommes et les femmes sont équitablement mentionnés dans le Saint Coran.

> Invocateurs de Dieu en abondance
> Et invocatrices de Dieu en abondance
> Dieu a préparé pour eux
> Un pardon et une énorme récompense

Sourate 33 **Les Coalisés** : 35

# SERIGNE CHEIKH NDIGAL FALL

# LA RÉINCARNATION DE CHEIKH IBRAHIMA FALL

Serigne Cheikh Ndigal Fall est le fils de Serigne Cheikh Fall Bayoub Goor et de Sokhna Rokhaya Ndiaye. Son nom de naissance est Serigne Cheikh Rokhaya Fall. Il n'est pas rare de voir dans le mouridisme le nom des cheikhs suivi du prénom de leur mère. Serigne Cheikh Ndigal Fall est le descendant direct de Cheikh Ibrahima Fall. En effet, il est le khalife de Serigne Cheikh Fall Bayoub Goor qui fut le premier khalife de Cheikh Mouhammad Moustafa Fall qui fut le premier khalife de Cheikh Ibrahima Fall. Ses pairs le connaissent aussi sous le nom de Cheikh Baye Fall, surnom acquis quand il était au *daara*. Serigne Cheikh Ndigal Fall fut emmené dans l'un des centres d'enseignement les plus prestigieux dans la région de Louga tenu par Serigne Modou Aty Ndiaye. En1964 à l'âge de onze ans il mémorisa le Coran par cœur. Il fut ensuite emmené à Mboul-Kayel chez Cheikh Habibulahi Mbacké qui fut Imam de la grande mosquée de Touba pour approfondir ses connaissances religieuses. En 1966 il fut emmené dans un autre centre d'enseignement tenu par Cheikh Omar Ndiaye à Beyti qui se trouve à Darou Khoudoss sous le *ndigal* de Serigne Cheikh Mbacké Gayndé Fatma.[137] Il maitrisa entièrement le Saint Coran et l'écrivit de mémoire. Serigne Cheikh Ndigal Fall était désormais un *hafiz*. En 1968 il fut envoyé dans un centre d'initiation (*daara tarbiya*) à Darou Khoudoss dans un espace maraicher où il devait planter et s'occuper des différents arbres fruitiers. En 1971 il fut envoyé à Féntal travailler la terre, aller puiser l'eau, aller chercher des fagots de bois et des fois mendier pour subvenir aux besoins du *daara*. C'est là que Serigne Cheikh Ndigal Fall reçut la grâce de Serigne Cheikh Gayndé Fatma en 1975. Il fut ensuite emmené à Beyla et en 1978 Serigne Cheikh Mbacké Gayndé Fatma satisfait de lui, lui donna sa bénédiction et le libéra du *daara*. Deux mois plus tard Serigne Cheikh Mbacké Gayndé Fatma s'éteignit. En 1981 Serigne Cheikh Ndigal Fall reçut l'ordre de son père de fonder son propre village *Ndigal* qui lui valut le surnom qu'il porte à ce jour

---

[137] Serigne Cheikh Mbacké Gayndé Fatma (1912 – 1978) : Fils de Cheikh Mouhammad Moustafa Mbacké et premier petit-fils de Cheikh Ahmadou Bamba

à savoir *Boroom Ndigal* ou le propriétaire de *Ndigal*. Son père s'éteignit en 1984 et Serigne Moustafa Fall, frère ainé de Serigne Cheikh Ndigal Fall fut le premier khalife de Serigne Cheikh Fall Bayoub Goor. L'année d'après, Serigne Moustafa Fall s'éteignit en 1985 et Serigne Cheikh Ndigal Fall devint le khalife de Serigne Cheikh Fall Bayoub Goor à ce jour.

*Ba Amdy Mustafa démé*
*Boroom Ndigal ya fa taxaw*
*Seex Ibra joxla say kuruss*
*Bako fi gis migek kuruss*

Quand Cheikh Amdy Moustafa[138] s'éteignit
Boroom Ndigal tu fus celui qui lui succéda
Cheikh Ibrahima Fall te remit tes chapelets
Et depuis tout le monde en porte autour du cou

*Mba bu solul xamul kuruss*
*Té yaw xamnani xamulo*
*Jamono ji boci amul kuruss*
*Dékoon ngey niit kuruss*

Celui qui n'en porte pas ne connait pas son utilité
Et je sais que tu ne sais pas
Que celui qui n'en a pas de nos jours
Ne pourrait s'empêcher d'en être envieux

Serigne Cheikh Ndigal Fall

*Shaytani moom merr na té russ*
*Ndax lam bëgoon moy féy kuruss*
*Ba bun démé ëllëk nu russ*
*Ci Yalla mi Boroom Arash*

Satan quant à lui est fâché et déçu
Car il aurait voulu faire disparaitre les chapelets

---

[138] Cheikh Amdy Moustafa fait allusion au frère de Serigne Cheikh Ndigal Fall qui fut le premier khalife de Serigne Cheikh Fall Bayoub Goor pendant un an et quand ce dernier s'éteignit Serigne Cheikh Ndigal Fall devint le khalife de Serigne Cheikh Fall Bayoub Goor de 1985 à ce jour.

Pour que Demain nous soyons tous déshonorés
Devant Dieu le Détenteur du Trône

<u>Serigne Cheikh Ndigal Fall</u>

Ces vers ci-dessus écrits par Serigne Cheikh Ndigal Fall dans deux de ses poèmes intitulés <u>Mame Cheikh</u> et <u>Tanaf</u> dénotent sa particularité qui sont les chapelets qu'il porte autour du cou ce qui n'était pas de coutume dans la communauté Baye Fall encore moins dans la communauté musulmane. En effet, il est important de souligner qu'au Sénégal les gens étaient très réticents à porter les chapelets autour du cou car il y avait une croyance populaire que porter le chapelet autour du cou rendrait l'agonie de la mort pénible. Serigne Cheikh Ndigal Fall qui a porté haut le flambeau de Cheikh Ibrahima Fall partout à travers le monde, l'Afrique, l'Europe, les États-Unis, L'Amérique latine et l'Asie a inspiré un grand nombre de personnes qui portent les chapelets autour du cou affirmant ainsi leur appartenance à l'Islam grâce à ce symbole au même titre que la kippa symbolise le Judaïsme et la croix symbolise le Christianisme. Il en va de même avec le *zhikr* Baye Fall qui retentit aux quatre coins du monde grâce à Serigne Cheikh Ndigal Fall qui a formé des Baye Fall qui n'ont aucun complexe de vivre leur foi et leur culture où qu'ils soient. Son apport dans la divulgation de la voie Baye Fall à travers le monde est indéniable.

*Wa Baol ak Kajoor ba jalla Njambur*
*Murid ya ngi gathio kuruss*
*Yay mbër fo tollu sikar sa ngey jolli*
*Mo fajaru toolu Lamp Faal di wolli*

Du Baol au Cayor jusqu'au Ndiambour
Les mourides portent les chapelets autour du cou.
Où que tu ailles le *zhikr* retentit grâce à toi
Tu t'es très tôt dévoué à la voie de Lamp Fall
La révélant ainsi au monde

<u>Anonyme</u>

A l'image de Cheikh Ibrahima Fall très porté sur l'agriculture, Serigne Cheikh Ndigal Fall s'octroya des zones cultivables à Tanaf en 1980 (vingt-deux hectares de superficie) dans la région de

Sédhiou, à Gorom en 1987 (vingt-quatre hectares de superficie). En l'an 2000 toujours dans la région de Sédhiou à Gouloumbou il s'octroya une zone cultivable de cent-cinquante hectares de superficie. Toujours dans le Sud du Sénégal il s'octroya cinq hectares de superficie à Tabadian et trois hectares de superficie à Diaroumé. Il a aussi des terres cultivables à Saam Fall, Thies, Diogo, Mboro, Notto Gouye Diama. Les différents produits cultivés dans ces zones sont le mil, l'arachide, les noix d'acajou, des mangues, des oranges, des mandarines, des goyaves, des bananes, des melons, des carottes, du piment, des aubergines, des pommes de terre et des oignons. Serigne Cheikh Ndigal Fall s'est aussi octroyé seize hectares de superficie au Nord du Sénégal à Rosso où le riz y est cultivé. Ce riz est appelé le riz de la vallée. Il est passionné par l'agriculture et dans ses voyages en Europe et aux États-Unis il achète des semences à expérimenter au Sénégal ainsi que du matériel agricole pour améliorer la production. Son amour de la terre est tel qu'une fois à Pisa (Italie) alors qu'il quittait la résidence où il logeait qui se situait à proximité d'un champ, il dit : « J'éprouve de la compassion pour la terre, elle a soif ». Une telle compassion pour la terre s'étend aussi à l'humanité. A ses disciples disséminés dans les quatre coins du monde il dira : « Plantez la graine de l'amour dans le cœur de ceux que vous rencontrerez en chemin et ainsi tout comme vous la miséricorde divine qui vous a amené dans la voie de Cheikh Ibrahima Fall les y amèneront ». D'ailleurs il est important de souligner qu'au-delà de l'agriculture et de l'élevage ces zones sont aussi des *daaras* qui forment les adultes de demain au savoir-faire, au savoir-être et au savoir-vivre sous la direction d'un *diowrigne* ou responsable moral choisi par Serigne Cheikh Ndigal Fall qui croit fermement que la vocation première d'un guide spirituel est de mettre le disciple dans le droit chemin et de lui garantir l'autonomie dans ce monde grâce au travail d'une part, et d'autre part la félicité dans l'autre monde grâce au *zhikr* qui sont les deux principaux piliers de l'initiation spirituelle. Serigne Cheikh Ndigal Fall est aussi connu sous le sobriquet de *Gayndé Khélcom* ou le Lion de Khélcom. Une zone classée de quarante-cinq kilomètres avait été remise à Serigne Saliou Mbacké par le gouvernement sénégalais qui connaissait son amour pour la terre et sa capacité de pouvoir l'exploiter dans l'intérêt du Sénégal. Serigne Saliou Mbacké ordonna à tous les mourides d'y aller et de faire de cette forêt classée une terre cultivable visant à l'autosuffisance alimentaire. Tous les cheikhs de la confrérie mourides ainsi que leurs disciples sans exception se sont dévoués corps et âmes dans cette colossale entreprise qui tenait à cœur à Serigne Saliou Mbacké. L'héroïsme de Serigne Cheikh Ndigal Fall et de ses disciples durant ce travail ardu lui valut le titre de *Gayndé Khélcom*.

Tout comme Cheikh Ahmadou Bamba qui avait dit : « J'ai parlé et vous m'avez entendu. J'ai montré l'exemple et vous m'avez vu. Je vous ai laissé mes écrits pour vous guider », Serigne Cheikh Ndigal Fall n'a jamais cessé de recommander ce qui serait bénéfique aux disciples, de montrer l'exemple à suivre et de surcroît il a écrit des poèmes pour éclairer les disciples. Dans un poème intitulé <u>Maam Cheikh</u> faisant référence à Mame[139] Cheikh Ibrahima Fall, Serigne Cheikh Ndigal Fall éclaircit le port des chapelets et recommande aux disciples de s'adonner au *zhikr*.

*Bisimilahi ma gi ñaan*
*Si barké Maam Seex Ibra Faal*
*Ak barké Amdy Mustafa*
*Ma wotuwoon Maam Seex Ibra Faal*

Je demande au nom de Dieu
Par la *baraka* de Mame Cheikh Ibra Fall
Et par la *baraka* de Amdy Moustafa[140]
Qui succéda à Mame Cheikh Ibrahima Fall

*Lan ladi ñaan khana ngëram*
*Seex Ibra monu khamaloon*
*Yoonu ngëram wi gëena gaaw*
*Ba tax ñou ñow ami ngëram*

Je ne demande que la grâce divine
Cheikh Ibra nous a montré
La voie la plus rapide
Qui permet d'obtenir la grâce divine

---

[139] Mame : Mot wolof généralement utilisé pour désigner un grand-parent (une grand-mère ou un grand-père). Mais c'est aussi un terme affectueux qui peut être donné à une personne qu'on aime en dépit de son jeune âge.
[140] Amdy Moustafa : Fait allusion ici au premier khalife de Cheikh Ibrahima Fall, Cheikh Mouhammad Moustafa Fall de 1930 à 1950

*Néen dellu sant Baayub Goor*
*Donté du moom dunu mëtti goor*
*Kuy goruwoo na madi moom*
*Da nga xamul kuy Baayub Goor*

Je réitère ma gratitude à Bayoub Goor
Si ce n'eut été lui on ne serait pas des Hommes de Dieu
Celui qui prétend être comme lui
Ne connaît pas Bayoub Goor

*Céy Baayub Goor bama xamoon*
*Boka xamoon dem muy sa baay*
*Wayé xamo té laajulo*
*Jarté topp am xélam*

Si vous connaissiez le Bayoub Goor que j'ai connu
Vous auriez fait de lui votre père spirituel
Celui qui ne sait pas et qui ne demande pas
Ne devrait pas être écouté

*Khana xamo ba Yalla né Fa ka sabab*
*Tekk sa aloo la laji war*
*Kon laji léen ku gëena xam*
*Boka mëenul noppil te wéey*

Ne sais-tu pas que lorsque Dieu dit :
« Demandez donc aux érudits du Livre
Si vous ne savez pas (S21, V7) »
Demander devint alors une obligation
Donc demandez à ceux qui savent sinon taisez-vous

*Seex Baayub Goor yaki nu doy*
*Yaw lunu gëem yanu gëenal*
*Yawmal Qiyyam bun la gisul*
*Kunu mëena am ya nu gëenal*

Cheikh Bayoub Goor ! Tu es celui en qui nous avons confiance
Nous avons foi en toi et nous t'avons choisi
Le Jour du Jugement si nous ne te voyons pas
Qui qu'on puisse nous présenter tu es celui qu'on préférerait voir

*Jarama yaw nuy santati*
*Ami ngëram bay santati*
*Bayyiwok nok luy xiinatu*
*Seex Ndigal Faal lan toppati*

Diarama ! Notre gratitude s'adresse à toi
Qui nous a octroyé la grâce divine
Tu ne nous as pas déçu
Nous suivons maintenant Cheikh Ndigal Fall

*Ba Amdy Mustafa démé*
*Boroom Ndigal ya fa taxaw*
*Seex Ibra joxla say kuruss*
*Bako fi gis migek kuruss*

Quand Amdy Moustafa s'éteignit
Boroom Ndigal tu fus celui qui lui succéda
Cheikh Ibra te remit tes chapelets
Et depuis tout le monde porte les chapelets autour du cou

*Mba bu solul xamul kuruss*
*Te yaw xamnani xamulo*
*Jamono ji boci amul kuruss*
*Dékoon ngey niit kuruss*

Celui qui n'en porte pas ne connait pas son utilité
Et je sais que tu ne sais pas
Que celui qui n'en a pas de nos jours
Ne pourrait s'empêcher d'en être envieux

*Boroom Ndigal am nga ndigal*
*Ci lëpp lëpp lula soob*
*Yélanté koon ngey def lenén*
*Bilahi du tê nu topp la*

Boroom Ndigal ! Tu as reçu l'ordre
De faire tout ce qui te plait
Même si cela semble contraire à la *sharia*
Je jure sur Dieu que les gens continueront à te suivre

*Alhamdulillahi Amiin*
*Yalla mi def kilé amiin*
*Boka defoon ludul amiin*
*Dotunu tal ludul jigéen*

Ma gratitude s'adresse à Dieu le digne de confiance
Celui qui a instauré la confiance
Sans cette confiance en Lui
On ne s'intéresserait qu'aux femmes

*Dan da fanaan di wuut jigéen*
*Jigéen di rëbb waaju goor*
*Jéex na fi téy ci yilé ngoon*
*Ko wax muna damay sikar*

On passait nos nuits à chercher des femmes
Pendant que les femmes étaient à l'affût des hommes
Ceci est dorénavant terminé
Maintenant tout le monde prend part aux cérémonies de *zhikr*

*Ndax tuuru Yalla gëena néex*
*Jigéen dafay andi rangooñ*
*Té tuuru Yalla boy sikar*
*Dey melni ya ngi ci Arash*

Le nom de Dieu est plus délicieux
Que le plaisir donné par les femmes
Plaisir qui n'entraine que des larmes de regrets
Alors que le nom de Dieu
Quand tu fais le *zhikr* te transporte à Arash

*Ndax jigéen donul ludul*
*Loy fass ci khol mudi la nékh*
*Boka fassé ci La ila*
*Nga xamni moka gëena nékh*

Le plaisir donné par les femmes
N'est que ce que tu désires
Le plaisir donné par le Nom de Dieu
Est bien meilleur

*Boka bawul topp jigéen*
*Sa sirru dem nga dadi russ*
*Do mujjé lut suma yégoon*
*Ku boné ni duma jégé*

Si tu ne cesses de courir les femmes
Tu seras privé de lumière divine
Et tu le regretteras en disant :
« Si j'avais su je ne me serais jamais approché d'elles »

*Ko gis nga melni ya ka tooñ*
*Ndax def lu boon dey taxa gêy*
*Ku am dara gis bu léer*
*Foka nuyoo mu jéppi la*

Tu finiras par en vouloir à tout le monde
Car faire du mal rend malheureux
Et celui qui est doté d'une connaissance ésotérique
Te maudira chaque fois qu'il te verra

*Taxawluna té soniati*
*Sa bopp ak sa mbokk yi*
*Mbokkum jullit jullit ni moom*
*Motax ma léen di soñati*

Je me lève en encourageant
Ma personne et mes frères et sœurs
Musulmans tout comme moi
A suivre mes recommandations

*Néen jéema toppati ndigal*
*Nangu doggal lum defati*
*Nu nako yay Boroomati*
*Lula soob défal, lumu défati*

Obéissons aux recommandations
Et acceptons Sa volonté
Sachant que c'est le Créateur
Qui fait ce qu'Il veut. Tout ce qu'Il fait

*Man Seex Ndigal may santati*
*Yalla di Rabbul Izzati*
*Luka soob mu def, lumu déf a gëen*
*Lumu défarul lolu du gëen*

Moi Cheikh Ndigal je remercie
Dieu L'Autorité Suprême
Qui fait ce qu'Il veut. Tout ce qu'il décrète est pour le meilleur
Et ce qu'Il ne décrète pas c'est aussi pour le meilleur

*Alhamdulillah ala*
*Seydina Babul Hula*
*Muhamadin Habibina*
*Shuma Salatu Rabina*

Notre gratitude à Dieu et
A notre honorable porte vers l'ascension
Notre Bien-Aimé Mouhammad
Et nos prières s'adressent à Dieu

*Madaama fek nogi sikar*
*Na li di am béña taxaaw*
*Ba ñëpp xam mbôtti sikar*
*Ci Yalla mi tax nuy sikar*

Aussi longtemps qu'on fait le *zhikr*
Sans s'arrêter pour que cela perdure
Jusqu'à ce que tout le monde connaisse l'importance du *zhikr*
Pour l'amour de Dieu pour qui nous faisons le *zhikr*

<u>Serigne Cheikh Ndigal Fall</u>

En 1986 à l'âge de trente-trois ans Serigne Cheikh Ndigal Fall écrivit à Tanaf[141] ce qui pourrait être considéré comme un chef-d'œuvre du soufisme. Ce poème pourrait servir de provision pour le disciple sur la voie de la perfection. Il encourage le disciple à redoubler d'efforts dans sa quête vers Dieu en sachant que ce monde

---

[141] Tanaf est une localité située dans la Moyenne-Casamance située dans le département de Goudomp et la région de Sédhiou où Serigne Cheikh Ndigal Fall y installa un *daara* en 1980

est éphémère et que nul ne devrait troquer Demain pour aujourd'hui malgré les obstacles qui sont parsemés le long du chemin tortueux qui mène à Dieu.

*Bi sépti ladi xéyé fëlé*
*Bi lahdi la yégsi filé*
*Shaminula ca wéer wa fé*
*Ci rakki gammu moom la fi*

J'ai quitté Samedi matin
Je suis arrivé Dimanche
Au huitième mois du calendrier grégorien
Qui correspond au mois de *Rabbi Awwal*

*Ci hama atashin lan lim*
*Ci wéer sunu Mahmaduna*
*Ila Tanaf nu tértu ma*
*Nu jëf fa lol tax na nu rée*

Ce fut en 1401 hégire (1980)
Selon le calendrier de notre Mouhammad
Que je fus accueilli à Tanaf
Heureux du travail accompli

*Tubtu ma ñow di kañati*
*Sa gaa ñi ak ñi toppati*
*Ak topp modi nanati*
*Lun la digal mu nékhëti*

Je me repens et demande
Aux disciples et à ceux qui me suivent
De savoir ce que suivre veut vraiment dire
Si ce n'est d'obéir de tout cœur quand le *ndigal* est donné

*Magi dagaan ci Baayub Goor*
*Saa gaa ñi faf sakho sikar*
*Anda di jëf ndigal ba goor*
*Ba nu and fékki Baayub Goor*

J'implore par la grâce de Bayoub Goor
Que mes disciples s'adonnent au *zhikr*
Et obéissent au *ndigal*
Jusqu'à ce qu'on aille tous rejoindre Bayoub Goor

*Jarama yéen mey soniati*
*Ndax Yalla jox nu meyati*
*Ba bunu démé nu wakhati*
*Na ña ga né ño jëfati*

Diarama disciples ! Je vous encourage
Pour que Dieu puisse nous octroyer Ses faveurs
Ainsi lorsque nous irons (à Dieu) l'assemblée dira :
« Les voici ceux qui ont agi en bien »

*Shaytani moom mérna té russ*
*Ndax lam bëgoon moy féy kuruss*
*Ba bun démé ëllëk nu russ*
*Ci Yalla mi Boroom Arash*

Satan quant à lui est fâché et déçu
Car il voulait faire disparaitre les chapelets
Pour que Demain nous soyons tous déshonorés
Devant Dieu le Détenteur du Trône

*Ahazana lahu wa min*
*Shaytani ak kuy soppiku*
*La jublu yéen ñi worna léen*
*Kuy soppiku ci sangara*

Je cherche refuge en Dieu
Contre Satan et celui qui s'enivre
Vous savez que c'est à vous que je m'adresse
Vous qui vous enivrez par l'alcool

*Lo xamni kat so ka défé*
*Soma gisé dém rokjéru fé*
*Mélni ganaar gunu réndi fé*
*Bayyi ko yaw nu mey la fé*

Celui qui s'enivre par l'alcool
Et en me voyant s'en va en titubant
Comme un poulet égorgé
Qu'il cesse de boire ainsi obtiendra-t-il le paradis

*Céy bo xamoon lu nékk fé*
*Do def lu tax nu xaañ la fé*
*Lo xol ci fi bamu xaañ la fé*
*Bu ëllëgé nga réccu fé*

Si seulement il savait ce qu'il y a au paradis
Il ne ferait rien qui puisse le priver du paradis
Celui qui ne voit que ce monde d'illusion
Risque de le regretter amèrement Demain

*Fofé la Seex Bamba né*
*Fofé la Seex Ibra né*
*Fofé la huruul ayni yi né*
*Ay gaa ñi néen sakku fëlé*

C'est là-bas que se trouve Cheikh Ahmadou Bamba
C'est là-bas que se trouve Cheikh Ibrahima Fall
C'est là-bas que se trouvent les femmes paradisiaques
De grâce aspirons au paradis

*Ëllëk nu téew fa séen kanam*
*Banuy dënëlé nu moss té am*
*Seex Baayub Goor jox nu ngëram*
*Nu andando ñibi këram*

Ainsi Demain nous nous tiendrons devant eux
Et lorsque les dons seront distribués nous aurons notre part
Cheikh Bayoub Goor nous bénira et nous fera grâce
Et tous ensembles nous irons à sa demeure

*Seex Ibra Faal dé wacca na*
*Seex Mustafa moom wacca na*
*Seex Baayub Goor moom wacca na*
*Ndigal nanuy def ba dabé*

Cheikh Ibrahima Fall s'est éteint
Cheikh Moustafa Fall s'est éteint
Cheikh Bayoub Goor s'est éteint
Cheikh Ndigal que devons-nous faire
Pour égaler les hommes de Dieu ?

*Hizam wa fihlun maha zhikar*
*Tako di jëf andak sikar*
*Ndax Yalla moom bana fi wéer*
*Te wucca jéex mu andi wéer*

En agissant en bien et en faisant le *zhikr*
Car Dieu créa des cycles
Et chaque cycle qui s'en va
Laisse la place à un nouveau cycle

*Salatuho jala ala*
*Seydina babil hula*
*Wa alihi zawil huda*
*Maadaama madhu rabana*

J'adresse mes prières à Dieu le Plus-Haut
Au Prophète notre porte vers l'ascension
A ses compagnons justes
Que ces prières soient pour toujours avec eux

*Ahazhanaa lahu kuna*
*Li dafa metti man bana*
*Ba tax mu dem di bakku na*
*Lik dée la man de roppina*

Je me réfugie contre celui qui dit :
« C'est trop dur j'abandonne »
Et qui se pavane en disant :
« C'est la mort moi je m'en vais »

*Khana xamo la Yalla wax*
*Njëriñ ganaaw coono la*
*Isharatun lanu ca wax*
*Ndém am nga khél settali wax*

Ne sait-il pas ce que Dieu a dit ?
La récompense vient après l'épreuve
Il nous fait mention de leur lien
Si tu es sage médite là-dessus

*Sajit de yaw ndem gëem nga Lahu*
*Déllul ci Saru Baqarah*
*La Yalla wax ca Adama*
*Ca laya ñaar fukk ki ñaar*

Debout si tu crois en Dieu
Va à <u>la *sourate La Vache*</u>
Où Dieu dit : « Ô Hommes ! »
Dans le verset vingt-deux

*Gaa ñi buléen takhko ki néen*
*La Yalla wax ca Baqarah*
*La talbisuul haqq la wax*
*Al batili taktumuu la wax*

Ne soyez pas les premiers à le rejeter (S2, V41)
Nous dits Dieu dans <u>la sourate la Vache</u>
« Et ne mêlez pas le faux à la vérité.
Ne cachez pas sciemment la vérité (S2, V42) »

*Akhim salata la ca tékk*
*Atuu zakata moy kémam*
*Tékk rakahuu wa mahahum*
*Koon gaa ñi dellu léen jëfi*

Accomplissez la *salat*
Acquittez-vous de la *zakat*
Inclinez-vous avec ceux qui s'inclinent (S2, V43)
Et obéissez

*Man zhalazi yukhridu lah*
*Kuy lébal Yalla moom du russ*
*Andak yudaahifhu lahu*
*Yiw wudi rêy lakey féyé*

*Man zhalazi yukhridu lah*
Celui qui prête à Dieu ne sera point déçu
Suivi de *yudaahifhu lahu*
Et sera gracieusement récompensé

*Démal ci saru Baqarah*
*Ndégam gëemo la déeti wax*
*Ca laya rubuhu rabihuun*
*Andak ataani foofalé*

Va à <u>la sourate La Vache</u>
Pour celui qui ne croit pas
Dans le verset deux cent cinquante neuf
Celui qui passait par un village désert et dévasté

*Aw kalazhi mara hala*
*Fofé ca dëkk bobalé*
*Na Yalla dal numuy mëené li*
*Dellusi li mu réy ko fa*

Comment Dieu va-t-il redonner la vie
À celui-ci après sa mort ?
Dit-il dans ce village
Dieu donc le fit mourir

*Téméri aat la fa nélaw*
*Mu yée ko nako lo fi am*
*Munako dey dora nélaw*
*Kém ñéti fan la am filé*

Il dormit pendant cent ans
Puis Dieu le ressuscita en disant :
« Combien de temps es-tu demeuré ainsi ? »
« J'ai dormi un jour » dit l'autre
Ou une partie de la journée »

*Fofé munaako kholulo*
*Sa mbaam ak sa lékka gi*
*Mu défi yaax ba xawa sooy*
*Munako yaay Boroomati*

Regarde donc ta nourriture et ta boisson rien ne s'est gâté
Mais regarde ton âne et regarde ces ossements
Et devant l'évidence il dit :
« Je sais que Dieu est le Tout-Puissant »

*Êy gaa ñi yéen dé joxé léen*
*Ci yoonu Yalla wi lu gëen*
*La bimanaa wala azhan*
*La Yalla wax ci Baqarah*

Ô disciples !
Donnez ce qu'il y a de mieux dans la voie de Dieu
Certes celui qui accomplit de bonnes œuvres
Sera récompensé par Son Seigneur
Nous dits Dieu dans <u>la sourate La Vache </u>(S2, V62)

*Inna lazina amanu*
*Gaa yi gëmoon jala nanu*
*Wa amilo bey salihat*
*Gaa yi gëmoon noppalu nanu*

*Inna lazina amanou*
Ceux qui croient seront récompensés
*Wa amilo bey salihat*
Ceux qui croient n'éprouveront aucune crainte

*Tuuliju laylu fi nahaari*
*Lëndëm dafay juddu ci léer*
*Ak léer di gène cik lëndëm*
*Êy gaa ñi néen sakku ji léer*

*Tuuliju laylu fi nahaari*
Dieu fait pénétrer la nuit dans le jour
Et Il fait pénétrer le jour dans la nuit
Ô disciples ! Aspirez à la lumière

*Ciy saarihuu ja Yalla wax*
*Ca saru Imran lay xalam*
*Ba laya jéex néen jéema gaaw*
*Saa gaa ñi ñom ñi gey khëllu*

Dieu fait sortir le vivant du mort
Et Il fait sortir le mort du vivant
Tel qu'énoncé dans <u>la sourate La famille d'Imran</u> (S3, V27)
Agissons vite en bien, les croyants eux ne perdent pas de temps

*Tilka layaamu ja ca galay*
*Jojé dafay tax may khalat*
*Saa gaa ñi woon no ca téggu*
*Te dée du jass néen fagaruku*

Le jour où chaque âme se trouvera confrontée
Avec ce qu'elle aura fait de bien
Et avec ce qu'elle aura fait de mal (S3, V30)
Me fait penser que nous y passerons tous puisque la mort
Est inévitable nous devons nous y préparer

*Fa tawahat ca Maidad*
*Moroom ja réy na mbokka ma*
*Ngir xémémtéfu Aduna*
*Ca suba sa mu réccu ko*

Dans le verset vingt-sept dans <u>la sourate La Table</u>
Qabil (Cain) tua son frère Habil (Abel)
A cause des vanités de ce monde
Il devint alors de ceux que ronge le remords

*Nahaakumuu êy bayyi léen*
*Ahzhu ribaa ja Yalla wax*
*Saar wooy jigéen ca Al Quran*
*Anda di sacc say moroom*

Faites attention !
Des intérêts usuraires qui leur étaient pourtant interdits
<u>Dans la sourate Les Femmes</u>
Parce qu'ils mangent illégalement les biens des gens (S4, V161)

203

*Huwal lazi moy rabana*
*Halakhana min tinihi*
*Bind nanu ci ban bu tooy*
*Shuma qada ji ca Lanhaam*

C'est Lui qui vous a créés d'argile
Puis Il vous a décrété un terme
Et il ya un terme fixé auprès de Lui
Dans la sourate Les Bestiaux verset deux

*Démal ci saru Lahraaf*
*Ibliss la Yalla di duma*
*Abaa la wax na du sujoot*
*Motax munako sahiriin*

Va à la Sourate Les Murailles
Dieu y maudit Satan
Qui ne fut point de ceux qui se prosternèrent
Et Dieu dit : « Sors te voilà parmi les méprisés (S7, V13) »

*Yas aloo day laji ci faal*
*Yëral ca saru Anfal*
*Yalla la nok yonen bi*
*La Yalla wax ca fofalé*

Ils t'interrogent au sujet du butin
Va à la Sourate Le Butin
« Le butin est à Dieu et à son Messager »
Nous dits Dieu dans le premier verset

*Tawbatu lay dolli di tuub*
*Ngir lumu ca wax nu dellu tuub*
*Ba laya jéex fa yahmaloon*
*Ndaxté mu xêy jégal nu biss*

Je me repens une fois de plus
Pour ce qui a été dit dans la Sourate Le Repentir :
« S'ils se repentent, accomplissent la salat et s'acquittent de la zakat ils deviendront vos frères en religion (S9, V11) »
Puisse-t-Il accepter notre repentir

*Inna lazina cëm na na*
*Dun fa dajéek Buur Rabuna*
*Néen yërr fa saru Yunusa*
*Sagan nanu ca aya ya*

Malheur à ceux qui disent :
« Celui-ci est certainement un magicien évident »
Va à la sourate Younous (S10, V2)
Ils prirent Nos signes en dérision

*La jara moy dëggit fa ñom*
*Kuy wéddi Yalla pérta nga*
*La wax fahuud buléen ka dôr*
*Bu ëllëgé mu pérta fa*

Ceux qui sont satisfaits de la vie présente
Et ceux qui sont inattentifs à Nos signes (S10, V7)
Leur refuge sera le Feu pour ce qu'ils acquéraient (S10, V8)

*Céy Yuusufaa ka taaru lol*
*Nattu la muñ ba taaru lo*
*Al qoohu fi hayaabatil*
*Yalla taxoon mu mucc fa*

Ô Youssouf ! Qu'il était beau
Sa belle patience devant les épreuves le rendit beau
L'un d'eux dit : « Ne tuez pas Youssouf (S12, V19) »
Dieu est celui qui le sauva

*Rahdu li fékk dënoo ngi am*
*Rafhu samaawati di am*
*Wa ardu am kénn amul*
*Yalla di doon Boroom Arash*

Aussi longtemps qu'existe le tonnerre
Aussi longtemps qu'existe le ciel
Ainsi que la terre
Nul n'a le monopole de Dieu détenteur du Trône

*Taxawluna ci sunu Maam*
*Ibrahima Khalillulah*
*Min zulumaati ila nuur*
*Li doyna kuy xalatati*

Je termine sur notre Prophète
Ibrahim l'Ami de Dieu
Qui nous a sorti de l'obscurité pour nous mener à la lumière
Ceci devrait suffire pour celui qui médite

## Serigne Cheikh Ndigal Fall

Serigne Cheikh Ndigal Fall est un homme affable, courtois et très modeste. Ouvert d'esprit sa tolérance est sans égale mesure. Sa générosité sans commune mesure bénéficie aussi bien à l'ami qu'à l'étranger. Il traite l'hôte avec égard d'où qu'il vienne et quel que soit son statut. Les qualités de Cheikh Ahmadou Bamba énoncées dans le poème de Cheikh Moussa Ka[142] ci-dessous s'appliquent aussi à Serigne Cheikh Ndigal Fall :

*Ku ñow mu jox la lula doy té soxlowowul kuka jox*
*Boka joxé dana la jox, boka joxul mudi la jox*
*Té dula janni, dula cax té dula wór té dula nax*

Il donne sans borne à l'hôte
Et il n'a pas besoin qu'on lui donne quoique ce soit
Si tu lui donnes, il te donne ; Si tu ne lui donnes pas, il te donne.
Sans faire de remontrances ou des réflexions désagréables
Il ne déçoit pas et ne fait pas semblant

*Boka moyé mudi la mey, bokey jëfal mudi la fëy*
*Boka béñé mudi la jéy, ba khêy la not ngani sarax*

Si tu l'offenses, lui te gâte ; Si tu es à son service, il te paye
Si tu le détestes, il te fait plaisir
Jusqu'à ce que tu finisses par l'aimer

---

[142] Nous nous sommes permis d'adapter le poème de Cheikh Moussa Ka pour démontrer que les valeurs transcendent les époques et qu'il y aura toujours des gens pour les incarner.

*Boka méré dula méré, boka sorré dula sorré*
*Bo goréwul moom mu goré, ki kuka béñ di nga torox*

Si tu te fâches contre lui, il ne se fâche pas contre toi
Si tu t'éloignes de lui, il ne s'éloigne pas de toi
Si tu n'es pas digne, il reste digne, celui qui le déteste est perdu

*Moy fabi koom di buub di sanni niki dôm*
*Di fabb njirim ya défi doom ba kén du fallé ndéey ya sax*

Il distribue l'argent en le jetant (à la foule)
Comme qui jetterait du sable
Il se charge des orphelins et les traite comme ses propres enfants
Au point qu'ils en oublient leur mère

*Di fabi téré defi koom, du fallé junni aki gëlém,*
*Ku ñow mu jox la ba nga luum, kuy dem di ñow ak kufi sax,*

Il fait des livres sa richesse
Et ne se préoccupe pas de milliers de francs ou de chameaux
Il donne à l'hôte jusqu'à ce qu'il ne sache plus quoi dire
Il donne à celui qui vient pour une courte durée
Et à celui qui vient pour rester

*Seriñ Seex Mbacke di seriñam*
*Lumu am tabbal këram*
*Seex Ibra jox ko ngëram*
*Té boka dey woowé dëram du tax mu déglu la nga wax*

Serigne Cheikh Mbacké est son guide spirituel
Cheikh Ndigal Fall lui remit tout ce qu'il possédait
Cheikh Ibrahima Fall lui octroya la grâce divine
Si tu l'appâtes avec l'argent il ne t'écoute pas

*Moy waxi mbôt té sulli xam-xam yu xôt*
*Moy wax murid lakey fégal pékhé marit*
*Moy saafara raggi khol di farr tilimu khol*
*Moy kholé gëtti khol bey gis lu kén dul mëen wax*

Il partage des secrets divins et révèle des connaissances profondes
Il avertit le mouride pour le préserver
Des machinations du maride (scélérat)
Il libère le cœur des tentations et le purifie de ses imperfections
Il regarde avec les yeux du cœur
Et voit ce qu'il ne peut pas révéler (au profane)

*Moy dundal guddi yi, bëccëg yëpp, ak wortu yi*
*Dëkk yëpp ak mbédd yëpp fo tol sikar sa ngay jolli*
*Fu nekk mu def fa Baay Faal boléko aki gaay*
*Digal ko, tékk ko ci njotaay té duka wór té duka nax*

Il exalte Dieu nuit et jour et à tout instant
Dans toutes les contrées et dans les rues le *zhikr* se fait entendre
Il y désigna des Baye Fall à qui il confia des disciples
après leur avoir donné des instruction
Il ne les laissera pas tomber, ni ne les décevra

*Di sikar guddi du nélaw, bu jëmm yëpp né sélaw*
*Mu dem ci payis bu né khélaw bu bët sété mudi nu wax*
*Ki kuka gis sax kula gis, ku gis, ku gis waaju ka gis*
*Su ngéen démé ca booba biss mu rammu lén kén du torox*

Il fait le *zhikr* toute la nuit, il ne dort pas
Et quand toutes les âmes dorment
Il va dans les stations divines et le lendemain il nous en fait part
Celui qui l'a vu, celui qui a vu celui qui l'a vu,
Celui qui a vu celui qui a vu celui qui a vu celui qui l'a vu,
Quand le Jour du Jugement viendra
Il intercédera en leur faveur et nul ne sera châtié

*Moy tarbiya ba noppi daldi tarqiya*
*ba noppi daldi tasfiya ba kumu gëram dottul torrox*

Il éduque le disciple par le *tarbiya*, l'éléve par le *tarqiya*
Et parfait son âme par le *tasfiya*
Celui qui reçoit sa grâce ne sera plus jamais perdu

*Moy xamlé tasawuuf té biss buné muy gënna saf*
*Ba gaa ñu ndaw di safi dof ndax ngiir gi dellu yéss-a-yéss*
*Ndax yélanté gaa yu fess mba gaa yu sobbu*
*Ba ni suus ci payis goor ñi da ca wax*

Il enseigne la voie du soufisme qui ne cesse de grandir
Les jeunes qui l'empruntent ont des allures de fou
La renouvelant sans cesse
Ils devinrent ainsi des hommes imbus de lumière divine
Des hommes qui se sont fondus dans les stations divines
Où se trouvent les hommes de Dieu qui ont le pouvoir de décréter

<u>Version adaptée du poème de Cheikh Moussa Ka
Par Baye Demba Sow</u>

Les qualités sublimes de Serigne Cheikh Ndigal Fall sont aussi relatées dans le poème ci-dessous écrit par un de ses disciples et contemporain, en occurrence Serigne Cheikh Modou Mbenda Séne intitulé <u>Cheikh Rokhy Faal.</u>

*Seex Rokhy jantub ndigal*
*Ya di jantub yoonu wa Baay Faal*
*Ya doon sa Maam Ibrahima Faal*
*Yalla la jittal ngey Qutbu dunya*

Cheikh Rokhy ! Tu es le soleil du *ndiga*l
Tu es le soleil de la voie Baye Fall
Tu es la réincarnation de Cheikh Ibrahima Fall
Dieu t'a élu et a fait de toi l'axe de cette époque

*Kharbaax ya woon ca Khalilulah*
*La Buur ba jox Seex Rokhyna*
*Bilahi Rassulunah Bun Habibullah*
*Seex Rokhy siptu Khalilulah*

Les bienfaits qui étaient chez *Khaliloullah*[143]
Ont été remis à Cheikh Rokhyna
Je jure par Allah et par Rassoul Ben Habiboulah
Que Cheikh Rokhy est le digne descendant de *Khaliloulah*

*Seex Rokhy ya mëtta am*
*Boroom Ndigal ya jarra kham*
*Ya jarra wôlu, jarra gëm*
*Ku andak yaw amab tékhé*

Cheikh Rokhy ! Tu es celui qui mérite d'être notre guide
Boroom Ndigal ! Tu es celui qui mérite d'être connu
Tu mérites la confiance, tu mérites d'être suivi
Quiconque te suit sera sauvé

*Ya dond mbôtti Lamp Faal*
*Yaw fey nga Maam Seex Ibra Faal*
*Yay Lamp bi léer bu Bamba taal*
*Ya topp yoonu ñey tékhé*

Tu as hérité des secrets de Lamp Fall
Tu as éteint la lumière jadis de Cheikh Ibrahima Fall
Tu es désormais la lumière allumée par Cheikh Ahmadou Bamba
Tu as suivi la voie des bien-guidés

---

[143] Khaliloullah : Se réfère à Ibrahima dont le sobriquet est l'ami de Dieu

*Ya mandi si léeri Mustafa*
*Bilahi ya yor listifa*
*Ya sallalo ca Mustafa*
*Ya oubbi Aljanay tékhé*

Tu es celui qui s'est enivré de la lumière de Moustafa[144]
*Bilahi*[145] tu es celui qui détiens le secret
Tu es le descendant de Moustafa
Tu as ouvert les portes du paradis

*Jëfal nga Seex Mbacké ndigal*
*Ahmada xêy jox ley ndigal*
*Jarama yaw Boroom Ndigal*
*Yay yoonu këpp kuy tékhé*

Tu as observé le *ndigal* de Cheikh Mbacké[146]
Ahmada qui t'ordonna le *ndigal*
*Diarama*[147] à toi Boroom Ndigal
Tu es la voie des bien-guidés

*Ya dond tarub Mustafa*
*Ya aw ci rëddu Mustafa*
*Walahi am nga listifa*
*Ca Lahu moy Buurub tékhé*

Tu as hérité de la beauté de Moustafa
Tu as suivi les traces de Moustafa
*Walahi*[148] tu as reçu le secret
Provenant de Dieu le Miséricordieux

---

[144] Moustafa : Fait allusion ici au premier khalife de Cheikh Ibrahima Fall, Cheikh Moustafa Fall de 1930 à 1950
[145] Bilahi : Je jure par Dieu
[146] Cheikh Mbacké : Fait allusion à Serigne Cheikh Mbacké Gayndé Fatma (1912 – 1978)
[147] Diarama : Merci en foula
[148] Walahi : Je jure par Dieu

*Seex Rokhy Faal ya jarra naw*
*Ya nu dottil lu rawi taaw*
*Défalnu lu tax nu raw*
*Ba xêy tabbi kërub tékhé*

Cheikh Rokhy Fall ! Tu mérites le respect
Tu nous as gratifié d'un plaisir plus grand que
Celui d'avoir notre premier enfant
Octroie-nous ce qui nous sauvera
Jusqu'à ce que nous entrions au paradis

*Ya mën si goor ñi Seex Ndigal*
*Ya yor haqiqa, yor ndigal*
*Yalla na nga fi yaag Seex Ndigal*
*Kham nani yay kiraayu tékhé*

Tu as surpassé les hommes de Dieu Cheikh Ndigal
Tu détiens la *haqiqa* et le *ndigal*
Puisses-tu avoir une longue vie Cheikh Ndigal
Je sais que tu es le voile de l'honneur

*Yaram ya né ngañ aki njëriñ*
*Seex Rokhy yay sunu njëriñ*
*Waju la topp am njëriñ*
*Yawmal Qiyyam mu am tékhé*

Tu es plein de profits
Cheikh Rokhy tu es notre profit
Celui qui te suit recevra bien des profits
Et sera sauvé le Jour du Jugement

*Ya xam te xamlé amé ngor*
*Wuldu yadali ya di gëm*
*Seex Rokhyna ya doon mbër*
*Ya tax mbolém murid yi am tékhé*

Tu incarnes la dignité et tu l'enseignes
Père de Yadali tu incarnes la foi
Cheikh Rokhyna tu es brave
Grâce à toi tous les mourides sont sauvés

*Seex Rokhyna Ibnu Baayub Goor*
*Sang Baay Faal ak bëpp goor*
*Sa Maam a tax ba kudi goor*
*Jébalu sakku ab tékhé*

Cheikh Rokhyna fils de Cheikh Bayoub Goor
Guide des Baye Fall et des hommes de Dieu
C'est grâce à ton arrière-grand-père (Cheikh Ibrahima Fall)
Que tout homme qui voulut être sauvé
Fit allégeance (à Cheikh Ahmadou Bamba)

*Alhamdulillahi khadir*
*Lima yashahu wa jadir*
*Wa huwa latifu wal khadir*
*Ku roy si yaw amab tékhé*

Notre gratitude à Dieu le Tout-Puissant
Qui fait ce qu'Il veut le Responsable
Il est le Bienveillant le Tout- Puissant
Quiconque suit ton exemple sera sauvé

*Seex Baayub Goor Abo Rijaal*
*Boroom Ndigal justal majaal*
*Ya jitté yoon wi ya kamal*
*Faral doggal nu ab tékhé*

Cheikh Bayoub Goor père des Hommes de Dieu
Boroom Ndigal tu es celui qui surpassa les Hommes de Dieu
Tu es au-devant de la voie, tu es parfait
Garantis-nous le salut

*Ya naan ci léeri Mustafa*
*Seex Ndigal yay shamsul huda*
*Ngala doggal nu ci Ahmada*
*Lu tax ëllëk nu am tékhé*

Tu t'es abreuvé de la lumière de Moustafa
Cheikh Ndigal tu es le soleil des gens justes
Intercède pour nous auprès d'Ahmada
Pour que tous Demain nous soyons sauvés

<u>Cheikh Modou Mbenda Séne</u>

La personnalité de Serigne Cheikh Ndigal Fall pourrait se résumer dans les propos de Cheikh Ahmadou Bamba dans les <u>Itinéraires du Paradis</u> : « Il y a des saints qui ne font aucun miracle alors qu'ils sont au sommet de l'échelle mystique. La sagesse est une tradition chez eux et leur sainteté est un héritage acquis loin des prétentions et des disputes concernant les stations mystiques ».

# POÈMES DÉDIÉS À CHEIKH IBRAHIMA FALL

## CHEIKH MOUSSA KA (1891-1966)

Il est né à Ndilki près de Ngabou à Mbacké-Baol. Disciple de Cheikh Ahmadou Bamba il est l'un des écrivains les plus prolifiques de la langue wolof. Ayant une maitrise totale de la langue arabe, dans ses poèmes, il n'est pas rare de le voir naviguer entre le wolof et l'arabe avec une grande dextérité. Étant un grand calligraphe, il passa beaucoup de temps aux cotés de Cheikh Ahmadou Bamba et réécrira plusieurs de ses *khassaides*. Il était aussi connu sous les sobriquets de Khadimoul Khadim (le serviteur du serviteur du Prophète Cheikh Ahmadou Bamba), Géwalou Bamba (le griot de Cheikh Ahmadou Bamba) ou Njammé qui est un autre nom pour Moussa. Dans son poème intitulé Le monde tire-T-il à sa fin ? (*Aduna ndax day bëgg jéex*) Cheikh Moussa Ka s'interroge sur le monde après la disparition de Cheikh Ibrahima Fall et nous raconte son rôle capital et sa place dans la voie du mouridisme.

*Aduna ndax day bëgg jéex*
*Am gaayu bakh yay bëgg jéex*
*Am mbër yu ndaw yay bëgg seex*
*Mo gaayi xam naka pékhé*

Est-ce que ce monde tire à sa fin ?
Ou les saints se font-ils de plus en plus rares ?
Ou est-ce les novices qui se disputent la sainteté ?
Ô vous qui savez ! Alors éclairez-moi s'il vous plait

*Ka xamléwoon ak tarbiya*
*Ak ka xamoon ak tarbiya*
*Mo bunu démé ba surga ya*
*Ku léen di wax nakk luy pékhé*

Quand celui qui enseigna le *tarbiya*
Et celui qui connaissait le *tarbiya*
Se sont allés à leur dernière demeure
Qui nous indiquera maintenant la voie à suivre ?

*Ka wooté woon ci aduna*
*Ba ñepp wuysi faduna*
*Néen jéema dëddu aduna*
*Te jéema wuyu ji moy pékhé*

Celui qui lança l'appel
Jusqu'à ce que tout le monde réponde s'est éteint
Détournons-nous de ce monde
Et allons répondre à l'appel

*Seex Bamba dem ca wamsashin*
*Seex Ibra dem ca tamsashin*
*Mo ñi fi dess kunuy déssé*
*Yoonu murid naka pékhé*

Cheikh Bamba s'en alla en l'an 1346 hégire (1927)
Cheikh Ibra s'en alla en l'an 1349 hégire (1930)
Que nous reste-t-il
Si ce n'est la voie mouride

*Ab sét du dém ba doom dikkém*
*Seex Ibra Faal léy doom dikkém*
*Mo rawi mbokk rawi doom*
*Topp mi waji léen moy pékhé*

La nouvelle mariée n'a rien n'à faire
Ayant ses demoiselles d'honneur
Cheikh Ahmadou Bamba n'a rien à faire
Ayant Cheikh Ibrahima Fall
Il surpassa les membres de sa famille et les enfants
Disciples de Cheikh Ahmadou Bamba soyez prêts

*Ab sêt, moroom yaay topp ma*
*Seriñ, murid yaay topp ma*
*Jéem léen wall seen pô ma*
*Té ba pô mi gëen di fékhé*

La nouvelle mariée est accompagnée par les demoiselles d'honneur
Le Cheikh est accompagné des mourides
Évitez les distractions et au mieux
Arrêtez toutes formes de distractions

*Seex Ibra gëem ga landina*
*Mo tax mu dëddu aduna*
*Fékki na Bamba sotti na*
*Waccé na Aljana tékhé*

Cheikh Ibrahima Fall ! Sa foi est exceptionnelle
C'est pour cela qu'il se détourna de ce monde
A la recherche de Cheikh Ahmadou Bamba
Il nous a apporté le paradis sur terre

*Mësnay xibaar ak njébëlom*
*Ba wax ni Yalla mi ka moom*
*Mo ka ni Bamba mo la moom*
*Rasi ko jox ko say pékhé*

Il (Cheikh Ibrahima Fall) nous a une fois raconté
Son allégeance à Bamba
En nous disant que Dieu son Créateur
Lu avait dit que Bamba était son maitre
Et qu'il devait le chercher et mettre toutes
Ses compétences et moyens à son service

*Téktal ko yoon wa ab murid*
*Di aw ba raw pékhé marid*
*Ba am ngëram bariy murid*
*Té dottu rée di tékh-tékhi*

De montrer la voie que tout mouride
Doit emprunter pour être préservé
Des machinations du maride (scélérat)
Jusqu'à ce qu'il obtienne la grâce divine
Et soit gratifié de disciples
N'ayant lui-même plus de conduite immorale

*Mu daldi dem Tayba-Dakhar*
*Ngir dégg Bamba di fa xaar*
*Séet na seriñ Tayba-Dakhar*
*Cim njang lay xamé pékhé*

Il alla à Tayba-Dakhar
Ayant eu écho de Bamba[149] là-bas
Il se demanda si Serigne Tayba-Dakhar était celui qu'il cherchait
Il aurait la réponse après sa prière de consultation

*Mu tëdd guddi listikhar*
*Bët sét mu khéy ba tisbaar*
*Seriñ Matar Turé fa jaar*
*Léeram ga won ko luy pékhé*

Il fit la prière de consultation durant la nuit
Le lendemain dans l'après-midi
Serigne Mahtar Touré se présenta
Et sa lumière fut un signe

---

[149] Bamba : Il s'agit ici de Cheikh Ahmadou Bamba Sylla

*Matar Turé nga yori joor*
*Yénu ko jëm Mbacke-Kajoor*
*Seriñ ba yonni ko ca buur*
*Seex Ibra topp cay fëkhé*

Mahtar Touré avait sur lui un paquet de livres
Qu'il emmenait à Mbacke-Kajoor
Cheikh Bamba l'avait envoyé chez Cheikh Bamba Sylla
Cheikh Ibrahima Fall le suivit (à son retour)

*Mu gis fa Seex Adama Géey*
*Sanni mbiram daldi ca ngooy*
*Mu won ko Bamba mbër mu rêy*
*Seriñ bi nako fo fëkhé*

Il vit alors Cheikh Adama Gueye
A qui il s'en remit
Celui-ci lui montra l'illustre Bamba
Qui lui demanda d'où il venait

*Mu wax ko téktal ya fa moom*
*Seriñ bi woon ko la fa moom*
*Mu xamni gis na ka ko moom*
*Mu daldi fabb mbiram joxé*

Cheikh Ibrahima Fall lui fit part des signes (qu'il cherchait en lui)
Cheikh Bamba se révéla à lui
Cheikh Ibrahima Fall sut qu'il avait trouvé son guide
Et s'en remit entièrement à lui

*Ma wax biss bi ndax mu wôr*
*Ñar fukki fan si wéeru koor*
*Bissub dibéer la mbir ba woon*
*Seex Ibra Faal mo rêy pékhé*

Laisse-moi te dire quand cela s'est passé avec certitude
Ce fut le vingtième jour du mois de Ramadan
C'était un dimanche
Cheikh Ibrahima Fall est plein de ressources

*Mu sobbu farr ba jittu léen*
*Bamba né ki ëpp na léen*
*Léeram gu rêy gi wër na léen*
*Fum tolla khol bay nux-nuxi*

Il s'engagea en lui faisant allégeance et surpassa les étudiants
A qui Cheikh Bamba dira : « Il vous a tous surpassé
Et il vous entoure de son halo de lumière
Son cœur ne cesse de battre d'un amour pour la dévotion »

*Wax na né tutti kon mu dem*
*Fekka Seriñ bi lém mbiram*
*Ba kén du jot ci batinam*
*Ludul ca biss banuy téxé*

Cheikh Ibra Fall raconta qu'il s'en fallut de peu
Pour que Cheikh Bamba s'en aille
Et nul n'aurait bénéficié de ses secrets cachés
Ne serait- ce qu'au Jour du Jugement Dernier

*Jarama Seex Ibra Faal*
*Lamp ba Seex Bamba taal*
*Léeral nga diné ya kamal*
*Yalna nga dolli bërëxé*

Diarama Cheikh Ibra Fall
Tu es la Lampe allumée par Cheikh Bamba
Tu nous as éclairé la religion, tu es accompli
Puisse ta lumière continuer de briller

*Bamu ñowé Mbacke-Kajoor*
*Fékka na daara ya di sôr*
*Mo njëkk yélwaani di wër*
*Nu diko rée di tékh-tékhi*

Quand il alla à Mbacke-Kajoor
Les *daaras* faisaient à manger
Cheikh Ibra Fall fut le premier à mendier pour sa nourriture
Pendant que les étudiants se moquaient de lui

*Yéndo liggey, fanaani root*
*Gaaya kharang ba na khuurét*
*Baluy ganaar ne khuur-khuurét*
*Mo ka khéwal dawul doxi*

Travaillant toute la journée, puisant l'eau toute la nuit
Pendant que les étudiants dormaient d'un sommeil profond
Jusqu'à ce que le coq chante
Cheikh Ibra Fall l'initia il ne perdait pas de temps

*Mo fi khéwal nuyoo di raam*
*Mo nu téré wuyoti naam*
*Fékkoon na nuy jang fa moom*
*Moom muy muritu di fékhé*

Il imposa aux étudiants de se prosterner
Devant le Cheikh pour le saluer
Il leur interdit de lui répondre de manière familière
Il les trouva en train d'apprendre de Cheikh Bamba
Alors que lui était à son service

*Fékk na daara yi di riir*
*Mo dindi alarba ak dibéer*
*Lu Bamba wax mu daldi buur*
*Lum mëssa am daldi joxé*

Il trouva les *daaras* dans une anarchie totale
Il supprima les congés les mercredi et les dimanches
Il exécutait tout ce que Cheikh Bamba ordonnait
Et lui remettait tout ce qu'il avait

*Mo fi khéwal solli sagar*
*Mo fi khéwal saxo sikar*
*Mo fi khéwal sëxkal kawar*
*Dawu fa bay di rox-roxi*

Cheikh Ibra Fall initia le port de haillons
Il initia le *zhikr* jour et nuit
Il initia le port de la chevelure longue
Il n'allait pas de main morte en travaillant la terre

*Bamu démé Mbacké-Baol*
*Dafa né na wakër ga bawol*
*Na soxk té rotti di wol*
*Boléek liggey di ka joxé*

Quand Cheikh Ibrahima Fall alla à Mbacké-Baol
Il dit aux femmes : « Laissez-moi le travail.
Je battrais le mil pour séparer la paille et le grain avant de le piler
Et ensuite j'irai aux travaux champêtres »

*Lu Bamba wax mu daldi naaw*
*Foori ju rêy ja sant Sao*
*Nako da ngey dellu ganaaw*
*Jangil muritu du pékhé*

Dès que Cheikh Ahmadou Bamba ordonnait
Cheikh Ibrahima Fall exécutait
L'excellent étudiant qui se nommait Sao
Dit à Cheikh Ibrahima Fall :
« Tu perds ton temps. Va plutôt t'instruire
Cette dévotion par le travail ne te mènera nulle part »

*Mboléem murid yi di ka soow*
*Mu mélni dof bu matt yéew*
*Ba mujj farr nu né siiw*
*Méloom wa farr dika doxé*

Tous les mourides parlaient de lui
Disant de lui que c'était un fou à lier
Mais ils finirent tous par suivre son exemple

*Mu jittu farr amul morom*
*Farr gëeni mbokk, gëeni doom*
*Jarama jarama Khadim*
*Wacc nga waccalek tékhé*

Il les surpassa n'ayant nul égal
Et fut au-dessus de la famille consanguine et de la progéniture
Diarama diarama Khadim
Tu as accompli ta mission et tu nous as apporté le salut

*Yaw mëssulo juyook ndigal*
*Naka nga ñëw taggo nduggal*
*Ku aw sa mboor dun ko mbuggal*
*Garmi yi ya tax nu tékhé*

Cheikh Ibra Fall ! Tu n'es jamais allé à l'encontre du *ndigal*
Dès que tu es venu tu as ignoré le *ndugal*[150]
Celui qui marche à tes côtés ne sera point damné
Les rois ont été sauvés grâce à toi

*Ya njëkk jébal sa khol*
*Fékkoon ga gaay yay khor-khoral*
*Ñi léy sétal, ñi léy takhkal*
*Ya woné ngiir mi nuy doxé*

Tu fus le premier à donner ton cœur (à Cheikh Ahmadou Bamba)
Tu trouvas les étudiants en train d'hésiter
Certains te condamnaient, d'autres te défendaient
Tu as tracé la voie qu'ils empruntent

*Ya xam Seriñ bi ya kharéñ*
*Dawo wérënté kuy seriñ*
*Bajjoo bi ya barri njërign*
*Waané bi yagg nga naxé*

Tu es celui qui connait Cheikh Ahmadou Bamba,
Tu es doué, tu n'as jamais douté que c'était lui le Cheikh
Tu es plein de ressources, tu n'as jamais cessé d'étonner

---

[150] Ndugal : Mot wolof qui signifie une recommandation malsaine qui pourrait perdre la personne qui la suit.

*Am ngéy ngëram, ba am dëram*
*Fab ngéy dëram jënday ngëram*
*Lo mëssa am tabbal këram*
*Ay junni dal nga da joxé*

Tu as reçu la grâce divine et tu as obtenu la richesse
Tu as mis ta richesse au service du Cheikh
Pour obtenir la grâce divine
Tu lui as remis tout ce que tu possédais
Tu donnais des milliers de francs de ta richesse

*Joxé nga hadiya gilém*
*Du saffi nguur du saffi koom*
*Soldaar sa ya joxé sa doom*
*Fadilu Faal am na tékhé*

Tu lui as remis des chameaux en don pieux
Sans aucune prétention
Tu as remis ton fils comme soldat
Fadilou Fall[151] est béni

*Sa ndaw da da dem ba Gabong*
*Di yobbu ay sakku yu rong*
*Di war ca gaal ya yori bong*
*Do déncc lëf ba mu maxé*

Tes émissaires allaient jusqu'au Gabon
Emmenant des fûts remplis de dons en bateaux
Tu n'as jamais rien gardé pour toi

---

[151] Fadilou Fall: C'est le fils ainé de Cheikh Ibrahima Fall que ce dernier a fait enrôler dans l'armée des tirailleurs sénégalais pour combattre pour la France sous le nom de Serigne Fadilou Mbacké durant la première guerre mondiale de 1914-1918di

*Seex Bamba tawlo Mustafa*
*Seex Ibra taw bay Mustafa*
*Digganté Marwa ak Saffa*
*Kuy hajji war na fa doxé*

Cheikh Ahmadou Bamba a pour fils ainé Moustafa
Cheikh Ibrahima Fall a pour fils ainé Moustafa
Entre Marwa et Saffa
Quiconque va en pèlerinage doit visiter ces deux endroits

*Seex Bamba am na Fadilu*
*Seex Ibra am na Fadilu*
*Ku xam na fallé Fadilu*
*Kon at bunu jëem dun toroxi*

Cheikh Ahmadou Bamba a Fadilou
Cheikh Ibrahima Fall a Fadilou
Quiconque est sensé considérera Fadilou
Et dans les années à venir ne connaitra point la misère

*Seex Bamba béglé na Bashir*
*Seex Ibra béglé am Bashir*
*Ndab lo ca dem lékk ba suur*
*Jigéen Makka toggéy joxé*

Cheikh Ahmadou Bamba fut satisfait de Bachir
Cheikh Ibrahima Fall fut satisfait de Bachir
Où que tu ailles chez l'un d'entre - eux tu mangeras à ta faim
Des mets délicieux préparés
Et servis par les femmes vertueuses de la Mecque

*Seex Bamba am na Abdulaay*
*Seex Ibra am ab Abdulaay*
*Abdu bu nékk matna waay*
*Bul wéddi cay bokkay tékhé*

Cheikh Ahmadou Bamba a Abdoulaye
Cheikh Ibrahima Fall a Abdoulaye
Tout Abdou (serviteur) est un frère
Ne le conteste pas et sois parmi les sauvés

*Seex Bamba am na Salihu*
*Seex Ibra am na Salihu*
*Néen jéema roy ci Salihu*
*Ba ñibi Aljanay tékhé*

Cheikh Ahmadou Bamba a Saliou
Cheikh Ibrahima Fall a Saliou
Suivons l'exemple de Saliou
Jusqu'à ce que l'on retourne au paradis

*Seex Bamba am na Murtada*
*Seex Ibra am na Murtada*
*Ñaan mu mey nu mbôt, sol nu rida*
*Ba kén dotul tiit di yokh-yokhi*

Cheikh Ahmadou Bamba a Mourtada
Cheikh Ibrahima Fall a Mourtada
Gratifie-nous de la miséricorde et de la grâce divine
Pour que nous n'ayons plus peur
Et que nous n'hésitions plus dans notre foi

*Yalla nanu aw séen tanki baay*
*Ba mujj doon séeni baay*
*Ba mujj bolé séeni gaay*
*Amina ndax ñëpp tékhé*

Puissent-ils suivre les pas de leur père
Jusqu'à ce qu'ils incarnent leur père
Jusqu'à ce qu'ils rassemblent les disciples
Amine pour que tous nous soyons sauvés

*Seex Ibra dem na wacc na*
*Lumu mëssa ajoo fajuna*
*Ba khêy na ñibi Aljana*
*Néen farlu té andi joxé*

Cheikh Ibrahima Fall s'en est allé après avoir accompli sa mission
Tout ce dont il avait besoin, il l'obtint
Jusqu'à ce qu'il retourne au paradis
Soyons motivés et faisons de notre mieux

*Kén musla gis sasaam wa boy*
*Du daw ku ka muslu ka jooy*
*Mo jaara wooy té jaara jooy*
*Céy aduna mëena naxé*

Nul ne l'a jamais vu échouer dans ses tâches
Il ne s'est jamais éloigné de ceux
Qui maudissaient ou ceux qui venaient à lui en supplication
Il mérite les éloges et il est celui qui mérite d'être pleuré
Ô que ce monde est trompeur !

*Déggal ma lim fi ay ndamaam*
*Ba gaayi déllu xam mbiram*
*Ba khol yi bég ba déllu gëem*
*Léegi ragal ya yox-yoxi*

Écoute que j'énumère ses exploits
Pour que les gens le connaissent mieux
Pour que les cœurs se réjouissent et retournent à la foi
Pour que les mécréants soient effrayés

*Jarama Ndéey Seynabu Njaay*
*La Soxna Jarra yor di jaay*
*Yaka mossal wa Njaré-Njaay*
*Saw kañ rott na ya tékhé*

Diarama Ndeye Seynabu Ndiaye[152]
Tu as acheté ce que vendait Soxna Diarra
Et tu le partageas avec les gens de Ndiaré-Ndiaye[153]
Tu as accompli ta mission, tu es sauvé

---

[152] Ndeye Seynabou Ndiaye : Mère de Cheikh Ibrahima Fall
[153] Ndiaré-Ndiaye : localité situé dans le département de Kebemer

*Digganté Jukki ak Jamatil*
*Dan da dajé nani butél*
*Ya tax nu jébalu ca téel*
*Faal Njaga ya rêy pékhé*

Entre Diouki et Diamatil
Les gens se rassemblaient pour boire de l'alcool
Grâce à toi ils prêtèrent serment d'allégeance au Cheikh
Fall Ndiaga ! Tu es plein de ressources

*Mbuul ak Saxk ak Suughér*
*Dan da fallu ka solli joor*
*Ya tax ba diné di fa léer*
*Toxal nga póon ban da tôxé*

A Mboul, Saxk et Soughér
Les rois s'intronisaient à tour de rôle portant des habits majestueux
Grâce à toi la religion y fut éclairée
Et tu y banni le tabac qu'ils fumaient

*Doomi damel ya fa néwoon*
*Ya dam mbir ba nu néwoon*
*Tey ñëpp ñëpp nga fi nuun*
*Kén amatul lamuy fékhé*

Les princes qui gouvernaient
Tu les as départis de leurs habitudes
Aujourd'hui tout le monde est avec nous
Nul n'a plus désormais son mot à dire

*Ya yobbu Mbaxaan ca Khafoor*
*Ya tax ba khol ba dottu fuur*
*Ya tax nu sanni yattu nguur*
*Fabb yattu ngëem laji pékhé*

Grâce à toi Mbakhane s'est repenti
Il ne se met plus en colère
Grâce à toi il troqua son sceptre royal
Contre le bâton du pèlerin en quête de guidée

*Té xamni mësna yor jung-jung*
*Fum jëem géwël ya na kundung*
*Muy xass di bakk ciy gorong*
*Téy mu yém ak nun ay pékhé*

Il était accompagné de tambours royaux
Où qu'il aille, les griots les battaient
Faisant ses éloges
Aujourd'hui il est sur le même pied d'égalité que nous

*Ya tax ba Abdullah Khar*
*Taxaw fa bunt di fa xar*
*Woyoflu bay lékk dakhar*
*Ngir sopp Bamba mi joxé*

C'est grâce à toi qu'Abdoulaye Khar[154]
Pendant qu'il attendait devant la porte (de Cheikh Bamba)
Tout insouciant mangeait du tamarin[155]
Pour l'amour qu'il avait pour Cheikh Bamba le pourvoyeur

*Té xamni mo doon doomi buur*
*Lum mëssa wax nu daldi buur*
*La dalé Mbakkol ba Kajoor*
*Mo amé woon sééni pékhé*

C'était pourtant un prince
Tout ce qu'il ordonnait ses sujets l'exécutaient
De Mbakkol au Cayor
Il avait leur destin en main

---

[154] Abdoulaye Khar : Prince du Baol, fils du damel Lat Dior Ngoné Latyr Diop
[155] Manger du tamarin : Seuls les gens ordinaires mangeaient du tamarin en toute insouciance dans les espaces publiques mais jamais les gens de l'aristocratie

*Ya tax ba Soxna Penda Faal*
*Ak Gagnsiry ak Lalla Faal*
*Gëen doomi soxna yi fi tal*
*Diné ju rêy junuy doxé*

Grâce à toi, Soxna Penda Fall
Gagnsiry et Lalla Fall
Devinrent plus vertueuses que les érudits
Qui enseignaient la religion qu'ils pratiquaient

*Té xamni séen bay moom*
*Ba Faidérb talaggut kanoom*
*Ku mëssa gis ay jamonoom*
*Kholam wa dawul yox-yoxi*

Alors que leur père
Avant que Faidherbe n'utilise ses canons
Quiconque le connaissait
Savait qu'il n'avait peur de rien

*Ya tax ba Abdulaay Niahib*
*Lambi ndigal farr nako wubb*
*La gaaya giiro mo ca ëpp*
*Tabaax na ay kër di joxé*

Grâce à toi, Abdoulaye Niahib
Se conforma au *ndigal*
Et obtint ainsi une grande récompense
Il construisit des maisons offertes en dons pieux

*Té xamni mëssna dox fa moom*
*Téy ji mu matt sang boroom*
*Nga déncc doomam dib goroom*
*Li doy na xarbaax doy pékhé*

Cheikh Ibra Fall lui rendit visite une fois
Devenant ce jour le maitre de son Cheikh
Cheikh Abdoulaye Niahib maria une de ses filles étant son gendre
Ceci étant un bienfait en soi

*Seex Ibra Faal amul morom*
*Sakk na mbër yuy roy ci moom*
*Léeral na pénkkum ak soowaam*
*Luy yaxqu dottul nux-nuxi*

Cheikh Ibra Fall n'a pas d'égal
Il initia des hommes qui suivirent son exemple
Il illumina l'est et l'ouest
Il n'y a rien qui puisse éteindre cette lumière

*Laka dalé Ndar ba ca Dakar*
*Jall ganaaw yoonu saxaar*
*Mbër mu fa rêy ba nu na ko kar*
*Seex Ibra Fall léy laji pékhé*

De Saint-Louis à Dakar
En passant par Thies et ses alentours
Les plus grands érudits dont les gens s'émerveillaient
Demandaient conseil à Cheikh Ibrahima Fall

*Ndar la ka doomi Jarra méy*
*Léeral na bopp Jarra téy*
*Woykat ba Samba Jarra Mbaay*
*Mo tax dënam ba bëx-bëxi*

C'est à Saint-Louis que le fils de Mame Diarra
Lui octroya Diarra[156] (Tasner) qu'il illumina
C'est pour cela que le poète Samba Diarra Mbaye
A la tête pleine d'inspiration

---

[156] Diarra : Des terres cultivables se situant à Tasner dans la région de Saint-Louis attribuées á Cheikh Ibrahima Fall

*Mu jogé fa agsi Ndand Faal*
*Japp fa doomi Ngoné Faal*
*Def ko ni lamp bunu tal*
*Téy Ginguinéw mo féy fékhé*

Cheikh Ibra Fall quitta alors Saint-Louis pour Ndande Fall
Y initia le fils de Ngoné Fall
Fit de lui une lampe bien éclairée
Aujourd'hui à Ginguinéw il est celui qui représente la religion

*Léeram ga sarr ba agsi Késs*
*Ku ñëw mu duuy la ba nga féss*
*Luy nit ku ñuul ak nit ku xéss*
*Ñëppay bawo fa Ngaay-Mékhé*

Sa lumière alla jusqu'à Thies
Quiconque lui rendait visite là-bas,
Il l'investissait de lumière divine
Noir et blanc, tout le monde venait de Ngaay-Mékhé
(Pour lui rendre visite)

*Seriñ ba ñow Njurbél mu ñow*
*Gaddaay këram ya té du daw*
*Guddik bëccëg ñam ya di ñow*
*Ba Bamba khêy sakki pékhé*

Quand Cheikh Bamba alla à Diourbel
Cheikh Ibra Fall aussi alla à Diourbel
Laissant derrière lui ses demeures, il n'a jamais abandonné
Nuit et jour délivrant de la nourriture
A la concession de Cheikh Bamba
Jusqu'au jour où Cheikh Bamba quitta ce monde

*Mboléem murid yëpp gëlëm*
*Kén xamatul kuy seriñam*
*Kuné géj daldi dem*
*Aduna sëppiy jax-jaxi*

Tous les mourides étaient perdus
Nul ne savait plus qui était son Cheikh
Tous retournèrent chez eux
Le monde était dans une confusion totale

*Mu daldi ngooy ci Mustafa*
*Ngir xamni yor na listifa*
*Magg ñëpp dem moom mu né fa*
*Mëssula toxk ak yox-yoxi*

Cheikh Ibra Fall s'accrocha à Moustafa
Sachant qu'il détenait l'héritage spirituel
Tous les anciens s'en allèrent excepter lui
Il n'a jamais abandonné ni douté

*Ba khêy wuyu ji ab sangam*
*Tuba la toggé woon ñamam*
*Bamba ka jitté loon ñoñam*
*Digganté bëpp gaay but tékhé*

Jusqu'au jour où il alla rejoindre son bien-aimé
C'est à Touba qu'il avait préparé ses provisions (pour Demain)
C'est Cheikh Bamba qui l'avait choisi
Pour diriger ses compagnons
Ainsi que tous ceux qui connaitraient le salut

*Ma géy jannok tolli dëram*
*Mégnéent gi junni dëram*
*Gis na la wéss mbébëtam*
*Am na lu raw lumu doon fékhé*

Il est maintenant face à des domaines pleins de trésors
Les fruits de sa richesse excédant des milliers
Il reçut une récompense au-dessus de toute attente
Il reçut plus que ce qu'il avait donné

*Bamba xaroo na ko ak ngëram*
*Ridwaan dénccal nako ngëram*
*Ñom Hurul Ayni gi fa wétam*
*Gis na lu raw yollub joxé*

Cheikh Bamba l'accueillit avec la grâce divine
Ridwane[157] lui réserva la grâce divine
Les femmes paradisiaques sont à ses côtés
Il a une récompense plus grande que le fait de donner

*Ngëram la Yonen ba ngëram*
*Ababakar mo njëkk gëem*
*La Seex Bamba di gëram*
*Seex Ibra moy njëkk tékhé*

La grâce divine du Prophète sera
A Abou-Bakr il fut le premier à croire
La grâce divine de Cheikh Bamba sera
À Cheikh Ibrahima Fall le premier à obtenir le salut

*Médaay ma Yonen béy takkal*
*Ababakar ndaxub dëggal*
*La Seex Bamba di takkal*
*Seex Ibra Faal bissub tékhé*

La médaille donnée par le Prophète sera à
Abou-Bakr pour sa sincérité
La médaille donnée par Cheikh Bamba sera à
Cheikh Ibra Fall le Jour de la Rétribution

---

[157] Ridwane : L'Ange de la grâce divine

*Manto bay Yonen bay solal*
*Ababakar moy parisol*
*Jël sadixiin ya tofal*
*Yalna ko Seex Bamba fab joxé*

Le manteau que fera porter le Prophète à
Abou-Bakr servira de parasol aux croyants sincères
Puisse Cheikh Bamba être celui qui en hérite

*Musa la woy wi wolofal*
*Yalna ko Seex Bamba fal*
*Té bolé ko gaayu dëggal*
*Yo khamni kén du yokh-yokhi*

Moussa qui t'a dédié ce poème
Puisse Cheikh Ahmadou Bamba l'élever
Et qu'il lui choisisse des compagnons sincères
Qui n'auront peur de rien

<u>Cheikh Moussa Ka</u>

## CHEIKH ABDOUL KARIM SAMBA DIARRA MBAYE (1868-1917)

Cheikh Abdoul Karim Samba Diarra Mbaye plus connu sous le nom de Cheikh Samba Diarra Mbaye était un contemporain de Cheikh Ahmadou Bamba. Il était originaire de Kokki où il maitrisa très tôt le Saint Coran et alla ensuite à Saint-Louis pour y approfondir ses connaissances en sciences religieuses. En effet, Saint-Louis a abrité des saints et des érudits éminents du Sénégal et de la Mauritanie. Il composa de nombreux poèmes dédiés à Cheikh Ahmadou Bamba relatant ses exploits et des poèmes où il exprime sa reconnaissance pour tous les bienfaits qu'il a reçu de ce dernier. Cheikh Ahmadou Bamba l'avait surnommé *Sahibul Ayati* ou L'Ami des Vers. Comme la plupart des poètes Sénégalais, Cheikh Samba Diarra Mbaye parmi tant d'autres avait une maitrise totale de la langue arabe et dans ses poèmes il n'est pas rare de le voir naviguer entre le wolof et l'arabe avec une grande dextérité. Dans son poème intitulé *Yaram Bi Naam Faal* ou <u>Honorable Fall</u>, Cheikh Samba Diarra Mbaye relate la suprématie de Cheikh Ibrahima Fall sur les saints et y relate ses nobles vertus.

*Seex Ibra moom raw na ay massam te déefuko jot*
*Bamba ko sémpi mu raw Yaram bi naam Faal*

Cheikh Ibra Fall surpassa ses pairs et nul ne peut l'égaler
Cheikh Bamba le projeta hors de portée *Yaram bi naam Faal*

*Ina shuyokha wa ashaba shuyokhi mahan*
*Noy séy jaraaf nga di séef Yaram bi naam Faal*

Les Cheikhs et leurs disciples ainsi que nous les Cheikhs
Sont tes officiers et tu es notre général *Yaram bi naam Faal*

*Siiwal Mbacké yena hum saadatuna abadan*
*Ko khamni du juum du yaxq Yaram bi naam Faal*

Excepté la lignée sainte de Mbacké nos maitres pour toujours
Qui ne se trompent pas et qui ne médisent pas *Yaram bi naam Faal*

*Jamihu jilika fi jodin wa fi karamin*
*Léwoo na nok yaw nga daan Yaram bi naam Faal*

Les vertueux et les saints
Se sont mesurés à toi et tu les as vaincus *Yaram bi naam Faal*

*Kullu sawadina wa baydani mah sharihim*
*No bind wax li ci yaw Yaram bi naam Faal*

Les érudits de toute part blancs et noirs
L'ont confessé à ton propos *Yaram bi naam Faal*

*Wa babu baytika maftuhun li qasidihi*
*Téy bu araf dadi bég Yaram bi naam Faal*

La porte de ta concession est ouverte pour ce poème
Et les vers sont aujourd'hui heureux *Yaram bi naam Faal*

*Ina xaala dayfun salamun hinda babika zhaa*
*Méy yadi safuwanté ak moom Seex bi naam Faal*

Dès que l'hôte se présente à ta porte en disant salam
Les bienfaits l'accueillent *Yaram bi naam Faal*

*Ina rijaalu shidaada li karamina mahan*
*Lamb na nok yaw nga ëpp léen Seex bi naam Faal*

Les véridiques, ainsi que les saints
Se sont mesurés à toi et tu les surpassas tous *Yaram bi naam Faal*

*Tataawalu kulluhum linayli baahika zhaa*
*Té kén jottula ci yéel Yaram bi naam Faal*

Chacun d'entre eux désirait avoir ta position
Mais nul ne t'arrive à la cheville *Yaram bi naam Faal*

*Wa min ataa ika awladu damel ataw*
*Di daw di raam ba fi yaw Yaram bi naam Faal*

Parmi tes exploits sont les princes
Qui t'ont prêté serment d'allégeance *Yaram bi naam Faal*

*Awladu garmi habiidun hinda baytika zhaa*
*Téyit Lingéer di séy si Seex bi naam Faal*

Les princes sont désormais des serviteurs au seuil de ta porte
Et les princesses se sont livrées à toi en tant qu'épouses
*Yaram bi naam Faal*

*Wa kullu man khad ra ay maa khadu unilta ya kun*
*Di roy té khamni du yaw Yaram bi naam Faal*

Et quiconque voit ce dont tu as été gratifié qu'il te suive
Et qu'il sache que ce n'est pas toi
(Mais ton Créateur qui l'a décidé ainsi)
*Yaram bi naam Faal*

*Wala yudaniika fi hazal hataa ahadun*
*Buur Yalla mo la ko méy Yaram bi naam Faal*

Nul n'aura plus jamais ce dont tu as été gratifié
C'est Dieu qui te l'a octroyé *Yaram bi naam Faal*

*Wa man yumari ala maa khad unilta huna*
*Na moss mu khamni du yaw Yaram bi naam Faal*

Quiconque voudrait ce dont tu as été gratifié qu'il essaie
Et il saura que tu ne te l'es pas octroyé par toi-même
*Yaram bi naam Faal*

*Inal wukhoda jamihan wa qifiina ataw*
*Di déglu téy sa ndigal Yaram bi naam Faal*

Les gens accourent de partout
Pour obéir à ton *ndigal Yaram bi naam Faal*

*Wala yuhalifu umran man amarta fahum*
*Noy jaam yudul daw di yuqat Seex bi naam Faal*

Et nul ne questionnera ton *ndigal*
Nous sommes des disciples qui ne fuirons point, ni n'hésiterons
*Yaram bi naam Faal*

*Wa anta ajwadu akhrani zamaani mahan*
*Déful wërënté ci li Yaram bi naam Faal*

Tu es le plus généreux de notre époque et des époques précédentes
Il n'y a pas de doute là-dessus *Yaram bi naam Faal*

*Ahlu hawa idji jahu wala zimiina buka*
*Fi yaw ku dellusi déy rée Seex bi naam Faal*

Les nécessiteux viennent à toi en supplication
Et retournent satisfaits *Yaram bi naam Faal*

*Laka wilayati baynal nasi zahiratan*
*Sak waliyu njëkk féñ Yaram bi naam Faal*

Ta sainteté est manifeste parmi les humains
Elle fut la première à se révéler *Yaram bi naam Faal*

*Ahlul balahati wal ashhari qatibatan*
*Mëssunu fi wax lu mélni Seex bi naam Faal*

Tous les poètes aux mots pertinents et à l'esprit fertile
N'ont jamais fait de tels éloges à ton sujet *Yaram bi naam Faal*

*Hum yamdahuuna faqat lakinahum jahilu*
*Yêss nanu li ma la wax Yaram bi naam Faal*

Ils n'ont fait que quelques esquisses à ton sujet
Mais ils sont en fait ignorants (à ton égard)
Ils ne peuvent égaler les éloges que je t'adresse
*Yaram bi naam Faal*

*Khad furta haaroona fi jodin wa fi karamin*
*Sa maas gi téy ya ci suut Yaram bi naam Faal*

Tu as surpassé Harona en générosité et en bienfaits
Tu as surpassé les gens de ta génération *Yaram bi naam Faal*

*Law yamdahu shuhara kullu kiraami mahan*
*Ma wooy la man ya ma saf Yaram bi naam Faal*

Si tous les poètes chantaient les éloges de tous les saints
Moi c'est à toi que j'adresserai mes éloges
Tu es celui qui me fascine *Yaram bi naam Faal*

<u>Cheikh Samba Jarra Mbaye</u>

# CHEIKH MOUHAMMAD MOUSTAFA BEN MOUHAMMAD FADEL MAA-AL AYNAYN (1830-1919)

Plus connu sous le sobriquet de Cheikh Maa-al Aynayn (Le Cheikh aux yeux larmoyants), Cheikh Mouhammad Moustafa Ben Mouhammad Fadel est un chef religieux maure du Sahara qui appartenait à la confrérie soufie Qadiriyya. Il était réputé pour sa connaissance des sciences religieuses et de la jurisprudence. Ses campements nomades attiraient de nombreux étudiants venus pour apprendre la loi islamique. Perplexe sur l'attitude de Cheikh Ibrahima Fall qui ni ne priait, ni ne jeunait il fit une retraite spirituelle pour mieux cerner sa personnalité. Au sortir de cette retraite spirituelle il écrivit ce poème dédié à Cheikh Ibrahima Fall où il affirme que lui seul avait atteint les plus hautes stations spirituelles dans le royaume de Dieu.

*Xaala Shaykh Maa-al Aynayn fil Muridil Kabir*
*Sheikh Ibrahima Faal Babul Muridini wal Muridati*
*Alayhima ridwanun minal Bakhil Khadim*

Celles-ci sont les paroles de Cheikh Maa-al Aynayn
Dédiées au mouride accompli
Cheikh Ibrahima Fall la porte de tout mouride homme et femme
Puissions-nous avoir la grâce divine
Provenant des bienfaits de l'Éternel

*Sheikh Ibra khad fartu rijaal*
*Sheikh Ibra khad justal majaal*
*Sheikh Ibra innakal kamal*
*Wa shalta haqqan lil jalal*

Cheikh Ibrahima Fall surpassa des hommes de Dieu
Cheikh Ibrahima Fall a atteint ce que nul n'a pu atteindre
Cheikh Ibrahima Fall est parfait
Il est celui qui a véritablement atteint Dieu

*Ibrahima Faal lam yazal*
*Yukhtiri khaba fil azal*
*Hatta zabarta fil kamal*
*Wa ma fi shakikhal azar*

Cheikh Ibrahima Fall n'a jamais cessé
De surpasser les hommes de Dieu et ceci bien avant la Création
Jusqu'à ce qu'il les dépasse en perfection
Et il n'y a aucun doute là-dessus

*Man rama misluka ajaas*
*Fala yurahu fil majaas*
*Salika wa hadun khat najaas*
*Shawarka laysa fil bashaar*

Quiconque lui cherche un égal ne le trouvera pas
Et cela jamais dans ce monde
L'heure est venue
De savoir qu'il n'y a personne comme lui

*Hadamtal Ahmadal Hadim,*
*Bi izni Rabbikal Hadim*
*Sheikhuka norun min Hadim*
*Man shaka fi hat hazaar*

Il se mit au service de Ahmad Le Serviteur (du Prophète)
Sous l'ordre de Dieu L'Éternel
Son guide est une lumière de Dieu
Quiconque en doute fera partie des éprouvés

*Yadoluqu fi naari Jahim*
*Sumata yusra fil Hamim*
*Salasila maha zakum*
*Nahanzu min zaka sharar*

Il sera trainé dans le Feu *Jahim*
On lui fera boire une substance nocive dans le Feu *Hamim*
Et ensuite il sera enchainé et jeté dans le Feu
Puissions-nous être préservé des étincelles d'un tel Feu

*Man shaka fi Ibrahima Faal
Wa fi tariqihil kamal
In lam yattu lizil jalal
Yura arzaban khat nukar*

Quiconque critique Cheikh Ibrahima Fall
Et sa voie qui est parfaite
S'il ne se repent pas
Il sera puni jusqu'à ce qu'il regrette d'avoir douté

*Tariquru hayri turux
Shalikuhu kafal haraar
Hadan yakonu kal baraar
Indas dihamil fil jisaar*

Sa voie est la meilleure des voies
Et ceux qui l'empruntent seront préservés du Feu
Et Demain ils seront aussi rapides qu'un éclair
À la traversée du pont où tout le monde sera anxieux

*Tariqatul mutaharah
Haqiqatul munawarah
Fa kullu sahat harafa
Wa lam yakun mustamila*

Sa voie est une voie pure
Sa voie est une vérité pure
Tous les saints la connaissaient
Mais ils s'en détournèrent tous

*Shariatul marshuma
Haqiqatul marshuma
Wa laysa min xassumatin
Bi hazal qawlil haqaar*

Sa voie est une voie préservée
Sa voie est une vérité préservée
Mes paroles ne sont pas cause de controverses
Mais une déclaration manifeste

*Shalaka fi haqiqatil*
*Tahiratin nakiyatin*
*Wa indaho wasilatun*
*Wa saaka Ahmadu abaar*

Il s'engagea dans la voie de la vérité
Qui est pure et irréprochable
Étant lui-même une échelle
Vers l'illustre Ahmad

*Haqiqatul munawarah*
*Fi Lawhi Mahfuz sabat*
*Shariatul mutaharah*
*Fi kutubil munazala*

Sa voie est une vérité pure
Qui se trouve consignée dans la Tablette Préservée
Sa voie est une voie pure
Qui se trouvent dans les Livres révélés

*Ya yushaku fi tariq*
*Ibrahima Faal shakhiq*
*Faltub ila Rabbil badikh*
*Khablal mamati wa shukar*

Toi qui contestes la voie
De Cheikh Ibrahima Fall notre bien-aimé
Repens-toi devant ton Seigneur
Avant que vienne la mort et remercie (Dieu)

In lam yattu fil azmina
Ya huzzu bi nassiya
Yazluku fi zabaniyya
Muxaladan mu azaba

Si tu ne te repens pas en cette époque
Tu seras pris par la touffe des cheveux
Et trainé dans le Feu *Zabaniya*
Pour être puni et y demeurer pour toujours

*Ahonzu bilahi al azim*
*Min sharri makatin wa mulin*
*Wa sharri Shaytani rajim*
*Huna wa fi xadin*

Je me réfugie en Dieu le Grand
Des corrections et des punitions
De Satan le Lapidé
Dans ce monde et dans l'autre

*Suma salatu rabana*
*Ala lezi yasfarhuna*
*Muhammadin qa idina*
*Ilal najati wal nahim*

Mes prières s'adressent à notre Créateur
A notre intercesseur Mouhammad
Qui nous a amenés vers le salut et le confort

<u>Cheikh Maa-al Aynayn</u>

## SERIGNE MOUSTAFA SÉNE YABA-YABA

Disciple de Cheikh Ibrahima Fall il a été le témoin oculaire de plusieurs travaux réalisés dans la voie du mouridisme. Il était connu sous le sobriquet de *Khadimoul Lamp* Fall ou Le Serviteur de Lamp Fall. Un de ses ouvrages majeur s'intitule <u>Narration des Réalisations faites dans La Voie Baye Fall </u>(*Hikayatu Ahmali Bi Nahji Baay Faal*). Il y révèle la véritable dimension de Cheikh Ibrahima Fall dans son rapport à Cheikh Ahmadou Bamba.

*Déglul ma wax la mbir yu xôt té baatin*
*Zahir bala mëen taxaw am baatin*

Écoute ! Je te dirai des choses profondes et cachées
L'exotérique ne peut tenir sans l'ésotérique

*Seex Ibra Faal jayantek na Seex Bamba,*
*Ci kun fa ya kun laka mishli Bamba*

Cheikh Ibrahima Fall a fait son allégeance à Cheikh Bamba
Au commencement quand était le verbe *kun ka ya kun*
Nul n'est comme Cheikh Bamba

*Yëral ma yoonu Lamp Faal ca yoon ya,*
*Do ka ci gis jant la tim na yoon ya*

Observe la voie de Lamp Fall parmi les voies
Tu ne la verras pas c'est un soleil qui surplombe les voies

*Jant ba fénk na, lëndëm ga daay na*
*Bidéew ya suux na, soxki léen mbër féñ na*

Le soleil s'est levé, l'obscurité s'est dissipée
Les étoiles ont disparu, levez-vous le messager est venu

*Seex Ibra Faal jëf-jël la def yoonam wa*
*Ku wôlu Lamp nag ca sax moy yoon wa*

Cheikh Ibrahima a fait de sa devise :
On ne récolte que ce que l'on a semé
Quiconque le suit doit appliquer sa devise

*Ilaya qada lahu ma lam yakuni,*
*Wala yakunu abadan li mumkini*

Dieu m'a octroyé des dons jamais octroyés à quiconque avant moi
Et qui ne seront plus octroyés à quiconque après moi

*Seex Ibra Faal mishlom amul ci dunya,*
*Té dottul am mishlom bi hayri sunya*

Cheikh Ibrahima Fall n'a pas d'égal dans ce monde
Et n'aura pas d'égal dans l'autre monde

*Ama jamihu anbiyahi wa russul,*
*Fa qakadun minal ulufi ya rajul*

La totalité des prophètes et messagers
Sont de cent vingt-quatre mille, tu es leur ami

*Téméri junni yak niitak ñénént,*
*Ci mursalina ak anbiyahi dunu lënt*

Cent vingt-quatre mille
Messagers et prophètes ne peuvent être occulté

*Sétal ñéñal boppam ba loola lim ba*
*Mo tax mu yor ñéñam la nihma raba*

Observe sa chevelure ils sont à ce nombre
C'est pour cela qu'il a sa chevelure, qu'il est bon notre Souverain

*Mëssula dok kawar ca kaw boppam ba*
*Ngir kham la Yalla def ca kaw boppam ba*

Il n'a jamais coupé sa chevelure
Sachant ce dont il a été gratifié

*Jaglém nga kén dottu ka am ci dunya*
*Ñéñéen jagowunu ko bi duni sunya*

Nul n'a eu son privilège dans ce monde
D'autres ne l'auront plus et cela sans aucun doute

*Sharihatun hasinatun lil lahi,*
*Faat na ko ngir jëfam ja duna lahi*

La voie pure qui mène à Dieu
Il la transcenda par la pureté de ses actions

*Buur Yalla méy na ko ngënélu baatin,*
*Yum mësla mey kén lada boroom kun*

Dieu lui a donné des bienfaits cachés
Qu'Il n'a jamais donné à personne

*Déglul ba muy górr Mbaki ak Tuba ja*
*Ba Yalla na ko waccatil yaay waaja*

Écoute quand il défrichait Mbacké et Touba
Jusqu'à ce que Dieu lui dise : « Tu as accompli ta mission »

*Seex Bamba na ko Lamp Yalla né na*
*Jot nga ngëram toggal sa jëf yaw jéex na*

Cheikh Bamba lui dit :
« Lamp ! Dieu a dit que tu as reçu la grâce divine
Tu es désormais libre ta mission est accomplie »

*Seex Ibra na ko jant bi ak wéer wi*
*Ñom la yémalé ay mbir té gis nga wéer wi*

Cheikh Ibrahima Fall lui dit :
« Je suis tout comme le soleil et la lune »

*Diirub ba déndi bi sosso ba légi*
*Ñom yaar danuy liggey ilal Maliki*

Depuis la Création à ce jour
Ils sont tous les deux au service du Souverain

*Garab gu Lamp jëm mu tuddu Yalla,*
*Mu khamni jëf ja jéex na mo kham yilla*

Chaque arbre que Lamp approchait sanctifier le nom de Dieu
Il sut que sa mission était accomplie
Puisqu' il comprenait les signes

*Seex Ibra na ko rijaalulahi*
*Qabrum ba day liggey bila tanahi*

Cheikh Ibrahima Fall dit alors à Cheikh Bamba :
« Le mausolée des hommes de Dieu œuvre pour Dieu
éternellement »

*Seex Ibra déllu na rijaalulahi,*
*Turam wa dey liggey bi duni lahi*

Cheikh Ibrahima Fall continua :
« Le nom des Hommes de Dieu œuvre pour Dieu à jamais »

*Lamp ni La ilaha il Allahu*
*Doy na ma ab liggey ilal ilahu*

Lamp dit : « *La ilaha il Allah*
Me suffit comme sacerdoce pour aller á Dieu »

*Li tax ba La ilaha il Allahu*
*Lamp saxo ko faw ngir Mawlahu*

C'est pour cela que *La ilaha il Allah*
Lamp en fit son hymne pour l'amour de Dieu

*Digal ko mbolém talibé murid ya*
*Baay Faal ya sax ca faw béñ marid ya*

Il le recommanda à tous les disciples mourides
Les Baye Fall s'y conformèrent
Contrairement aux marides (scélérats)

*Déglul ma waxla la waral Lampam ja*
*Nga khamni niit Seex Bamba moy jëfam ja*

Écoute que je te dise d'où vient son sobriquet Lamp
Éclairer Cheikh Ahmadou Bamba était sa mission

*Seex Bamba kéer la woon ci biir lëndëm*
*Lamp ko niit, céy magal ga*

Cheikh Ahmadou Bamba était une ombre tapie dans l'obscurité
Lamp l'éclaira, quelle perspicacité

*Seex Bamba na ko Lamp yag may féñal*
*Nu khamni moy turam wa da ko woral*

Cheikh Bamba lui dit :
« Lamp tu es en train de me révéler (au monde) »
Et l'on sut que c'était son sobriquet

*Loolu waral nu na ko Lampub yoon wa*
*Kon Lamp Faal waaja khaal yoon wa*

C'est pour cela qu'on le nomma la Lampe de la voie
Donc c'est Lamp Fall qui a tracé la voie

*Yonén ba néwoon na léen ci fathu Makata*
*Ku tudd Yalla kén du réy fi Makata*

Le Prophète leur avait dit à leur entrée à la Mecque
Celui qui professe l'unicité de Dieu que nul ne le tue

*Salla wa salam ala yonen ba,*
*Wa alihi wa sahbihi wa Bamba*

La paix soit sur notre Prophète
Sa famille, ses compagnons et Cheikh Bamba

*Wa Seex Ibra Faal wa kulli Baay Faal*
*Bijahi wajahi saru Anfal*

Sur Cheikh Ibrahima Fall et tous les Baye Fall
Par considération pour la sourate *Al Anfal*

*Kilmatu La ilaha il Allahu*
*Hiya lazi ahla lada afzahu*

La formule *La ilaha il Allah*
Est la plus grande louange que l'on puisse exprimer

*Kilmatu La ilaha il Allahu*
*Yalla ka jox Lamp bilan tiha'u*

La formule *La ilaha il Allah*
Dieu l'a octroyée à Lamp éternellement

*Tafsinu La ilaha il Allahu,*
*Laza hinan an kulli masiwahu*

La richesse contenue dans *La ilaha il Allah*
Est plus riche que n'importe quelle autre richesse

*Fala tahbudu man ra aytum fahu*
*Yuhridju la ilaha illa lahu*

En tant que serviteur de Dieu ne fait pas d'ennemi
Ceux qui professent *La ilaha il Allah*

*Ku sax ci La ilaha illa lahu*
*Dun la mbuggal, dun la halak fa lahu*

Ceux qui se conforment à *La ilaha il Allah*
Ne seront ni punis, ni châtiés par Dieu

*Kum sax ci saw lamign ba wuyji Yalla*
*Do jis hisab, do jis hazab ngir Yalla*

Celui qui le professe continuellement
Jusqu'à ce qu'il retourne à Dieu
Ne connaitra ni correction, ni affliction grâce à Dieu

*Lamp ko diglé, ku ci sax ba faatu*
*Do tabbi naru lahi ci ayatu*

Lamp le recommanda et quiconque le professe constamment
N'ira pas en enfer parmi Ses signes

*Li tax murid ya sax jëem ba faatu*
*Li yatubu jinani min ayati*

C'est pour cela que les mourides le professe constamment
Pour aller au paradis parmi Ses signes

*Yawmal Qiyamati nu dem Jinani*
*Bi iznihi wa lan yura nirani*

Le Jour du Jugement ils iront au paradis
Sous l'ordre de Dieu et ne verront pas l'enfer

*Buur Yalla mey na Lamp mey yo khamni*
*Séñéfuko biral bi hayri mayni*

Dieu a octroyé à Lamp des privilèges
Qu'il ne serait permis de révéler qu'aux gens avertis

*Ndékon ñu dingat ko te kon nu yaxku*
*Kuy wéddi waay Yalla ya cay yaxku*

Car certains contesteront ses privilèges et ils seront maudits
En effet, ceux qui contestent les hommes de Dieu sont maudits

*Amoon na fukki yaar ci khéti yoon ya*
*Yëram mbindéf ya tax mu nëbb yoon ya*

Il avait été gratifié de douze voies différentes
Par compassion pour l'humanité il les cacha

*Géné ci bén yoon du woor du julli*
*Ku dingat Lamp Faal ñu farr séy julli*

Il en sorti une qui consiste à ne pas jeûner et à ne pas prier
Quiconque conteste Lamp Fall verra
Ses prières quotidiennes annihilées

*Ku dingat Lamp déf défub Seex Bamba*
*Moom nga wérëntel mo ka attan yén ba*

Quiconque conteste Lamp
N'a qu'à faire ce que Cheikh Bamba a fait
C'est lui que tu réfutes car il est celui qui a cautionné sa voie

*Lu mëtta wax Seex Bamba wax na loola*
*Lu mëtta jëf Seex Ibra jëf na loola*

Cheikh Bamba a dit tout ce qui méritait d'être dit
Cheikh Ibrahima Fall a fait tout ce qui méritait d'être fait

*Lu Seex Bamba waxul woon ca yoon wa,*
*Bokku ci bayyi léen ko wax ca yoon wa*

Tout ce que Cheikh Bamba n'a pas recommandé dans sa voie
N'en fait pas partie, laissez-le et suivez sa voie

*Lu Lamp Fal jëful ci khéti jëf ya,*
*Bokku ci bayyi léen ko jëf jëfam ya*

Tout ce que Cheikh Ibrahima Fall n'a pas fait dans sa voie
N'en fait pas partie, laissez-le et suivez sa voie

Serigne Mustafa Séne Yaba-Yaba

## SERIGNE TOUBA LO

Serigne Touba Lo vit à Darou Rahmane. Descendant de Serigne Mambaye Lo un grand érudit originaire de Gandiol dans la région de Saint-Louis qui fut un disciple des premières heures de Cheikh Ibrahima Fall. Dans ce poème intitulé <u>Cheikh Ibrahima Fall</u>, Serigne Touba Lo prend chaque lettre du nom Cheikh Ibrahima Fall pour composer des vers en son honneur.

*Seex Ibra Bisimilahi Rahmani Rahim*
*Ma fass ko yééné muslu séytani rajim*

Cheikh Ibrahima Fall !
Je commence mon poème au nom de Dieu Le Clément
Le Miséricordieux. Qu'Il nous préserve de Satan le lapidé

*Seex Ibra ya woné siratal mustaqim*
*Ila jinani lahi Yalla moy Karim*

Cheikh Ibrahima Fall !
Tu nous as montré le droit chemin
Qui mène au paradis, Dieu est Généreux

*Seex Ibra Faal ya tax nu xam tarbiya*
*Nu béy duggub ak gérté muy hadiya*

Cheikh Ibrahima Fall !
Tu nous as enseigné la voie du tarbiya
Tu nous as enseigné à remettre en dons pieux
Le mil et l'arachide (à Cheikh Bamba)

*Seex Ibra ya xar sunu khol def ci liman*
*Yalla la bakhé def la ngéy qutbu zaman*

Cheikh Ibrahima Fall !
Tu as ouvert nos cœurs pour y mettre la foi
C'est Dieu qui t'a choisi et fait de toi un *qutb zaman*

*Seex Ibra Faal ya tax nu tabbi al Jinan*
*Ya nu xamal nun doomi Jarra Porokhaan*

Cheikh Ibrahima Fall !
Tu es celui qui nous emmenas au paradis
Et qui nous révéla le fils de Mame Diarra de Porokhane

*Seex Ibra yaw ku la gëemul ba fattu*
*Yawmal Qiyyam du tabbi al Janatu*

Cheikh Ibrahima Fall !
Celui qui te dénigre jusqu'à la mort advienne
Le Jour du Jugement n'ira pas au paradis

*Seex Ibra sant la wor na abada*
*Te sant Seex Bamba ak Muhamada*

Cheikh Ibrahima Fall !
Te remercier pour toujours est une obligation
Ainsi que remercier Cheikh Bamba et le Prophète Mouhammad

*Yalla gëram na la ba jox la séñ-séñ*
*Ngéy fal di folli ku la nékh, jar nga kañ*

Dieu t'a accordée Sa grâce divine
Et te donna le pouvoir de décréter d'élire ou de destituer.
Tu es celui à qui on doit adresser nos requêtes

*Ya gis la Buur laxq ci lawhul mahfuz*
*Ak lawhi maknoni, yaw tallo noss*

Tu es celui qui sait ce que Dieu
A inscrit sur la Tablette Préservée
Et sur la Tablette Cachée
Tu n'as pas de temps pour les plaisirs mondains

*Yaw mi fanaani mulki mbaté malakot*
*Fajal sunu ajoo yay boroomu mbôt*

Toi qui passes tes nuits à *Mulki*[158] et *Malakot*[159]
Résous nos besoins tu es plein de secrets cachés

*Ya njëkk bi Seex Bamba njëkk murid yi*
*Waju la jégi yaxku ya moom ruuh yi*

Tu fus le premier auprès de Cheikh Bamba
En devançant les mourides
Celui qui t'évite est perdu.
Tu as la destinée des âmes entre tes mains

*Ya mëen rijaalulahi yay fanaani*
*Ca payis Yallay duruss Qurani*

Tu as surpassé les hommes de Dieu tu passes tes nuits
Dans le royaume de Dieu à réciter le Coran

*Yaw la Seriñ bi tann def la jawrign*
*Aduna ak Laxiira yaw ku lay béñ ?*

Tu es celui qui a été choisi
Par Cheikh Bamba pour diriger les mourides
Qui pourrait ne pas t'aimer dans ce monde et dans l'autre ?

*Yaw lanu jébal sunu mbir ca biss ba*
*Faral sunu baakar te woon nu Bamba*

Nous remettons notre sort entre tes mains le Jour du Jugement
Efface nos péchés et montre-nous Cheikh Bamba

---

[158] Mulki : Station divine
[159] Malakot : Station divine

*Am Yalla mo gëen am lénéen ludul moom*
*Mo tax nga am Yalla andil nu ay koom*

Avoir Dieu vaudrait mieux qu'avoir autre chose en dehors de Lui
C'est pour cela que tu as préféré avoir Dieu
Et nous amener la richesse

*Am nga ngëramal Yalla ak yonen ya*
*Ak saaba ya ak ña khaal mboléem ngiir ya*

Tu as reçu la grâce de Dieu et des prophètes
Leurs compagnons et ceux à qui on a donné une voie spirituelle

*Am nga maqaama yay boroom teranga*
*Kén warula béñ yaw amo yéranga*

Tu as atteint de haut degrés tu es généreux
Nul ne doit te critiquer tu n'as pas de défauts

*Am nga Yalla ak Yonen bi ak Seriñ bi*
*Am nga yu baax yi dogga ñow ci dun bi*

Tu as Dieu, le Prophète et le Cheikh
Tu as eu tous les bienfaits avant de venir au monde

*Aljana yakamti na la ak sa wakër*
*Yawmal Qiyyam, Seriñ bi yay mbër*

Le paradis est pressé de t'accueillir ainsi que tes disciples
Au Jour du Jugement. Cheikh Ibrahima Fall que tu es illustre !

*Ammo morom, waju la wéddi halku*
*Yawmal Qiyyam dawal nga tubb ko*

Tu n'as pas d'égal et celui qui le conteste sera maudit
Au Jour du Jugement. Repens-toi vite

*Khéttali mboléem kuy jullit Seex Ibra*
*Mo tax ga ñow Aduna, yaw yémok dara*

Sauver tout musulman Cheikh Ibrahima Fall
Est la raison pour laquelle tu es venu au monde.
Tu n'es comme nul autre

*Khaal nga yoon wu léer ba diné am ndam*
*Ku tall julli ak wird war nala gëem*

Tu as tracé une voie claire et tu as donné à la religion sa place
Tous ceux qui font les prières quotidiennes
Et le *wird* doivent t'être reconnaissants

*Khémém la man mo tax ma doon sa Baay Faal*
*Faw ci batin Lamp ya may sutural*

L'amour que j'ai pour toi fait de moi ton Baye Fall
Lamp tu es celui qui me protège mystiquement

*Khamna ni ya tax ba murid yi njërinu*
*Ci Seriñ Bamba, ñala jittu xamunu*

Je sais que c'est grâce à toi que les mourides ont su profiter
De Cheikh Bamba, ceux qui sont venus avant toi
Ne savaient pas (comment profiter de lui)

*Khéwal gi tuuru na te dottul jéxati*
*Ku lékk naan ba mandi wor ka santati*

Les bienfaits se déversent à flots et ne s'arrêteront plus
Celui qui mange à sa faim et boit à sa soif doit le remercier

*Khattal nga sa noon, ku la béñ du yattu*
*Ci Aduna ba kéroog muy khêy fattu*

Tu déranges tes ennemis, celui qui te dénigre
Ne connaitra pas la paix dans ce monde jusqu'à ce qu'il décède

*Khalilulahi yay kharitu Yalla*
*Ak Seydina doom ja Ishmahila*

Khaliloulah tu es l'ami de Dieu
Ainsi que l'ami de son fils Seydina Ismael

*Ëllëk la mbir yëpp léer nu xam la*
*Waju la gantu xam Yalla Buur la*

Demain tout sera évident et tout le monde te connaitra
Celui qui te conteste saura que Dieu est le Souverain

*Añaan dafay lékk lu baax ni sawara*
*Di lékk matt, sobbuna Seex Ibra*

La jalousie dévore les bonnes actions
Tout comme le feu dévore le bois
Quant à moi je m'engage dans ta voie Cheikh Ibrahima Fall

*Amaana waay wéddi ko ngir aw jangam*
*Te ku ka suut jébalu, li doy na ngëem*

Il se peut que quelqu'un le critique à cause de ses études
Alors que quelqu'un de plus instruit que lui t'a fait allégeance
Cela aurait suffi pour qu'il te suive

*Iyaaka, yaw rekk fi féñal xarbaax*
*Bole ngënéll yëpp té sol lanuy daax*

Tu es le seul à avoir manifesté autant de prodiges
Tu as réuni en toi tous les bienfaits
Et malgré tout tu portes des vêtements rapiécés

*Am nga ngëram, yaw lu la nékh, nékh Yalla*
*Te nékh Rasuluhu alayhi salla*

Tu as obtenu la grâce divine Tout ce qui te plait, plait à Dieu
Et au Prophète Mouhammad que le salut soit sur lui

*Aljana wubbi na buntam di téeru*
*Ku Yalla bakhé dem fa gis lu taaru*

Le paradis a ouvert ses portes pour accueillir les bienheureux
Celui que Dieu a béni y entrera et y verra des merveilles

*Andi nga jam ju nu dul taggoti*
*Yaw mi tilim démal ca déex ga fôoti*

Tu nous as amené une paix dont on ne se départira plus
Ô toi qui est impure ! Va à la rivière te laver

*Bu Bamba doon Rasululahi sarmada*
*Ngéy Ababakar Sadikhu Rafiqu Ahmada*

Si Cheikh Bamba était le Prophète Mouhammad
Tu serais Abou-Bakr le véridique

*Budul kon ak yaw Bamba réer nu njëkk*
*Aduna ak Laxiira keén du jékk*

Si ce n'eut été toi Cheikh Bamba se serait volatilisé
Et nul n'aurait été guidé dans ce monde et dans l'autre

*Bolé nga nu ak moom won nu yoonu tarbiya*
*Waréf na la sant li wajhi rabihi*

Tu nous l'as révélé et tu nous as montré la voie de la *tarbiya*
Nous te devons la gratitude par considération pour Dieu

*Budul kon ak yaw dunu gëem Seex Bamba*
*Budul kon ak yaw nu torox ci dunya*
*Ngir dunu xam Yalla ba daw yu boon ya*

Si ce n'eut été toi on n'aurait pas suivi Cheikh Bamba
Si ce n'eut été toi on serait misérables dans ce monde
Parce qu'on n'aurait pas connu Dieu au point de fuir les péchés

*Badil nu yërmandé ak khéwal ci Sénégal*
*Ak jamm. Amiin ca barké Lamp Faal*

Pourvois-nous de Ta compassion et de Tes bienfaits au Sénégal
Ainsi que la paix. Amine par la grâce de Lamp Fall

*Ramal la war na këpp kuy wuut Yalla*
*Mbaté Rasuluhu alayhi salla*

Tous ceux qui cherchent Dieu ou le Prophète Mouhammad
Paix et le salut sur lui doivent se prosterner devant toi

*Raxass nga sunu khol def ca léer nu mandi*
*Sheex Ibra Faal Aduna ya nu gindi*

Tu as purifié nos cœurs et y mis la lumière divine
Cheikh Ibrahima Fall tu es celui qui nous a guidé dans ce monde

*Rammu ma, rammu kuy jullit jambar ga*
*Agg ga, aggalé nu, bakhé nu mbër ga*

Intercède pour moi ainsi que pour tout musulman
Tu as atteint Dieu, mène-nous à Lui. Tu es noble

*Rafet nga jëf té séll yéené xamna*
*Waaju la xam tabbi ëllëk Aljana*

Tes actions sont pures ainsi que tes intentions
Celui qui te connaît ira Demain au paradis

*Ragal nga Yalla rabbil alamina*
*Am ngëramal yonen Ya Ahmahina*

Tu crains Dieu le Seigneur de toutes les créatures
Tu as obtenu la grâce du Prophète Ahmad

*Rafet nga ab liggey ba wuyu ji sa Boroom*
*Seex Ibra giñ na ni yaw amo moroom*

Tu as parfait ta mission jusqu'à ce que tu retournes à ton Seigneur
Cheikh Ibrahima Fall ! Je jure que tu n'as pas d'égal

*Raw nga rijaalulahi bey rawanté*
*Ca payis Yalla ya januy njëkkanté*

Tu as devancé les hommes de Dieu dans ce monde
Et dans les stations divines où tout le monde veut être devant

*Atté ya do ca bokk yak sa wakër*
*Na ga nu ca bolé lém du féwook sukar*

Toi et tes disciples seront exemptés du Jugement Dernier
Accepte-nous parmi tes disciples
Le sucre et le miel ne sont pas incompatibles

*Agga nga rikk won nu yoon wi taxa dem*
*Ca Yalla kon waaji ka fi doy na yêm*

Tu as atteint Dieu et tu nous as montré la voie à suivre
Donc celui qui lui fait confiance n'a qu'à la prendre

*Am na lu war Baay Faal té moy déglu ndigal*
*Bayyi téré, ku sax ci li dun la mbuggal*

Le Baye Fall a une obligation
Qui consiste à obéir au *ndigal* et s'abstenir des proscriptions.
Celui qui s'y conforme sera préservé de l'affliction

*Aljana nég la bunu téj, déglu ndigal*
*Bayyi téré, cabbi ja Seex Ibra khéwal*

Le paradis est une chambre fermée
Obéir au *ndigal* et s'abstenir des proscriptions
Est la clef qui l'ouvre tel qu'enseigné par Cheikh Ibrahima Fall

*Ëllëk la waay ñakk na yédd boppam*
*Léeral nga séy mbir ku gumba yor noppam*

Demain celui qui n'aura rien n'aura qu'à s'en prendre à lui-même
Tu as tracé une voie claire.
Celui qui est aveugle a malgré tout ses oreilles

*Woomat nu am nga séñ-séñ Rahmani*
*Lo atté Buur anda ca yaay kémaan*

Dirige- nous tu as les pouvoirs de Dieu Le Clément
Tout ce que tu décides Dieu le permet. Tu es un prodige de Dieu

*Allahu Akbar Yalla mo la jox li*
*Ku la gëemul du am tiyaaba julli*

Dieu est grand ! C'est Lui qui te l'a donné
Celui qui le conteste
N'aura pas les bénéfices des prières quotidiennes

*Am nga maqamatu rijaalulahi*
*Bolé nga séen ngënél ya indalahi*

Tu as le grade des hommes de Dieu
Tu as réuni tous leurs bienfaits, tu es avec Dieu

*Aw nga fu kén dottu fa aw ci dunya*
*Mo tax nga am lu kén amul ca mbër ya*

Tu as emprunté une voie
Que nul n'a jamais emprunté dans ce monde
C'est pour cela que tu as eu ce
Que nul n'a eu parmi les hommes de Dieu

*Andil ga nu yaw Ibra Faal ludul jéex*
*Aduna ak Laxiira téy kuné seex*

Tu nous as gratifié Cheikh Ibrahima Fall de bienfaits illimités
Dans ce monde et dans l'autre.
Aujourd'hui tout le monde est à l'aise

*Ammo morom aduna ak laxiira*
*Boroom Touba ka wax bun sahira*

Tu n'as pas d'égal dans ce monde et dans l'autre
Cheikh Ahmadou Bamba l'a dit de manière manifeste

*Agg nga, aggalé nu rikk mu dess*
*Woomat nu yobbu Aljana booba biss*

Tu as atteint Dieu, il ne te reste qu'à nous
Guider et nous emmener au paradis

*Antaan ga ñëpp yaw la Yalla jappalé*
*Duyal sunu ndab yëpp ya mëen séddëlé*

Tu peux tous nous y emmener
C'est Dieu qui t'a donné ce pouvoir
Remplis nos réceptacles tu es celui qui distribue

*Hadiya ya ko mëen béy di ko joxé*
*Te soxlo wa ca dara ya tax nu tékhé*

Tu es celui qui sait donner les produits de ta récolte en don pieux
N'en ayant aucun besoin.
C'est grâce à toi que nous sommes sauvés

*Ya nu mënal filé, mënal nu fa nu jëm*
*Ya mën kilék këlé mënéfula jam*

Tu es celui qui peut intercéder pour nous ici et dans l'autre monde
Tu es au-dessus de tous ceux que l'on mentionne à tes cotés
Nul ne peut te critiquer

*Ya nu défal shahadatul darayni*
*Woon nu Seriñ Touba nu am norayni*

Tu es celui qui nous a donné le bonheur dans les deux demeures
Montre-nous Cheikh Bamba pour que nous ayons la lumière divine

*Yaw kula gëem ci aduna coonam jéex na*
*Yawmal Qiyyam day mujjé loolu néex na*

Celui qui te suit dans ce monde, ses soucis disparaitront
Et au Jour du Jugement il finira par dire :
« Que ceci est délicieux ! »

*Yaw kula gëem julli na julli juroom*
*Woor wéerug koor, hajji Makka, yaw amo morom*

Celui qui te suit a ainsi fait les cinq prières quotidiennes
Jeûné pendant le mois de ramadan, fait le pèlerinage à la Mecque
Tu n'as pas d'égal

*Ya tax nu am talibé téy ci Mbakké,*
*Raam di jébëlok, tarbiyah nékk ay jaam*

C'est grâce à toi que nous sommes des *talibés* ici à Mbacké
Se prosternant, faisant le pacte d'allégeance
Suivant la voie du *tarbiya* et devenant ainsi des serviteurs

*Yaw mi liggeyal Bamba te sakho sikar*
*Fi layli wa nahari tool ya ak sa kër*

Toi qui fus au service de Cheikh Bamba et faisant le *zhikr*
Nuit et jour dans tes fermes et dans tes demeures

*Lo lamb Yalna nu ca Yalla bolé*
*Te faj sunu ajoo yi mo am dolé*

Tout ce que tu touches, puissions-nous en faire partie
Et résous nos problèmes tu as ce pouvoir

*Moom téll na jang Al Quran mokal ko*
*Tafsir ko biir ak biti Yalla méy ko*

Il a appris le Coran et le maitrisa très tôt
Dieu lui fit le don d'en comprendre le sens manifeste et caché

*Muy jang ak jangalé ak di taalif*
*Ba laj kham-kham yëpp nékk aarif*

Il apprenait, enseignait et écrivait des poèmes
Étudia toutes les connaissances religieuses et devint un mystique

*Mu dém ba jéxal kham-khamub sariha*
*Nékk salman shihta amul tariqa*

Il compléta toutes les connaissances liées à la *sharia*
Devint un *salman shihta* n'ayant pas de *tariqa*

*Mu né aggul ci Yalla mëenla aggalé*
*Mu listixaar nu woon ko mbër méy séddëlé*

Il s'est alors dit qu'il n'avait pas atteint Dieu
Et qu'il ne pouvait mener personne à Dieu
Il demanda d'être guidé en faisant une prière
Et Dieu lui montra l'illustre Bamba qui distribue

*Mu diko wor ba gis ko jox ko lëppam*
*Daldi né Yalla ngi bu kén nakh boppam*

Il chercha Cheikh Bamba partout
Et quand il le trouva, il lui confia son tout
Il dit alors : « Dieu est là que nul ne se leurre »

*Mu daldi né, wor na ko mbolém Asamaaw*
*Ak Suuf yi gis na Yalla daw si léen gaaw*

Il dit ensuite : « Je l'ai cherché dans les cieux
Et dans les différents mondes
J'ai vu Dieu empressez-vous de venir »

*Mu né ko nél ca Yalla ak sariha*
*Ma yor liggey bi lëpp ak haqiqa*

Il dit à Cheikh Bamba : « Soit avec Dieu et la *sharia*
Et je m'occuperai du travail et de la *haqiqa* »

*Fabb nga sa lëpp jox ko Khadimu Rassul*
*Fôt nga sunu khol def ca ma'ul haybu*

Tu as remis ton tout à Khadimou Rassoul
Tu as purifié nos cœurs et tu l'as rempli de l'eau de la certitude

*Murid yi ak Baay Faal yi farr séen haybu*
*Fo mëssa dem deffa lu goor dottu ko jéem*
*Ba adunay tukki tàlam bi dottu gëmë*

Tu as effacé les péchés des mourides et des Baye Fall
Où que tu ailles tu as fait des exploits
Que aucun homme ne pourra plus faire
Ta lumière brillera jusqu'à la fin du monde

*Ahonzu nogi musluwat shaytani*
*Mussal nu ci péxém nu dem Jinani*

Puissions-nous une fois de plus être préservés de Satan
Et de ses tentations pour que nous puissions aller au paradis

*Alhamdu war néen sant nun murid yi*
*Seex Ibra Faal jambar ja taggat ruuh yi*

Nous mourides devons être reconnaissants
A Cheikh Ibrahima Fall le guide qui a éduqué nos âmes

*Antan nga ñëpp ya nu mëen yobalé*
*Seex Ibra yaw la Yalla Buur jox doolé*

Tu as la capacité de nous emmener tous avec toi
Cheikh Ibrahima Fall Dieu t'a donné ce pouvoir

*Andi nga wërsëg ak coom yu bawaan*
*Seex Ibra Faal ñakk taxuul muy yélwaan*

Tu as apporté des devises et des richesses en abondance
Cheikh Ibrahima Fall tu ne mendiais pas par pauvreté

*Womat nu ñëpp tabbi fil Jinani*
*Ndax Yalla ñëpp mucc ci Nirani*

Emmène-nous tous au paradis
Pour que nous soyons tous préservés de l'enfer

*Amiin Yalna Yalla nangu sunu ñaan*
*Yëpp ci barké Soxna Jarra Porokhaan*

Amine que Dieu accepte nos prières
Par la grâce de Soxna Diarra de Porokhane

*Lum mëssa juur kangfoori la ak waliyu*
*Léeram nga sarr na Asamaaw ba Jabaroot*

Tous ses enfants sont des érudits et des saints
Ta lumière a transpercé le ciel pour aller jusqu'à *Diabarot*[160]

*Ba jaxassog Buur Yalla dawsi léen rót*
*Islam da ko gëram ba far goréel ko*

Et se fondre en Dieu. Accourez vers sa lumière !
Il a reçu la grâce de l'Islam qui l'a honoré

*Ak kumu andal ku ka wéddi gis ko*
*Lanu ka méy ba julli wacc wa këram*

Ainsi que ceux qui sont avec lui.
Celui qui le conteste le verra
Ce dont il a été gratifié jusqu'à ce que ses disciples
Soient exemptés des prières quotidiennes

*Bët du ci dal waju ko wéddi la yëram*
*Lëppam la Yalla wax ci Quranul Karim*

Va bien au-delà de ce que l'œil peut voir
Je plains celui qui le conteste
Son tout est mentionné par Dieu dans le Saint Coran

---

[160] Diabarot : Station divine

*Lo ca khamul mandul ci Seex Ibra ni khim*
*Li ma ko wax waju ko yërr ñanal ma*

Tout ce qui t'intrigue à propos de Cheikh Ibrahima Fall
Abstiens-toi de juger
Celui qui lit les vers que je lui ai dédiés
Puisse-t-il prier pour moi pour que j'obtienne

*Ridan wa Rahmatan huna mussal ma*
*Hadiyatu Seex Ibra Lamp mbër la*

La grâce divine ainsi que la compassion de Dieu dans ce monde,
Et qu'il me préserve
Ceci est un don pieux
A Cheikh Ibrahima Fall Lamp le sauveur

<u>Serigne Touba Lo</u>

# L'ADIEU DE CHEIKH IBRAHIMA FALL

Cheikh Ibrahima Fall s'était une fois assis avec Cheikh Ahmadou Ndoumbé Mbacké à Touba entrain d'avoir une conversation. Avant de se séparer et d'aller à leurs demeures respectives, Cheikh Ibrahima Fall dit à Cheikh Ahmadou Ndoumbé Mbacké : « Quand je me suis levé j'ai été retenu par la terre qui m'a informé que c'est ici que sera ma dernière demeure ». Il chercha un bout de bois qu'il planta à cet endroit précis et dit à Cheikh Ahmadou Ndoumbé Mbacké : « J'ai planté ce bout de bois ici pour que tu en fasses un repère comme ça quand j'irais répondre à mon Seigneur j'aimerais que tu reconnaisses l'endroit où l'on devra m'enterrer ». Ce bout de bois est celui qui se trouve aujourd'hui au mausolée de Cheikh Ibrahima Fall. Le cercle s'était ainsi refermé sur lui-même. Les deux bouts venaient de se joindre. En effet c'est à cet endroit même que Cheikh Ahmadou Bamba lorsqu'il s'installa à Touba avait élu son premier lieu de culte, y faisait ses prières quotidiennes ainsi que les prières du vendredi.

De nombreux dignitaires de la confrérie mouride ainsi que des autres confréries sont venus des quatre coins du Sénégal assister à son enterrement et lui rendre un dernier hommage. Ce jour-là Serigne Ndame Abdou Rahmane Lo tomba en transe. Comme il était très proche de Cheikh Ibrahima Fall beaucoup de gens attribuèrent ce phénomène à leur l'amitié. C'était d'autant plus surprenant que Serigne Ndame Abdou Rahmane Lo était quelqu'un de stoïque. Quelques jours plus tard quand on lui demanda ce qui s'était passé pour qu'il tombe en transe il répondit : « Vous n'avez pas vu ce que j'ai vu quand on s'apprêtait à enterrer Cheikh Ibrahima Fall. Il conversait avec Dieu en lui disant : « Je ne rentrerai pas dans ma tombe tant que Tu n'auras pas accordé Ta grâce à toute l'humanité ». J'entendis une voix lui dire : « Ô Ibrahima ! J'ai fait grâce en ton honneur à bon nombre d'entre eux. Tu peux donc reposer en paix ». Cheikh Ibrahima Fall dit alors à Dieu : « Je veux que cette grâce s'étende sur toute l'humanité sans exception ». Et ainsi se succédèrent les paroles que j'entendais lors de sa conversation avec Dieu jusqu'à ce que Cheikh Ibrahima Fall obtienne gain de cause et accepta finalement de reposer en paix dans sa tombe ».

Cheikh Ibrahima Fall qui a passé sa vie entière au service de Cheikh Ahmadou Bamba s'est éteint le mardi 9 Juin 1930 à Diourbel.

## BIBLIOGRAPHIE

- Le Saint Coran
- Poèmes de Cheikh Ahmadou Bamba
- <u>Masalik- Al- Jinan</u> de Cheikh Ahmadou Bamba
- <u>Hikmatu Maam Bamba</u> ou <u>Sagesses</u> par Cheikh Ahmadou Bamba
- <u>Al-Sira</u> de Mahmoud Hussein
- <u>Jazbul Murid Ilal Khidmati Ashaykh (Une Exhortation au Mouride Pour Se Mettre Au Service Des Saints</u> de Cheikh Ibrahima Fall
- <u>Le Mémorial des Saints</u> par Farid-ud-Attar
- <u>Les Femmes Mystiques</u> par Robert Laffont
- <u>Immersion Au Cœur Du Soufisme</u> par Abdal Wahhab ash-Sharani traduit par Slimane Rezki
- Poème <u>Aduna ndax day bëgg jéex</u> de Cheikh Moussa Ka
- Recueil <u>Hikayatu Ahmali fi Nahji Baay Faal</u> de Serigne Mustafa Séne Yaba-Yaba
- <u>Waxtaanu Gébbu Faal</u> (Discours de Cheikh Ibrahima Fall fait au village of Gébou Faal)
- <u>Waxtaanu Murid Sadikh</u> (Compilations des enseignements de Cheikh Ibrahima Fall rendus accessibles par Cheikh Mouhammad Abdoulaye Fall Ndar sous le *ndigal* de Cheikh Abdoulaye Fall Ndar).
- Compilations des enseignements de Cheikh Ahmadou Bamba rendus accessibles en wolof par Serigne Aladji Mbacké

- Poème <u>Cheikh Ibrahima Fall</u> de Serigne Touba Lo

- Poème de Cheikh Mouhammad Fadel Maa-al Aynayn dédié à Cheikh Ibrahima Fall
- Poème <u>Yaram bi Naam Faal</u> de Cheikh Samba Diarra Mbaye
- Sermons de Cheikh Abdou Lahad Mbacké (Troisième Khalife de Cheikh Ahmadou Bamba) rendus accessibles par Hizbu-Tarqiyyah
- Taalifu Serigne Sheikh Ndigal Fall (Poèmes de Serigne Cheikh Ndigal Fall)
- Conférences de Serigne Cheikh Ndigal Fall
- Conférences de feu Serigne Mahtar Diop (Baye Ndiaga Diop)
- Conférences de feu Serigne Diadji Tall
- Conférences de Serigne Adama Sarr rendues accessibles par l'émission Diazboule Mouride de Lamp Fall TV présenté par Serigne Alioune Badara Ndime et Serigne Mamour Ndao
- Diverses Littératures d'expression wolof ou wolofal

Made in the USA
Middletown, DE
25 April 2023

29171807R00152